"十三五"国家重点图书出版规划项目
21世纪海上丝绸之路与广东发展研究丛书　　主编：张燕生　王义桅

21 Shiji Haishang Sichou Zhilu
Yu Guangdong Ziyou Maoyiqu

21世纪海上丝绸之路与广东自由贸易区

王先庆 ◎ 著

中山大学出版社
SUN YAT-SEN UNIVERSITY PRESS
·广州·

版权所有　翻印必究

图书在版编目（CIP）数据

21世纪海上丝绸之路与广东自由贸易区/王先庆著. —广州：中山大学出版社，2018.6

（21世纪海上丝绸之路与广东发展研究丛书/张燕生，王义桅主编）

ISBN 978-7-306-06347-2

Ⅰ.①21… Ⅱ.①王… Ⅲ.①海上运输—丝绸之路—中国—21世纪 ②自由贸易区—经济发展—研究—广州 Ⅳ.①K203 ②F752.865.1

中国版本图书馆CIP数据核字（2018）第099827号

出 版 人：	王天琪
策划编辑：	金继伟
责任编辑：	徐诗荣
封面设计：	林绵华
责任校对：	王　睿
责任技编：	何雅涛
出版发行：	中山大学出版社
电　　话：	编辑部 020-84110771，84113349，84111997，84110779
	发行部 020-84111998，84111981，84111160
地　　址：	广州市新港西路135号
邮　　编：	510275　传　真：020-84036565
网　　址：	http://www.zsup.com.cn　E-mail：zdcbs@mail.sysu.edu.cn
审 图 号：	GS（2016）1766号
印 刷 者：	佛山市浩文彩色印刷有限公司
规　　格：	787mm×1092mm　1/16　15.75印张　234千字
版次印次：	2018年6月第1版　2018年6月第1次印刷
定　　价：	48.00元

如发现本书因印装质量影响阅读，请与出版社发行部联系调换

总序一

打开丛书,翻开一本本书稿,醒目的主题指引、鲜活的思想碰撞、深邃的智慧启迪、扑面而来的南国文采,深深吸引、打动和感染了我。"21世纪海上丝绸之路与广东发展研究丛书"是"十三五"国家重点图书出版规划项目、国家出版基金资助项目,包括了《21世纪海上丝绸之路与广州发展》《21世纪海上丝绸之路与广东自由贸易区》《21世纪海上丝绸之路与广东旅游发展》《21世纪海上丝绸之路与广州离岸文化中心》《21世纪海上丝绸之路与广州国际化大都市建设》,涵盖了经济、社会、文化等不同主题。这是一套值得仔细阅读、慢慢品味和深入思考的好丛书,实在令人惊喜。

2018年是我国改革开放40周年。在人类社会的历史长河里,40年可谓弹指一挥间。然而,在中华民族数千年上下求索、连绵不息的文明史中,这40年则有着非同寻常的重大意义。在历史上,中华民族在大多数时期执行的都是开放包容的政策体系,由此创造了人类社会唯一没有中断的灿烂的中华文明。然而,作为历史片段的一段闭关锁国政策,包括内部缺少变革活力和发展动力,最终造成了中华民族近代被动挨打的惨痛经历。习近平指出,人类社会发展的历史告诉我们,开放带来进步,封闭必然落后。中国开放的大门不会关闭,只会越开越大。这是中华民族从近代历史中汲取的惨痛教训,凝练成中国人民永世难忘的集体记忆,成为推动中华儿女前赴后继勇于变革的强大动力。

习近平指出,古代丝绸之路打开了各国友好交往的新窗口,书写了人类发展进步的新篇章,"积淀了以和平合作、开放包容、互学互鉴、互利共赢为核心的丝路精神",这是人类文明的宝贵遗产。今天,我们要乘势而上、顺势而为,推动"一带一路"建设行稳致远,迈向更加美好的未来,将"一带一路"建成和平之路、繁荣之路、开放之路、创新之路、文明之路。①

历史之问,"古代海上丝路时期,广东海外贸易为什么长盛不衰"? 广东是中国2000多年来唯一一个海外贸易长盛不衰的地区。只是在宋元时期,泉州曾经超过广州成为中国最大的海外贸易地区。即便如此,那个时期以广州为核心的广东地区海外贸易也没有衰落。② 这套丛书的作者告诉我们,唐宋时期在广州居住的外国商人和侨民有十几万人,占到广州居民的三成以上。广州在元朝已与众多国家和地区有贸易往来;在明朝成为我国朝贡贸易的第一大港;在清朝成为我国唯一的对外通商口岸,史称"一口通商";在19世纪中叶成为世界十大城市之一,是仅次于北京、伦敦、巴黎的世界性大城市。③

今日之问,广东作为21世纪海上丝绸之路最主要始发地,未来仍能够引领国家海外贸易乘势而上、顺势而为、高质发展吗?在新时代,广东站在了一个历史的新起点上,开始了现代化的新征程。无论是21世纪海上丝绸之路的建设,还是粤港澳大湾区世界级城市群的打造,推动高质量发展、建设现代化经济体系、解决不平衡不充分发展的矛盾都是新时代的新要求。习近平指出:"高质量发展,就是能够很好满足人民日益增长的美好生活需要的发展,是创新成为第一动力、协调成为内

---

① 习近平:《携手推进"一带一路"建设——在"一带一路"国际合作高峰论坛开幕式上的演讲》,载《人民日报》2017年5月15日。
② 王先庆:《21世纪海上丝绸之路与广东自由贸易区》,中山大学出版社2018年版。
③ 姚宜:《21世纪海上丝绸之路与广州国际化大都市建设》,中山大学出版社2018年版。

生特点、绿色成为普遍形态、开放成为必由之路、共享成为根本目的的发展。"

21世纪海上丝绸之路的相关经济体大多数是发展中国家。一方面，这里的制度风险、政治风险、经济风险、市场风险和经营风险在世界上是显著高发地区。越是风险越向前，是广东人的开放天性和独到本领。广东是我国第一侨乡，海外侨胞占全国的2/3，其中，在海上丝绸之路沿线东南亚国家的华侨占广东海外华侨人数的60%以上，因此，广东具有其他地区无可比拟的侨商优势。[①] 只要将广东人的特色与21世纪海上丝绸之路当地人的优势合作，加上与在海上丝绸之路相关地区有百年以上商业存在的欧洲、北美、东北亚的企业、金融机构和社会组织开展全方位国际合作，就能够取得双赢、多赢的结果。另一方面，21世纪海上丝绸之路相关经济体有着强烈的发展需要。广东可以聚焦于21世纪海上丝绸之路上的重点国家、重点地区、重点领域，开展双边、诸边、多边合作，尤其是推动第三方合作；基于共同合作意愿，推动交通、能源、电力、信息、通信基础设施建设、农业、先进制造业、服务业等领域的优势互补、互作互动、互利共赢的合作；通过构建21世纪海上丝绸之路建设的"项目群、产业链、经济区"等多种形式，打造利益共同体；通过最大限度发挥广东软实力优势，推动与21世纪海上丝绸之路相关经济体之间的人文交流、离岸文化、旅游休闲、社会民生、绿色发展等领域的合作。

21世纪海上丝绸之路建设的定位是"今后相当长时期对外开放和对外合作的管总规划"，"本质上是通过提高有效供给来催生新需求，实现世界经济再平衡"。广东在推动21世纪海上丝绸之路全方位国际合作方面有着独特优势和社会责任。我们期待，这套丛书能够从全球经济、社

---

① 秦学：《21世纪海上丝绸之路与广东旅游发展》，中山大学出版社2018年版。

会、人文等视野的角度,推动社会各界关心、关注、关怀21世纪海上丝绸之路建设的方方面面,最大限度满足人民日益增长的美好生活需要,推动高质量发展,建设现代化的经济体系。同时,祝愿广东人民、全国人民、"一带一路"沿线各国人民乃至全世界人民在合作中生活得更加美好。

(张燕生,国家发展和改革委员会学术委员会委员,研究员、博士研究生导师,中国国际经济交流中心首席研究员)

总序二

"一带一路"建设是我国未来一段时期最重要的发展战略之一,对于世界有着深远的影响。围绕如何推进"一带一路"建设,很多专家学者高屋建瓴,从国家层面提出了合理化建议。各省份也在积极探讨如何融入和对接"一带一路",以期准确抓住经济社会发展新的战略机遇。在"21世纪海上丝绸之路"建设中,广东省无疑具有举足轻重、不可替代的作用。系统地研究"21世纪海上丝绸之路与广东发展",对作为我国改革开放前沿地、"海上丝绸之路"起点之一的广东省的未来发展具有极其重要的指导作用,对我国推进"一带一路"建设也将起到应有的促进作用。"21世纪海上丝绸之路与广东发展研究丛书"就是在这种背景下的及时之作。

广东作为改革开放的前沿地,在过去的40年里取得了辉煌的成就,为全国提供了重要的经验借鉴,也正在为"一带一路"沿线国家提供经济发展的样本。在建设"一带一路"的新历史时期,积极参与到国家的战略建设中,既是广东的机遇,也是广东的责任。广东地区的一批专家学者围绕国家的战略方向,结合广东地区发展的实际,从经济、文化、城市发展等角度,深入探讨"一带一路"建设带来的历史机遇,分析广东具有的优势,提出了一系列新观点、新思路和富有建设性的对策建议,在此基础上,汇集成为"21世纪海上丝绸之路与广东发展研究丛书",既有深远的学术价值,也有深刻的现实意义。

这套丛书的最大优点是把握住了国家战略与地方发展的互动。在我国当前的体制下,国家战略导向是地方发展的重要机遇,这也是各地已有许多研究成果的出发点。同时,地方在贯彻落实国家战略的过程中,形成各具特色的地方"走出去"模式,成为推进国家战略的有力支撑。广东由于其特殊地理位置和历史传统,在"一带一路"建设中,尤其是在21世纪海上丝绸之路的建设中,再次发挥着引领作用,甚至可以说在一定程度上影响着国家战略的实施效果。这套丛书对这种互动关系进行了深入阐发,具有较高的学术价值和指导意义。

作为"专题式系统研究之学术著作",这套丛书及时填补了"'一带一路'与区域发展"研究领域之空白,具有较高的史料价值。

这套丛书的鲜明特色是把握住了广东地方发展的实际与推进"一带一路"建设的优势。从国家层面来看,"一带一路"建设必须综合协调有序推进,但是从地方实践出发,必须扬长避短并形成区域优势。这套丛书的研究内容与广东地方实际结合得非常紧密,这也是广东最能发挥特长并在全国范围内形成示范的领域。相信这套丛书的出版,能助推广东再次成为改革开放的先锋,为全国各地贯彻落实"一带一路"倡议提供借鉴。

(王义桅,中国人民大学国际关系学院外交学教授、博士研究生导师,国际关系学博士)

内容提要

任何一个地区的贸易体系和贸易格局的形成，都是以当地的地理区位、自然条件、历史文化、商业氛围、贸易传统、产业水平、市场体系等为基础的。一个地区要发展自由贸易以及能否真正建成自由贸易体系，更是不能凭空打造，要充分考虑这些因素和条件的约束。

广东已经进入工业化中后期，现行贸易方式、贸易体系和贸易能力不仅难以满足生产制造能力对贸易流通的需求，更难以支撑广东进一步改革开放、21世纪海上丝绸之路建设以及粤港澳深度合作的战略定位。因此，广东自由贸易试验区建设，是广东在新时期、新阶段、新形势下推进新一轮改革开放的最主要切入点和突破口，是广东在工业化中后期继工业革命基本完成之后而展开的一场流通革命，更是基于"一带一路"和粤港澳大湾区背景下广东构建自由贸易新格局和新体系的战略着力点。

本书试图以"一带一路"和粤港澳大湾区建设为大背景，以"古海上丝绸之路时期广东海外贸易为何能长盛不衰"这一问题为逻辑出发点，以广东工业化进程不同阶段贸易方式与贸易体系"从加工贸易到一般贸易再到自由贸易"不断变革演进、转型升级和创新发展为逻辑主线，以"如何构建高水平的自由贸易体系"为核心，从贸易流通、经济体系、对外开放以及体制机制等视角，探讨广东自由贸易试验区的成立、运作以及政策等问题。

第一章　古代海上丝绸之路与广东早期的海外贸易 / 1
　　第一节　古代海上丝绸之路与中国早期的海外贸易……………… 3
　　第二节　古代海上丝绸之路发祥地与广东海外贸易长盛不衰的
　　　　　　原因 …………………………………………………………… 23
　　第三节　谈古论今：古代海上丝绸之路与广东自由贸易区建设 … 34

第二章　古代海上丝绸之路与广东加工贸易体系的形成和演变 / 41
　　第一节　古代海上丝绸之路与改革开放初期广东加工贸易体系
　　　　　　的形成 ………………………………………………………… 43
　　第二节　广东工业化进程与加工贸易的发展演变阶段 …………… 64
　　第三节　加工贸易对广东经济增长与发展的影响 ………………… 70
　　第四节　"三来一补""前店后厂"模式与具有广东特色的加工
　　　　　　贸易体系 ……………………………………………………… 73

第三章　21世纪海上丝绸之路与广东贸易体系重构的战略切入点 / 89
　　第一节　广东工业化后期贸易发展的基本现状及表现 …………… 91
　　第二节　走出加工贸易：广东贸易方式的演进与贸易体系重构 … 98
　　第三节　21世纪海上丝绸之路：广东构建自由贸易体系的
　　　　　　战略切入点…………………………………………………… 120

第四章 21世纪海上丝绸之路与广东自由贸易试验区的战略使命 / 131

第一节 以自由贸易试验区为核心：打造21世纪海上丝绸之路战略枢纽…… 133

第二节 21世纪海上丝绸之路出发地与广东自由贸易试验区的区位布局…… 149

第三节 21世纪海上丝绸之路枢纽建设与广东自由贸易试验区建设的主要任务…… 155

第五章 21世纪海上丝绸之路枢纽与广东自由贸易试验区建设的实践探索 / 159

第一节 以自由贸易为中心：推进新一轮改革开放…… 161

第二节 粤港澳深度合作与高水平自由贸易体系构建…… 179

第三节 全球化贸易体系与21世纪海上丝绸之路枢纽建设…… 191

第六章 21世纪海上丝绸之路与广东自由贸易试验区建设的问题和对策 / 201

第一节 21世纪海上丝绸之路与广东自由贸易试验区建设中存在的问题…… 203

第二节 跳出加工贸易惯性思维：广东贸易体系与经济体系重构…… 206

第三节 21世纪海上丝绸之路与广东自由贸易试验区建设的对策建议…… 214

参考文献 / 229

后 记 / 233

第一章

古代海上丝绸之路与广东早期的海外贸易

广东是中国古代海上丝绸之路的最主要出发点，更是中国2000多年来唯一一个海外贸易长盛不衰的地区。在宋朝、元朝时期，华东的福建泉州等地曾经有一段时期超越广州而成为中国最大的海外贸易地区，但是即使如此，在同一时期，以广州为核心的广东地区海外贸易并没有衰落，而且从明朝中期开始，广东又回归为中国最主要的海外贸易集散中心。一直到今天，广东作为中国21世纪海上丝绸之路的最主要始发地仍然引领着全国的海外贸易发展，不仅规模大，而且在贸易格局、模式、业态、链态、体系等各方面都处于全国领先地位。

为什么广东能够成为中国最主要的海外贸易中心？除了经济社会、政治军事、体制机制、历史人文等因素外，最主要的原因就是以广州为中心的珠三角大湾区，也就是现在所指的粤港澳大湾区在全球独特的地理区位优势和自然条件，具备中国其他城市和地区不可比拟的优势及条件，从而成为一种历史的自然选择。对此，广东应该有一种足够明晰的自信、自豪感，更应该有一种强烈的责任感、使命感，在新时期、新阶段、新常态下，继续推进21世纪海上丝绸之路海外贸易体系，并使广东的自由贸易探索走在全国前列。

第一章 古代海上丝绸之路与广东早期的海外贸易

第一节 古代海上丝绸之路与中国早期的海外贸易

无论是从研究分析广东现代贸易格局和贸易体系角度出发，还是从观察了解广东古代海外贸易①的历史演变和地位变化角度出发，都有必要结合古代海上丝绸之路的形成和演变，观察广东海外贸易在古代海外贸易发展的历史长河中所扮演的角色以及特殊地位。

一、海上丝绸之路的形成、演变及影响因素

（一）古代丝绸之路的内涵与广义、狭义之分

在古代世界，食品和衣物是最主要的商品。一般情况下，食物主要通过区域内的自足自给获得，因此，衣物才是最重要的主要通过交换而获得的稀缺商品。而在古代，生产衣物的原材料来源并不多，而当时在中国长江流域等南方地区兴起的种桑、养蚕业以及由此形成的丝绸生产，处于世界领先水平。因此，源产自中国的丝绸及衣物，通过不同的商业贸易渠道进入欧洲、非洲及其他亚洲国家，很快就成为当时世界上最有吸引力、最有市场前景的奢侈品之一。

1. 丝绸之路：陆上丝绸之路与海上丝绸之路

"丝绸之路"是中国古代和中世纪从黄河流域和长江流域经由印度、中亚通往南亚、西亚以及欧洲、北非，以丝绸为主要媒介的商业贸易通道的统称。它有广义和狭义之分。广义的丝绸之路包括陆上丝绸之路和海上

---

① 本书中，"海外贸易"与"对外贸易"义同。

3

丝绸之路。狭义的丝绸之路一般就是指陆上丝绸之路①。

古代中国并没有"丝绸之路"一说。"丝绸之路"的提法始于外国学者的研究。1877 年，德国地理学家李希霍芬（F. von Richthofen）在他所写的《中国》一书中，首次把汉代中国和中亚南部、西部以及印度之间的以丝绸贸易为主的交通路线，称作"丝绸之路"（德文作 Seidenstrassen，英文作 the Silk Road）。其后，德国历史学家赫尔曼（A. Herrmann）在 1910 年出版的《中国和叙利亚之间的古代丝绸之路》一书中②，根据新发现的文物考古资料，进一步把丝绸之路延伸到地中海西岸和小亚细亚，确定了丝绸之路的基本内涵，即它是中国古代经由中亚通往南亚、西亚以及欧洲、北非的陆上贸易交往通道，因为大量的中国丝和丝织品经由此路西传，故此称作"丝绸之路"，简称"丝路"。

2. 海上丝绸之路的定义与范围

古代海上丝绸之路，是指古代中国与世界其他地区进行经济文化交流交往的海上商业贸易通道。西汉时期，一条以中国徐闻港及合浦港等港口为起点的海上丝绸之路成就了世界性的贸易网络③。

从历史上看，丝绸源产于 5000 多年前的中国黄河流域，在西周及春秋战国时期，几乎所有的地方都能生产丝绸④，因而丝绸是中国历史上对外贸易最早输出的工业品。从秦汉一直到隋唐时期，中国对外贸易的主要商品只是丝绸，所以，人们才把连接东西方的贸易通道叫作"丝绸之路"。但实际上，到了宋元时期，瓷器渐成为主要货物，因此又称作"海上陶瓷之路"。同时，由于输出商品有很大一部分是香料，因此也称作

---

① 还有一种更狭义的分类，即陆上丝绸之路只是指张骞出使西域后形成的丝绸之路。

② 阿尔马特·赫尔曼在《中国与叙利亚之间的古代丝绸之路》中写道："我们应该把这个名称——丝绸之路的含义进一步延长通向遥远的西方叙利亚……虽然叙利亚不是中国生丝的最大市场，但是，却是较大的市场之一。叙利亚主要是通过陆路从遥远的丝国获得生丝。"

③ 林华东：《"海上丝路"的影响与启示》，载《人民日报》2014 年 10 月 19 日。

④ 居敬：《丝绸的起源》，载《少儿科技》2016 年第 1 期。

"海上香料之路"。"海上丝绸之路"是约定俗成的统称。"丝绸之路"与中国古代的"茶马古道""宝石之路""陶瓷之路""香料之路""木材之路"等一起,共同构成早期的贸易渠道体系。

古代海上丝绸之路从中国东南沿海开始,经过中南半岛和南海诸国,穿过印度洋,进入红海,抵达东非和欧洲,成为中国与外国贸易往来和文化交流的海上大通道,并推动了沿线各国的共同发展。中国境内海上丝绸之路主要由广州、泉州、宁波三个主港和其他支线港组成。2017年4月20日,国家文物局正式确定广州为海上丝绸之路"申遗"牵头城市,联合南京、宁波、江门、阳江、北海、福州、漳州、莆田、丽水等城市进行海上丝绸之路的保护和"申遗"工作。①

(二) 古代海上丝绸之路的演变与影响因素

古代海上丝绸之路的形成与演变可以分四个阶段:形成于秦汉,成长于隋唐,繁荣于宋元,衰退于明清。② 这四个阶段覆盖中国海外贸易的两千年历史,也基本反映出中国海外贸易的基本方向与脉络。

1. 秦汉时期:古代海上丝绸之路形成阶段

早在公元前,中国丝绸的输出便已有东海与南海两条起航线。东海航线主要是面向日本、朝鲜等东亚国家的海外贸易,而真正的远洋海外贸易主要是南海航线。先秦时代的南方人即百越族,他们拥有优秀的航海经验和冒险精神,足迹遍及太平洋和印度洋。秦始皇统一岭南后发展很快,当时番禺地区已经拥有相当规模、技术水平很高的造船业。先秦和南越国时期岭南地区的海上交往为海上丝绸之路的形成奠定了基础,主要的贸易港口有番禺(今广州)和徐闻(今徐闻),由南越王墓出土的文物便是见证。

---

① 沈逸云:《广州被推举为海上丝绸之路申遗牵头城市》,载《新快报》2017年4月21日。
② 赵晓秋、李绍潭、周斌:《海上丝绸之路千年兴衰史》,见人民网:http://history.people.com.cn/n/2014/0520/c385134-25040882.html,2014年5月20日。

西汉中晚期和东汉时期，海上丝绸之路真正形成并开始发展。西汉时期，南方南越国与印度半岛之间的海路已经开通。汉武帝灭南越国后，凭借海路拓宽了海外贸易渠道，"海上丝绸之路"开始形成。《汉书·地理志》记载，其航线为：从广东徐闻经南海进入马来半岛、暹罗湾、孟加拉湾，到达印度半岛南部的斯里兰卡。这是目前可见的有关海上丝绸之路最早的文字记载。东汉时期，中国商人从广州开始进行贸易，运送丝绸、瓷器经海路由马六甲经苏门答腊来到印度，并且采购香料、染料运回中国；印度商人再把丝绸、瓷器经过红海运往埃及的开罗港或经波斯湾进入两河流域到达安条克；再由希腊、罗马商人从埃及的亚历山大、加沙等港口经地中海海运运往希腊、罗马两大帝国的大小城邦。这标志着"海上丝绸之路"的形成。因而，广东也成为古代海上丝绸之路的最早始发地。

2. 隋唐时期：古代海上丝绸之路成长阶段

隋唐以前的古代海上丝绸之路，只是陆上丝绸之路的补充形式，规模和影响并不大。隋唐时期，对外贸易繁荣，尤其是在唐代，政府鼓励各国商人到中国贸易，允许他们长期居住。当时，在长安、洛阳、广州、扬州都有频繁的外贸活动。到现在，许多其他国家的人还称中国人为"唐人"。唐代的中国与日本等东亚国家的海外贸易十分频繁，日本曾13次派"遣唐使"来华学习唐朝文化，唐朝的僧人鉴真也东渡至日本传播文化。在唐代，从广州出发，经海上丝绸之路可达波斯湾。

3. 宋元时期：古代海上丝绸之路繁荣阶段

宋朝的造船技术和航海技术明显提高，指南针广泛应用于航海，中国商船的远航能力大为加强，从而为海外贸易的扩张提供了前提条件。南宋时期对南方的开发，促成江南地区成为当时的经济文化中心。在此背景下，南宋政府采取鼓励外商的政策，在一些港口设有番坊，有外商长期居住于此，以阿拉伯人最多。中国的丝织品、瓷器、茶叶等远销日本、东南亚等地，输入商品则以香料、珠宝为主。南宋海外贸易的重要港口有广州、泉州、明州（今宁波）等，泉州在南宋晚期更一跃成为世界第一大港和海上丝绸之路的起点。

元朝是中国历史上唯一奉行重商主义的朝代。蒙元建国者来自北方草原，有着贸易的基因，因此，元朝背靠国力的强大，不仅全面对外开放，更是鼓励海上自由贸易，大力拓展海外贸易渠道。元朝海外贸易的繁荣超过前代，当时与中国进行贸易的国家和地区已扩大到亚、非、欧、美各大洲，元朝政府和朝鲜、日本贸易密切。朝鲜的人参等土产品在我国内地受到欢迎。此外，特别有历史意义的是，这一时期中国商人通过海上丝绸之路与西方开始了直接贸易，他们通过水路和陆路直接到达了地中海沿岸国家，进而直接促成了地中海贸易时代的来临，从而使古代海上丝绸之路的发展进入鼎盛阶段。①

总之，宋元时期继承了唐朝的对外开放政策。从唐到宋的对外开放政策来看，发生了一个重要变化，即从"接以仁恩"到为了经济利益而主动开放。宋元政府积极鼓励海外贸易。为了加强海外贸易的管理，政府设立市舶司，治理中外商民，征收赋税。宋元时期，中国古代海上丝绸之路的拓展和扩张达到了繁荣的顶峰，这不仅因为当时中国农业及手工业处于全球领先地位，还因为当时中国的军事、航海等技术及规模也在全球领先，并为明朝前期的海外贸易打下了雄厚了基础②。

4. 明清时期：古代海上丝绸之路衰退阶段

虽然明朝开国之初实行海禁政策，但明成祖朱棣继位后，促成了郑和七下西洋，虽然它是不计经济效益的外交活动，但客观上推动了中国与东南亚及印度洋各国的贸易往来。然而，自郑和下西洋终止之后，一直到清朝，中国长期实行闭关自守政策。清朝政府甚至只允许广东十三"公行"与外国进行有限的经贸往来，严重制约了中外经济文化的交流和发展。

尽管从成长性等方面看，尤其是相对于欧洲全球贸易的崛起来看，明

---

① 由于元朝和明朝对中国古代海外贸易的影响巨大，因此，本书后面还会对此进行专门论述。

② 有观点认为，"郑和下西洋"代表着中国古代海上丝绸之路发展的最繁荣期。从形式和影响来看，这也是有道理的。但从动机和目的、体制机制以及存续时间看，笔者坚持认为，元朝才是中国古代海上丝绸之路的繁荣期。

清时期的海外贸易是衰退的,但这并不妨碍中国作为一个全球性大国以及它在农耕时代长期繁荣带来的雄厚物质基础所产生的海外贸易影响力。这个时期,由于东西方海外贸易开始最激烈的直接碰撞和最频繁的直接对接,导致了一个最令人意想不到的结果,就是广州在15世纪至19世纪初成了全球最大的国际贸易中心城市。因为在明清两代,由于政府实行海禁政策,广州成为中国唯一对外开放的贸易口岸,从而成为全球各国对接中国贸易的出入口,在当时条件下,其贸易规模之大是世界上任何其他一个城市都无法比拟的。因此,在这样的大背景下,当时以广州为中心的珠三角地区的海外贸易,反而比唐、宋、元时期获得更大的发展①,并且一直延续和保持到鸦片战争前夕。

明清政府实行闭关锁国政策之时,却正是欧洲市场经济崛起的新时代。欧洲的几个主要海外贸易强国,为抢夺金、银等贵重金属以及其他原料,也为了输出商品,开始对外侵略扩张。因为小农经济在当时的中国占主导地位,所以外国商品在中国滞销。因此,为了改变对华贸易的逆差地位,欧洲列强开始向中国走私鸦片,导致中国白银大量外流,直接威胁到清朝政府的统治,于是才有了后来的鸦片战争。

鸦片战争后,中国海权丧失,沦为西方列强的半殖民地,沿海口岸被迫开放,中国成为西方列强倾销商品的市场,它们掠夺中国资源并垄断中国的丝、瓷、茶等商品的出口贸易。从此,中国古代海上丝绸之路一蹶不振,进入了衰退期,最终导致中国全球海外贸易主导权的丧失。整个民国时期这种状况也一直在延续,直至中华人民共和国成立前夕。

(三) 古代海上丝绸之路的特点与影响因素

为什么中国古代丝绸之路逐步从以陆上为主转为以海上为主、逐步从

---

① 遗憾的是,清代后期,以英国为代表的西欧列强,为了平衡贸易收支,在难以打开中国市场的情况下,加大了对中国的出口,展开了强大的鸦片拓展战略,最终使鸦片成为清朝后期中国进口商品的第一大品类,从而引发了后来的鸦片战争。

以北方为主要始发地变成以南方为主要始发地？为什么早期中国的海外贸易从繁荣走向了衰落？为什么古代海上丝绸之路的结果并没有导向全球化的贸易体系？这主要是因为存在以下四个方面的因素。

1. 陆上对外贸易的安全性问题

在古代的交通和自然条件下，中国和西方的陆上丝绸之路贸易渠道，由于战争动乱、自然灾害、朝代更替等因素的影响，时断时续，极不稳定，不得不用海上贸易代替陆上贸易。更主要的是，受当时中国与西方国家之间的道路通行方式、陆上交通运输方式、运输工具的载货能力等因素的约束，陆上丝绸之路从出发时尽管声势浩大，但最终能达到目的地的人员数量、交通距离、货物数量、返回能力都十分有限①。成本高、风险大、收益低的特点，使得陆上丝绸之路对外贸易的规模始终有限，而通过海上丝绸之路进行的对外贸易的规模和收益都远远高于陆上贸易，因此，从唐代后期开始，中国对外贸易格局中海上贸易逐步占据主导地位。

2. 海上贸易方式的不可替代性

在古代中国，从西汉张骞出使西域开始，陆上丝绸之路的开展始终是以政治动机为主，贸易目的为辅；反之，从秦汉开始，海上丝绸之路的开辟，从最初就是基于贸易动机而展开的，这就意味着它的推动力和持续性，是陆上贸易不可比拟的。在古代世界，海洋不存在边界问题，远洋运输也不牵涉跨越国界的"边关"问题，因此，它的直接性、简便性、规模性等，比陆上贸易方式具有优越得多的条件。

宋元时期，中国对外贸易以陆路为主转为以海路为主的原因主要是道路通畅性问题。一方面是通路的安全性问题，如西北少数民族政权的阻隔，路上自然条件本身存在难以克服的缺点；另一方面是商品的安全性问题，唐朝以前，商品以丝织品为主，适合陆上运输，但自两宋以后，商品以陶瓷为主，不宜采用陆路运输。

---

① 实际上，古代陆上丝绸之路的大部分出行人员，都没能返回原出发地，从而没有形成国际贸易的循环格局。

总体来看，古代中国的对外贸易通道在陆上与海上主导权的变化是动态演进的。秦汉时期，对外贸易主要以陆路贸易为主；隋唐时期，水、陆并进；两宋时期，陆地商路中断，对外贸易基本上以海上贸易为主；元朝时期，前期水、陆两条商路并进，后期以海上贸易为主；明清时期，则以海上贸易为主导。

3. 中国古代经济重心的不断南移

从宋代开始，中国经济重心开始从中原向江南及东南沿海移动，这不仅为广东、福建等地带来大量的人口以及农耕技术、手工业技术，同时也促进了东南沿海地区等与内地的贸易联系，扩大了商流和物流的规模，进而为后期东南沿海地区对外贸易的渠道体系构建打下了坚实的基础。

4. 中国古代海外贸易的经济基础与体制机制

中国古代的海外贸易虽然曾经高度繁荣，并一度占据全球海外贸易主导权，处于绝对优势领先地位，然而，无论如何，它存在的基础是农耕时代的小农经济，它始终处于自然经济的框架体系内。因此，中国古代海外贸易的主要动机并不是为了拓展世界市场，也没有发展海外贸易的体制机制保障，政府对外贸的控制更多地是为了政治、文化和外交的动机而非贸易本身，进而缺少内生的成长性、持续性和创新动力，而这也是它最终走向衰退的最主要原因。

二、强盛期：元朝的对外开放与自由贸易的繁荣

元朝（1271—1368）是蒙古族建立的王朝，定都大都（今北京），历时 98 年。13 世纪初，蒙古族统治者经过半个多世纪的征服战争，先后消灭西夏、金、大理、吐蕃、南宋等政权，完成了多民族国家的空前统一。

或许，有不少人认为，古代海上丝绸之路或早期的海上贸易最繁荣的时期是明朝，即郑和下西洋时代。但事实上，明朝恰恰是古代海上丝绸之路的最后辉煌。从一个朝代来看，明朝从一开始就采取抑制海外贸易的政策，最终将海外贸易主导权拱手相让给了西方，最后直至衰落。

元朝在中国历史上是一个非常重要的朝代。一方面，它的疆域之大超过任何一个朝代；另一方面，与中国其他朝代相比，它在经济、文化等各方面都不突出，但在海外贸易方面却具有特殊地位。元朝不仅贸易发达，造就了陆上和海上贸易的空前繁荣，而且还别开生面地构建了具有早期中国特色的自由贸易体系。[①]

（一）元朝海外贸易的主要港口和贸易对象

元朝的海外贸易港口主要分布在东南沿海，包括泉州、上海、温州、广州、杭州、宁波、台州、钦州等。其中，泉州、广州、宁波三处较为重要，泉州、广州主要是远洋贸易，而宁波则是元朝对日本和高丽进行贸易的主要港口。[②]

元朝的海外贸易范围很广泛，东起日本，南至爪哇，西至阿拉伯、非洲东海岸的广大区域都是中外通商的领域。元朝海外贸易的商品种类繁多，其出口商品的品种和数量都大大超过前代，主要为农产品和手工业品，包括：纺织品如缎、绸、绢、生丝、棉布及其制品；陶瓷、金属及其制品；文化用品如纸扎、乐器、书籍等；药材；食物和副食品；日用杂物。元朝进口的商品大体可分为三类：香料类、珠宝类和食品杂货类，其中香料和珠宝在元朝进口商品中占有很大比例。

（二）元朝海外贸易极盛繁荣的主要原因

1. 发达的造船技术和航海技术

元朝的造船技术较之前代有所进步，在东南沿海的各大港口城市都有造船业。据史料记载，元朝的海船大都以松木为材料，船底两或三层。普通的海船有四桅，也有五桅或六桅的。每船分隔成十余舱或数十舱。舵杆

---

① 李莹、刘春霞：《试论元朝之海外贸易与文化交流》，载《沈阳航空航天大学学报》2005年第6期。

② 聂德宁：《元朝泉州港海外贸易商品初探》，载《南洋问题研究》2000年第3期。

普遍使用铁梨木，所造的船只坚固耐用。此外，元朝的海船还分三等，最大的称之为舰，张挂3帆至12帆，可载1000人。发达的海外贸易离不开航海技术的进步，指南针早已成为远洋航行的必备之物。当时的远洋航行者是根据指南针在罗盘上的位置来定方向，而且当时的水手已经熟练根据海上季风（信风）的规律来决定出航和返航的时机。

2. 元朝的对外开放与自由贸易政策

元朝通过海外贸易与世界上140多个国家和地区进行了交往，在海外贸易方面，元朝采取了比中国历史上任何一个朝代都更为开放的政策①。忽必烈在灭掉南宋之后，不仅沿用了宋代鼓励海外贸易的政策，而且在宋代基础上继续扩大海外贸易。至元十五年（1278），忽必烈在夺下福建不久后就诏谕福建行省向外国商人宣布："其往来互市，各从所欲。"积极招徕外商来华贸易，允许各国来中国自由贸易始终是元朝贯彻的国策。②在东南沿海的各个港口，元朝政府都设有市舶司管理海外贸易，而且还由政府出钱出船给舶商出海贸易，称为"官本船"。优惠的通商政策、畅通无阻的商路给了外商极大的吸引力，于是各国商人纷纷来华贸易。③

3. 元朝后期从陆上贸易为主转向海上贸易为主

元朝前期陆路的贸易得力于蒙古的三次西征。成吉思汗以及他的子孙们在统一蒙古草原之后就开始了四处征讨，最有影响的就是蒙古的三次西征。这三次西征的结果就是建立起领土辽阔、横跨欧亚的大蒙古帝国，并建立了从属于蒙古大汗的四大汗国，几乎将整个亚洲全联系起来了，并且与欧洲的往来更加直接。所以，从蒙古帝国建立到元朝前期，元朝的陆

---

① 元世祖忽必烈在位时由于连年对外征战和失败，因而先后进行了5次海禁。第一次海禁发生在至元二十二年（1285）年初；第二次海禁从1292年到1294年止；第三次海禁从1303年至1308年止；第四次海禁从1311年到1314年止；第五次海禁从1320年到1322年止。1322年，复置泉州、庆元（宁波）、广州市舶提举司，之后不再禁海。5次海禁，累计时长约15年之久，但总体而言，这些海禁是因战争等特殊原因，其他时期都是开放的。可以说，开放是元朝贸易繁荣的主要原因。

② 高荣盛：《元朝海外贸易研究》，四川人民出版社1998年版，第45页。

③ 庄景辉：《略论元朝泉州的繁盛及其原因》，载《东南学术》1989年第1期。

路很发达,主要通过钦察汗国与克里米亚和欧洲各国建立联系,通过伊利汗国与各阿拉伯国家建立联系,从而使一度沉寂的丝绸之路再次繁荣起来,东西方的商旅络绎不绝,日夜奔忙着中国、阿拉伯和欧洲商人。元朝贵族每年用于购买西域珠宝的开销十分庞大,波斯商人常从西域带来珠宝、药材、骆驼等,中国商人则带去丝绸、瓷器等。

但是元朝中叶以后,蒙古各个汗国之间的矛盾冲突不断,时战时和,东西方之间的商路阻塞,陆路贸易衰落下来,中外商人之间的贸易往来主要通过海路。所以,元朝的对外贸易主要是海上贸易。

三、转折点:明朝的对外封闭与海外贸易主导权的丧失

明朝(1368—1644)是中国历史上存续时期较长的一个大一统王朝,共传16帝,享国276年。明朝是继汉唐之后的黄金时期,手工业和商品经济繁荣,出现商业集镇和市场经济萌芽。遗憾的是,在强大的农耕文化和小农经济约束下,市场经济最终被消灭在萌芽状态,未能成长起来,并最终影响到贸易发展。

(一) 明朝的"重农抑商"政策与朝贡贸易

1. 对外封闭与海禁:"重农抑商"与海外贸易限制

明太祖朱元璋是穷苦人出身,建立明朝后特别重视农民和农业,出台了一系列鼓励农业的优惠政策,尤其是限制官员福利、降低农民税负以及大力发展农业的政策。在这样的大战略指引下,明朝总体上实行的是"重农抑商"的政策。明朝为了贬抑商人,朱元璋规定,农民可以穿绸、纱、绢、布四种衣料,而商人却只能穿绢、布两种料子的衣服。商人考学、当官,都会受到限制。[①] 明朝尤其严格抑制私人商业的发展,对私人

---

① 《朱元璋节俭成盲目本能:早饭只吃蔬菜和豆腐》,见凤凰网:http://news.ifeng.com/history/minjianshuoshi/zhanghongjie/detail_2013_07/09/27314250_0.shtml,2013年7月9日。

从事海外贸易采取严厉的打击政策。

2. 明朝的海外贸易模式：朝贡贸易

明朝虽然"重农抑商"，但是却并没有完全禁止海外贸易，只不过这种贸易的模式主要是由官方主导的"朝贡贸易"。它不是以真正的贸易方式构建贸易流通体系，而是将贸易作为一种工具，以"朝贡"的模式来处理与周边国家间的关系，达到稳定国家边防和彰显国家力量的目的。

朝贡贸易反映的是中国政府与海外诸国官方的进贡和回赐关系。朝贡贸易起源于唐朝。唐朝初期，国家繁荣富强，朝廷对来朝贡的国家一般都有相当丰厚的回赐。这种"贡"和"赐"的关系实际上是不等价的，一般都是得不偿失，但基于非经济目的，朝廷明知亏本也一般都乐此不疲。明朝推行闭关锁国政策，继承了唐朝这种朝贡贸易模式，并绝对禁止私人海外贸易，规定所有的外贸要以朝贡形式进行。

明朝的朝贡贸易主要对象国包括朝鲜、日本、越南、泰国以及其他东南亚国家。明朝自开国起，就大力拓展朝贡贸易。1372年，朱元璋给高丽王颁发了一道敕书，命令其遵循中国古代的惯例，每三年来朝见中国天子，贡献方物。[①] 朝中关系进入了相对稳定的时期。另外，朱元璋登基之初便派使臣下国书到日本，一是希望他们来朝贡，二是希望他们解决扰明倭寇问题。[②] 1377年，朱元璋册封阿瑜陀耶国王为"暹罗国王"，"暹罗"这一名称从此正式固定下来，成为中文语境下对泰国的称呼。在明朝统一期间，阿瑜陀耶遣使臣到中国访问112次，中国也派使臣访问阿瑜陀耶

---

① "朝鲜"的国名，就是朱元璋取的。1392年，高丽王朝大将李成桂发动政变，建立了李朝。之后，李成桂参考了高丽古名"朝鲜"和李父就任之地"和宁"，并上书朱元璋要求赐予"国号"，朱元璋认为"朝鲜"是古名，而且"朝日鲜明"出处文雅，因此裁定"朝鲜"为新国名。

② 日本历史上除了与唐朝关系相对较好，之后的其他朝代，中日关系一直比较紧张。明朝国书送达日本后，日本不仅没来朝贡，反而砍了使者的脑袋。朱元璋知道后震怒，扬言出兵，要征服日本，不过，最终并未真正出兵。自元朝起，至明清时期，中国都没有找到与日本如何进行邦交的模式，有时还会纵容和让步，直至清末日本出兵我国东北三省。

19 次。

明朝的朝贡贸易模式几乎没有中断。随朝贡而来的船舶，称为"贡舶"。朝廷规定，来自东南亚国家以及西洋诸国的贡舶在广州登陆，来自日本的贡舶在浙江宁波登陆。广州是指定贡舶靠岸最多的港口。尤其是通过郑和连续七次下西洋，南洋和西洋地区的各国政权纷纷归依明朝，一个符合儒家观念的"朝贡体系"重新建立了起来。① 这种朝贡贸易制度，从明朝到清朝，延续了数百年之久。

(二) 明朝海外贸易的特殊成果：郑和下西洋的原因及其成果

1. 郑和下西洋：时间及规模

郑和下西洋（1405—1433）是明朝初年的一场海上远航活动。1405 年，明成祖朱棣命令郑和率领 200 多艘海船、27000 多人从南京出发，在江苏太仓的刘家港（今江苏省太仓市浏河镇）集结，经过福州闽江口五虎门内长乐太平港，驻泊于此，伺风开洋，远航至西太平洋和印度洋，拜访了 30 多个国家和地区，目前已知最远曾达东非、红海和美洲。1434 年，郑和受官僚集团排挤，被终止带船队下南洋，历时 28 年的"郑和下西洋"从此终结。

郑和下西洋是中国古代规模最大、船只最多（240 多艘）、海员最多、时间最久的海上航行，比欧洲国家航海时间早了半个多世纪，并早于麦哲伦、哥伦布、达·伽马等人，堪称是"大航海时代"的先驱，是世界航海史上的奇迹。可以说，郑和下西洋是古代海上丝绸之路史上空前绝后的壮举，因为自此之后，尽管以广州为中心的海外贸易仍然开展，但不再是以远洋船队"走出去"的方式进行，而是由欧洲列国为主的船队进入广州，被动接受其他国家的贸易渠道，贸易主导权逐步丧失。

---

① 张剑荆：《郑和七下西洋后为何被叫停》，见新浪网：http://history.sina.com.cn/bk/mqs/2014-08-03/232796855.shtml，2014 年 8 月 3 日。

2. 郑和下西洋的动机和原因

国内研究郑和下西洋的著作和文献很多，对其动机的研究归结起来无非五点：一是受朱棣私人委托，寻找有可能亡命海外的建文帝的下落①；二是向海外展示新朝的富强，显示国威；三是巩固并不稳定的朝贡贸易体系②；四是通过贸易增加朝廷收入，弥补财政收入不足；五是获取沿线国家的香料、宝石等珍贵奢侈品，以满足官员们的享受需求。

除此而言，明朝初期的经济复苏也是一个重要的条件。明朝初期，由于朱元璋在位 31 年的励精图治，农业生产迅速恢复。在手工业方面，矿冶、纺织、陶瓷、造纸、印刷等都比以前有了不同程度的提高。中国丝织品、瓷器等受到中东、非洲、欧洲国家的普遍欢迎，成为欧洲皇室的奢侈品。而造船业的发达、航海技术的进步（包括罗盘的使用、航海经验的积累、航海知识的提高）、大批航海水手的养成，以及宋元以来中国海外贸易的发达、对外移民的增加，都为郑和下"西洋"准备了坚实的经济基础和物质条件。

3. 郑和下西洋的主要成果

这里且不说郑和下西洋的历史意义和其他影响，仅从当时郑和下西洋的目的来看，取得的成果无疑是巨大的。这主要体现在两个方面：

一是稳定了与沿线国家的朝贡贸易关系，达到了"经济外交"的目的。郑和出使的任务之一，就是招徕各国称臣纳贡，与这些国家建立起上

---

① 据记载，建文元年（1399）到建文四年（1402），燕王明成祖朱棣以"靖难"之名进行夺位之战，最后攻下国都应天（今南京），建文帝朱允炆火烧皇宫，不知所踪。明成祖继位称帝，改年号为"永乐"，但对于建文帝的失踪及其遗臣逃散各地可能仍有挂怀。

② 越南当时是明朝的第二大附属国，但却日益"不服管"，带头抵制朝贡，并在东南亚产生恶劣的影响。在此背景下，为了巩固朝贡体系，1406 年，也即郑和下西洋的第二年，明成祖朱棣发兵 80 万人"平定安南"（安南即古越南），改安南为交趾，正式将安南变成明朝的一个省。越南学者认为，明朝置郡安南后将它"变成一个作为与东南亚和西欧各国船舶往来通商的根据地"。置郡安南大大提升了明朝对南海的控制力和影响力，为郑和下西洋的顺利进行提供了保障。

邦大国与藩属之国的关系。为了完成这一任务，郑和到达各国以后，第一件事便是宣传明成祖的皇帝诏书，明示如果奉召前来朝贡，则礼尚往来，一律从优赏赐；第二件事便是赠送礼物，赐各国国王诰命银印，赐国王及各级官员冠服和其他礼物，表示愿意和那些国家建立和发展友好的关系；第三件事便是与南海（今马六甲海峡）国家建立友好关系。据记载，郑和船队的船只主要就是用来装运宝物，有明朝皇帝赏赐给各国的礼品、物品，也有各国进贡明朝皇帝的贡品、珍品，还有郑和船队在海外通过贸易交换得来的物品，因此，被称为"郑和宝船"。

二是为明朝政府赚取了丰厚的贸易收益。明成祖朱棣夺得帝位之后，赏赐功臣士兵、编撰《永乐大典》、建造远洋大船、遣兵攻打越南、营建北京宫殿、兴建武当山道观等，支出多，收入少，致使国库空虚，甚至连官员的工资也发不出。为了解决财政困难，朱棣派郑和下西洋，获取垄断贸易收益。显然，郑和下西洋确实为明朝政府带来了部分收益，并获取了大量的西洋奢侈品，如芦荟、金镶戒指等。当然，这些收益并不能抵销当初建造船只所花的支出，而且这些收益基本上为统治者独占，并没有给其他利益集团和百姓分享，这也是后来官僚集团抵制郑和下西洋的主要原因。

4. 郑和下西洋的巨大影响及意义

郑和下西洋对中国和世界的影响深远而博大，它不仅使中国成为当时全球最大的海外贸易国，而且在当时真正实现了对全球的贸易主导权。郑和下西洋所进行的海外贸易是当时全球最大的国际贸易，并且在人类历史上第一次构建了全球化的贸易体系。当时亚洲、非洲、欧洲的主要国家，都受到了郑和下西洋的影响和冲击，并间接地影响了地中海贸易及"地理大发现"。在一定意义上，郑和下西洋为当代中国的海外贸易尤其是21世纪海上丝绸之路的建设，提供了难得的经验借鉴和启示。

另外，尽管郑和下西洋的持续时间并不长，但朱棣与郑和是中国历史上第一次把海洋与国家主权、安全和富强联系在一起的海权战略思想家。面对官僚集团的攻击，郑和公开主张捍卫国家海洋主权，认为要"统御万方""教化四夷",就必须"巡弋异域",一旦宝船停罢,中国在这些地方所建立的势力与影响将很快付之东流。同时,郑和看到了海洋对国家安全所构成的潜在威胁,强调了控制海洋对国家的重要性。"欲国家富强,不可置海洋于不顾。财富取之于海,危险亦来自于海。……一旦他国之君夺得南洋,华夏危矣。我国船队战无不胜,可用之扩大经商,制伏异域,使其不敢觊觎南洋也。"当明仁宗彻底解散船员、弃毁装备时,郑和抗命疾呼,要求保留舰队。这些朴素的海权意识和理念,也为当今中国的海洋崛起提供了启迪。

(三)郑和下西洋的终结及其原因

1. 郑和下西洋的实质

郑和下西洋对古代海上丝绸之路的深化及拓展的历史意义是巨大的,而且它也确实与沿线各国进行了不同程度的贸易,甚至是民间贸易。然而,从实质上看,必须正视一件事实:郑和下西洋,不是为了贸易;郑和船队,也不是贸易船队。这与后来的麦哲伦、哥伦布等航海家们的动机完全不同,后者从一开始就是为了寻找与东方进行贸易的新通道,自始至终就是以贸易为中心、以拓展国际市场为目的。①

据史料记载,郑和每次下西洋的人数在27000人以上。这些人绝大部分都是军人和官员,约合明朝军队5个卫,每个卫为5000~5500人。这些军人主要来自沿海各地的边防卫所。郑和船队人员主要分为5个部分:总体指挥、航海航行、外交贸易、后勤保障、军事护航,没有专门的民间商人,只有极少数兼职的政府贸易官员。根据中国海军专业人员的研究,郑和船队由"舟师"、两栖部队、仪仗队三个序列编成。"舟师"相当于现在的舰艇部队,以战船为基本单位,它们被组成编队,叫前营、后营、

---

① 哥伦布船队的人数在90~150人之间,达·伽马船队的人数为170多人,麦哲伦船队的人数为265人。这些船队当时都是以市场为导向,出于纯粹的商业目的,在官方和民间的资助下,以商人为主导来进行的。

中营、左营、右营；两栖部队用于登陆行动；仪仗队担任近卫和对外交往时的礼仪，庄严威武。

进一步说，郑和下西洋的船队是一支规模庞大的军事船队，完全是按照海上航行的军事组织编成的，在当时世界上堪称一支实力雄厚的远洋海军编队。很多外国学者称郑和船队是特混舰队，郑和是海军司令或海军统帅。[①] 郑和率领的明朝海军在舰队规模、航海技术和组织协调水平诸方面都处于当时的最高水平。实际上，这也是和当初组建船队的动机和目的一致的，因为它就是为了向其他国家显示国力尤其是军事力量，从而使这些国家臣服，并老老实实地朝贡。

2. 郑和下西洋终结的原因

从1405年开始，郑和在28年中先后7次下西洋，之后明朝的海外航行逐渐终止。有不少人发问，哥伦布之后有无数的"哥伦布"出现，为何郑和之后却再无"郑和"？明朝何以错失海洋时代？正是因为错失海洋时代，强大的明清帝国开始走向500年的衰落。也可以说，近代中国的衰落，就是从郑和下西洋被叫停开始的。

郑和下西洋之所以被终止，这与明朝当时的国家战略有关，与郑和下西洋的动机和目的有关，也与当时的政商环境有关，其主要因素有以下5点。

一是国家战略的转移。明成祖时代后期，已经完成了最初的战略使命，国家战略开始转移。明朝的大战略存在着一个轨迹：从南北平衡转向重视北方，明成祖将首都从南京迁往北京就是明证。明成祖派郑和下西洋，当时是作为国家战略被推进的，无论是寻找建文帝还是耀兵异域，都有明确的战略企图，但随着蒙古对北方边境威胁的增大，国家战略必然转移。

---

① 英国的李约瑟博士在全面分析了这一时期的世界历史之后，得出了这样的结论："明朝海军在历史上可能比任何亚洲国家都出色，甚至同时代的任何欧洲国家，以致所有欧洲国家联合起来，可以说都无法与明朝海军匹敌。"

二是官僚集团的阻击和破坏。郑和的宝船遗址与史料记载相吻合，确认1431年郑和最后一次下西洋归来后，船队就再也没有起锚。郑和航海图等官方文档也在朝廷关于下西洋的是非之争中，被当时的兵部尚书刘大夏焚毁。①

三是以"示威"的方式巡视南洋各国，引发各方的反感和不满。郑和总领海路兵马巡视南洋，庞大的百艘巨舶船队及数万兵士，浩浩荡荡迫临其海域，让所在国战战兢兢。后来，这些国家反抗激烈，来朝贡的国家越来越少，未达到预期效果，也引起了朝廷中其他官员的不满。

四是巨大的成本支出，引发官员的抵制。郑和下西洋持续28年，七下西洋，相当于平均每4年一次，而每一次出使往返要2年，郑和船队络绎不绝于中国至西洋之间。在官员看来，远洋军事外交何以要如此频繁呢？它高额的成本如何消化？明初政局很不稳定，大量的倭寇侵袭东南沿海一带，很多藩国战乱频繁，威胁到了明朝的统治，促成了明朝的海禁政策。尽管郑和下西洋在一定程度上改变了自明太祖朱元璋以来的海禁政策，开拓了海外贸易，但毕竟郑和是极少数派，并不代表当时大多数人的利益，代表的只是皇帝个人的意志和利益，因此，郑和一派势单力薄。更主要的是，在明朝政府内部，从一开始就存在着对远航的不同意见。郑和船队中的船只规模巨大，并不完全取决于实际需要的载重量，而是为了显示"巍如山丘，浮动波上"的观感，以"耀兵异域，以示中国富强"。著名历史学家黄仁宇推测，永乐期间，郑和下西洋所费白银约600万两，相当于当时国库年支出的2倍，而这还不包括造船等由各地支出的费用。而建造和修补一艘船平均需要1600两银子，每次出航平均用船260多艘，仅造修船舶费用就需要几十万两银子。巨大的支出导致国库空虚，被认为是郑和下西洋被终止的直接原因。

五是不计成本的远航却收益甚微。郑和下西洋以朝贡贸易为主，"政

---

① 有传言说，郑和下西洋的航海资料从朝廷流出后，被官僚利益相关者秘密卖给了当时来中国的欧洲商人或传教士，最终到了欧洲航海家手中。

治挂帅"而忽视经济实利,"厚往薄来",支出多,收益少,从而也使得远航难以为继。根据历史资料显示,郑和下西洋以及朱棣对这些外邦朝贡者的大量赏赐,导致大量财富的直接损耗,这还不包括对2万官兵的嘉奖。由于船队携带铜钱出国收购物品,致使铜钱大量外流,造成国内"钱荒",严重消耗了国库储备,引起钱币的大规模贬值。郑和第六次远征时的物价,比第一次时的物价上涨了300倍。

除以上种种因素外,文官集团与宦官集团争权夺利、以郑和为代表的宦官集团失败、顽固的封建思想以及农业帝国的土地观念战胜了海洋观念等因素也被认为可能与下西洋的终止有关。总之,在永乐大帝死后,朝中无数大臣以各种理由开始向明仁宗进谏,要求废船队、绝海洋。因此,郑和下西洋最终成为一段传奇,却无法善终。世界上最强最大的郑和舰队大航海,比之欧洲哥伦布、达·伽马和麦哲伦早了将近100年,可最后郑和舰队辉煌的航海成果,却以一种滑稽的形式被彻底毁灭了,中国和人类社会史上一次伟大的转折擦身而过。

(四) 明朝海外贸易主导权的丧失与海外贸易的衰落

1. 郑和下西洋终结后海外贸易主导权的丧失

从客观事实看,郑和下西洋的"贸易"意义被学界或媒体情绪化地夸大了。明朝从始至终基本上都是推行封闭政策,尤其是海禁政策,因此,郑和下西洋只是明朝在特殊历史条件下海外贸易的"昙花一现"。

不可否认,郑和下西洋是以"贸易"为工具和"敲门砖",因此,它在很大程度上促进了中国与海上丝绸之路沿线国家的贸易合作。郑和下西洋时,无论是它去程中以"赏赐赠品"的方式运载陶瓷、丝绸等货物,还是在返程中接受朝贡或购买与交换回来香料、染料、宝石、珍奇异兽等,都客观上促进了国际贸易的发展。但郑和下西洋无论客观上的贸易规模或影响力有多大,都不能改变它主观上的动机和行为的本质,即它本质上就是一种准军事行为而非贸易行为。

明朝海外贸易之所以走向衰落,就宏观意义上的国家战略而言,就是明朝放弃了对外开放和自由贸易政策,反而走向封闭和抑制贸易,从而也抑制了市场经济从传统经济体系内部生长的动力,扭曲了商品市场体系,扼杀了市场经济发育成长的创新元素,未能及时地转变发展方式并推动经济社会的转型变革。

本来,明朝有强大的经济实力、军事条件和贸易基础,完全有可能逐步构建起覆盖全球的贸易体系,继续引领贸易体系的创新和发展。然而,十分遗憾的是,明朝最终错过了这一发展路径,错过了"一带一路"已经给古代中国展现出来的"走向世界"的机会,从而彻底丧失了海外贸易主导权,继而使中国繁荣了近千年的海外贸易走向了衰落。

在一定意义上,明朝海外贸易主导权的丧失,并不是因为它缺少能力去获得和保护这个主导权,而是明朝政府根本就没有认识到长期掌握海外贸易主导权的意义,也不在乎它的丧失。换句话说,就是明朝政府主动放弃了海外贸易主导权,将它拱手相让给了西欧新兴的市场经济国家。

2. 明朝海外贸易主导权丧失的直接根源

实行对外封闭与抑制海外贸易,是明朝海外贸易衰落的宏观背景。而从微观上看,导致明朝海外贸易衰落的最直接根源,则是朝廷对私人海上活动和民间贸易的打击与抑制。

明朝奉行"重农抑商"和海禁政策,这使得一度高度兴盛的海外贸易国家垄断经营(即围绕"郑和下西洋"展开的海外贸易体系)被迫中断,而且从始至终都严厉禁止私人海外贸易。事实上,即使在郑和下西洋时期,明朝也施行严厉的海禁政策,一再下令"仍禁濒海民不得私自出海",对于沿海居民的海外贸易,下令"严禁绝之"①。除了朝廷许可,否则片板不能入海。在明朝,从事海外探索和海上活动是犯罪行为,民众一出海便成为罪犯。② 正是这种打击和抑制,使得私人海外贸易几乎灭绝,

---

① 张剑荆:《郑和七下西洋后为何被叫停》,见新浪网:http://history.sina.com.cn/bk/mqs/2014 - 08 - 03/232796855.shtml,2014 年 8 月 3 日。

② 资料显示,同一时期,在西欧的葡萄牙和西班牙,从事海外贸易的罪犯因为有所发现却成了民族英雄,并得到政府奖励和免除罪责。

贸易主体缺失,商人阶层无法成长起来,合法且有组织的贸易活动就无法展开,从而使得宋元时期形成的海外贸易体系几乎崩溃。

第二节 古代海上丝绸之路发祥地与广东海外贸易长盛不衰的原因

国内不少学者和政策研究者,尽管不否认广东是古代海上丝绸之路的主要发祥地之一,但却并不认为广东是最主要的发祥地。他们认为,古代海上丝绸之路的最主要发祥地是福建泉州,或者是包括浙江宁波在内的华东地区。但实际上,中国古代海上丝绸之路最主要的发祥地一直是广东,除了在宋元时期略有波动外,两千年来一直没有变过。

从中国历史看,不论在什么条件下,广东都是海外贸易的中心。尤其是广州,它是中国最适合发展对外海外贸易的城市。综观全球海外贸易近1000年历史,可以发现,全球所有因为海外贸易而兴起的超大型国际贸易中心城市中,广州是历史最为悠久的。其他城市如伦敦、纽约、首尔、东京等世界名城,它们都是过去500年间才开始繁荣崛起的。上海开埠时间不到200年,新加坡、中国香港则是从20世纪50年代前后才逐步繁荣起来的。而历史上曾经与广州共同繁荣过的国际贸易中心城市如意大利威尼斯、中国泉州等,则大多已经不再是国际贸易中心。

一、从泉州说起:古代海上丝绸之路主要始发地及其兴衰

古代海上丝绸之路的主要始发地并不多,除广州外,主要有福建泉州、浙江宁波、浙江温州、广西钦州、江苏南京、江苏张家港等10多个重点城市。然而,从中国两千年海上丝绸之路的历史看,真正能称得上具有国际影响力的城市只有两个:一是广州,二是泉州。

泉州的海外交通起源于南朝而发展于唐朝。宋朝初年，中国经济重心已开始转到南方，东南地区经济快速发展，东南沿海的海外贸易进一步繁荣，并形成了广州、宁波、泉州三个海外贸易大港。

然而，自宋朝之后，中国海外贸易出口的商品开始由以丝绸为主逐步转为以陶瓷为主，而当时最主要的陶瓷产地主要在华东地区；同时，丝绸及其他手工业也主要集中在江浙一带。因此，宋朝海外贸易的货源地更靠近宁波、泉州。宋朝海外贸易的主要需求方和采购商主要是来自中东的阿拉伯商人，只有少部分商人来自北边的日本和朝鲜。而大量的阿拉伯商人通过马六甲海峡、跨越南海、进入台湾海峡后，感觉就到了中国商品的主要货源地。他们觉得行程太累了，不想再走了，就希望港口尽量靠南，甚至最好是在广东。而那些来自日本和朝鲜半岛的商人则希望宋朝的港口尽量靠北，离他们近些。于是，两股方向的合力点便平衡在当时地处南北海岸中点的泉州。

可以说，泉州在宋朝的海外贸易格局中具有特殊的地理区位优势，因为在江浙至广东的东南沿海千里海岸线上，它正好处于中间位置。正是这一可向南北两面辐射的地理优势，使得泉州于1087年设立了市舶司。泉州港正式开港后，先迅速超越宁波港，后追平广州港，并在南宋晚期超过广州，成为中国第一大港。

元朝初年，元世祖忽必烈于1277年准许重建泉州市舶司，加之元朝继承了宋朝海外贸易的格局，这进一步强化了泉州在海外贸易中的特殊地位，于是，泉州的海外贸易进入黄金时期。当时，泉州的海外贸易远洋航线伴随着元朝海疆的扩大，得到了进一步拓展，东至日本，西达东南亚、波斯、阿拉伯、非洲，出口商品有陶瓷、绸缎、茶叶、金银等，进口商品有香料、胡椒、药材、金银珠贝等。泉州港一度成为东方最繁荣的港口，并与当时埃及的亚历山大港并称世界上最大的两个商港。①

---

① 大旅行家马可·波罗曾这样赞誉泉州港："假如有一只载胡椒的船到亚历山大港或到奉基督教诸国之别地者，按比例算起来，必有一百只船到达刺桐（泉州）港。"

然而，随着元朝的覆灭、明朝海禁政策的施行，泉州港开始急剧衰落。整个明朝时期，泉州港的作用仅体现于在郑和下西洋朝贡性质的航海过程中提供专业人员和海船补给，以及维系与琉球的部分朝贡。而郑和下西洋终止之后，泉州作为中国第一海外贸易大港以及国际贸易中心的地位随之结束。

从宋朝末期到元朝末期，泉州作为东方国际贸易中心的存续时间前后共100多年，相比于广州以及同时期的埃及亚历山大等城市而言，它从繁荣初期到衰落的时间并不长。为什么会出现这种"短命"现象呢？关于这方面的研究文献也不少，但在笔者看来，主要有以下3个方面。

（一）泉州港的自然地理条件先天不足

一方面，泉州直接面对宽阔的大海，容易遭受台风等自然灾害的正面冲击，港口的安全性偏弱；另一方面，它缺少大江大河与内地连接，港口纵深度不够，腹地范围相对狭小，辐射力有限。

（二）泉州地区的产业基础相对薄弱

尽管泉州相对于广州而言，离浙江、江苏、江西更近，但毕竟当时福建地区的产业基础薄弱，除了茶叶等产品外，无论是当地的农业还是手工业，都难以为泉州的海外贸易提供充足的货源。一旦缺少官方的特殊政策支持，如果仅依托本地产业，泉州很难建立起足够强大的贸易产业链。

（三）海外贸易环境的持续恶化

从元朝到明末清初，即13—16世纪左右，日本海盗（即倭寇[①]）在

[①] 倭寇就是指日本海盗。因中国古籍称日本为倭国，故称倭寇。早在元朝时期，元朝皇帝忽必烈建国后，两次派遣使者前往日本，试图建立友好关系，然而两次都被日本拒绝，甚至以战争相威胁。于是，忽必烈被激怒了，并于1274年和1281年两次派军攻打日本，从而引发了日本对中国的海禁和封锁。而日本海禁政策的实施后，中日之间巨大的贸易机会吸引了相当多日本西部沿海地区武装商人的投机冒险，包括走私、抢劫等，由此形成海盗集团，并横行于海域长达400多年。

中国东南沿海横行，除沿海劫掠以外主要从事的就是中日走私贸易。而这种直接对明朝国家安全和封闭自守政策构成威胁的海盗横行状况，更加强化了明朝的海禁政策，这才有了后来抗倭名将戚继光的出现。这种难以控制的安全局势，无疑直接加速了泉州海外贸易的衰落。

二、千年商都：古代海上丝绸之路中最持久的始发地

尽管中国古代海上丝绸之路的出发地包括沿海地区的多个城市如泉州等，但从形成时间及延续性来看，广州始终是最重要、最持久的始发地，而且在两千年中几乎没有中断过，这在目前全球各主要贸易中心城市中也是独一无二的。

（一）秦汉时期：广州是中国最早的海外贸易始发地之一

秦汉时期（约公元前226—公元220），中国的丝织品、瓷器、铁器、铜钱、纸张、金银等以广州为起航站运往海外，换回珠宝、香药、象牙、犀角等物品，广州成为当时世界上最为著名的贸易大港。

（二）唐朝时期：广州成为最主要的世界贸易港口

唐朝开通了从广州至波斯湾、大食国（今阿拉伯地区），向西达东非、红海这条当时世界最长的航线，向东还有通往日本、高丽的航线。南海神庙前的港口呈现一片空前繁荣景象。唐朝以广州为起点的"广州通海夷道"长达14000公里，已到达阿拉伯半岛和东非国家，为当时世界上最长的航线。当时通过这条通道往外输出的商品主要有丝绸、瓷器、茶叶和铜铁器四大宗；往回输入的主要是香料、花草等一些供宫廷赏玩的奇珍异宝。这种状况一直延续到宋元时期。随着海外贸易繁荣，广州的地方政府特在城西设置"蕃坊"作为外商居住区，唐宋时期蕃商云集于此。

公元714年，唐朝政府在广州设置市舶使。这是中央政府第一次派出相当于海关总管的官员在广州任职，建立了中国外贸史上的第一个专门机

构,开创了古代海外贸易管理的新制度,后为宋朝所继承沿用,至清代才被海关制度所取代。北宋真宗年间制定的《广州市舶条》是我国历史上第一部管理海外贸易的专门法规,对后世影响甚为深远。1314年,元朝颁行了被认为是中国古代第一部完整和系统的海外贸易管理法规《延祐市舶法》,它就是在《广州市舶条》的基础上制定的。广州为我国古代海外贸易管理制度建设做出了重大贡献。

(三)两宋时期:广州海外贸易持续兴盛不衰

自唐朝"安史之乱"后,吐蕃、契丹、女真、蒙古等少数民族相继崛起,阻断了宋朝与西方的陆路联系,东南方的海路成了宋朝进行海外贸易的唯一通道,海路贸易因而更加兴盛。

宋太祖于公元971年在广州设立第一个市舶司,加强对市舶贸易的管理。北宋及南宋很长一段时期内,广州一直是全国最重要的海外贸易口岸。两宋时期,由广州经南海、印度洋到达波斯湾各国的航线,是当时世界上最长的远洋航线。据统计,713—741年间,每年来广州贸易的外国商人达80多万人次,以波斯人和阿拉伯人为主的海外商人都以此为据点经商。

(四)元朝时期:广州仍然是中国最主要的海外贸易港口之一

元朝时期,虽然泉州港的重要性超过了广州,但广州仍然是中国第二大海外贸易大港,并仍然是中国与西方国家贸易往来的最主要窗口,当时世界上和广州有贸易往来的国家与地区达140多个。

(五)明朝时期:广州开始成为古代海上丝绸之路的唯一始发地

明朝政府为了防范倭寇的侵扰,实行海禁政策,仅对周边国家实行"朝贡贸易"。在郑和下西洋终结之后,广州港因面临南海的地理优势,在"朝贡贸易"以及民间的海路贸易中,成了特准的唯一对外通商港口。明朝中叶,澳门开埠,与广州一起,成为连接中国与西方进行海外贸易的中心。此外,在明清数百年"一口通商"的国策之下,广州曾是全中国唯一的海外贸易通商港口,对外交往更加频繁。①

(六)清朝时期:广州是全球最大的世界贸易中心

清朝初期,继续实行海禁政策和闭关政策,全国仅留广州一口通商。后来,清朝康熙皇帝在1685年设立粤海关,并指定广州、漳州、宁波、连云港为对外通商口岸,设立粤、闽、浙、江四海关。可惜,这段时间不长,由于历史、地理、政治等因素,中国与西方国家的贸易联系还是逐渐集中到了广东,形成了以广州—澳门为中心的贸易格局。1757年,清廷为抑制外商向北方港口扩大贸易的企图,撤漳州、宁波、连云港三口岸及海关,仅保留广州口岸一关,并特许广州十三行行商统一经营全国海外贸易,在西关的珠江北岸设立夷馆,规定为外商办理商务及居留之地,这就是所谓的"一口通商"。此后将近100年的时间里,直到鸦片战争后"五口通商"为止,一直执行这样的政策。

总之,从中国古代近两千年的海外贸易史来看,全国只有广州一直是海上丝绸之路上持续不断的始发地。

三、广州十三行:明清时期的"贸易特区"及其终结

自明朝之后,随着清朝对外封闭政策的持续推进,中国基本上退出了

---

① 美国历史学家斯塔夫里·阿诺斯在《全球通史》里写道:"1514年,葡萄牙商人与广州通商。1577年,他们又在澳门设立了永久的商业根据地。这时,中国开始直接感受到生机勃勃的新兴欧洲的影响。这些葡萄牙人收购中国的丝织品、木刻品、瓷器、漆器和黄金。同时,作为回报,他们又推销东印度群岛的肉豆蔻、丁香和肉豆蔻干皮,帝汶岛的檀香,爪哇岛的药材和染料,以及印度的肉桂、胡椒和生姜……到18世纪中叶,中国人向所有国家开海贸易,不过,贸易地点仅限于广州和澳门。"

以远洋航行为特征的海外贸易，世界海外贸易主导权从此开始由西方国家掌控。而为了保持中国与世界的贸易联系，广州十三行在其中充当了特殊的角色，继续传承延续广州的国际贸易产业链。

清朝虽然对外封闭，但为了继续推行朝贡贸易，一直允许广州"一口通商"，从而使广州事实上成为中国的"贸易特区"，享受着朝廷给予的特殊贸易政策，甚至在局部范围内，有着自由贸易区的特性。

所谓"十三行"，实际上只是一个统称，并非只有13家，多时达几十家，少时则只有4家。由于享有垄断海上对外贸易的特权，凡是外商购买茶叶、丝绸等国货或销售洋货进入内地，都必须经过这一特殊的组织，广州十三行逐渐成为与两淮的盐商、山西的晋商并立的行商集团。

在广州十三行时期，全国各地的出口商品都云集于广州十三行再发售世界各地，世界各地的进口商品也从广州十三行发售至全国各地。广州成为闻名世界的国际性贸易大港口，是西方国家进入中国的唯一通道，在中外贸易史上发挥着举足轻重的作用。

在广州十三行中，以同文行、广利行、怡和行、义成行最为著名。其中的怡和行，更因其主人伍秉鉴而扬名天下。据1834年伍家自己的估计，他们的财产已有2600万银元（相当于今天的50亿元人民币），曾是英国东印度公司最大的债主，被认为是当时条件下的世界首富。

尽管广州十三行在当时的海外贸易中创造了辉煌，但它们并不是当时国际贸易体系的领导者。相反，它们具有走向最终衰亡的必然性，其发展模式也具有不可持续性。一方面，广州十三行从事的国际贸易，不再是宋元时期以"走出去"为主的海外贸易，而是以"关起门"为主的海外贸易，主导方并不在广州十三行，而是在西欧列国。这种模式以及由西方人主导的贸易体系，从战略格局上来说是服从于西方国家的利益需求的。另一方面，海外贸易进出口的商品结构与以往历代都发生了巨大变化，这种变化是损害中国长期利益的。在广州十三行时期，中国出口的不再是丝绸、陶瓷，而是茶叶；同时进口的最主要商品不再是香料、宝石，而是鸦片。资料显示，英国东印度公司的鸦片主要是通过广州十三行进入中国的,仅道光元年(1821)至道光十年(1830)间运进广州的鸦片价值就占广州进口货物总值的四至五成,而其中九成以上是由英国人所经营的。① 这样的贸易体系和结构,也最终导致了广州十三行的悲剧性终结。

1840 年 6 月,鸦片战争爆发。由于与英国鸦片商人有着千丝万缕的联系,伍秉鉴遭到林则徐多次训斥和惩戒,不得不向清政府献出巨额财富。《南京条约》签订后,清政府在 1843 年下令行商偿还 300 万银元的外商债务,而伍秉鉴一人就承担了 100 万银元。也就是在这一年,伍秉鉴病逝于广州。伍秉鉴死后,曾经富甲天下的广州十三行开始逐渐没落。后来,随着"五口通商"的实行,广东丧失了在外贸方面的优势,广州十三行所享有的特权也随之结束。第二次鸦片战争爆发后,突如其来的大火降临到十三行街,这些具有 100 多年历史的商馆彻底化为灰烬。

四、广东早期海外贸易长盛不衰的主要原因

从古代海外贸易看,尽管广东沿海地区从东到西的汕头、惠州、东莞、广州、阳江、湛江等地都有不少海外贸易航线的出发点,然而,从代表性和影响力来看,整个广东地区则是以广州为中心来进行海外贸易的。那么,为什么广东的海外贸易能够长盛不衰呢?

(一)特殊的地理位置与自然条件

广东位于中国的南部,北依逶迤的南岭,南临浩瀚的南海。南岭(又称为"五岭")是广东最主要的山脉,横亘在粤北和湖南、江西两省之间,延及广西的东北部。位于粤、湘交界的石坑崆山,海拔 1902 米,为广东的最高峰。由于五岭万山重叠,在地面上把广东、广西和中原分隔开来,所以,在中国历史上,"两广"又称为"岭南""岭表""岭外"。

---

① 《古代广州的对外贸易》,见广州市情网:http://www.gzsdfz.org.cn/qnsd/smxz/201504/t20150423_26398.html,2015 年 4 月 23 日。

在古代，此处的陆路交通很不发达，崇山峻岭是一重天然的屏障和界限，影响了广东社会经济的发展。直到唐代，岭南还被看作化外之地或者南蛮之地。尽管在唐朝开元年间（713—741），张九龄主持开凿了大庾岭山路，使广东与中原经济、文化的交往渐趋频繁，但直到粤汉铁路开通前，广东与内地的商贸联系只能靠山间陆路的肩挑与手推车运输来保障和维持。

广东的海路贸易却比陆路贸易容易发展得多。广东南面与越南、马来西亚、印度尼西亚、菲律宾等国隔海相望，是我国通往东南亚、大洋洲、中东和非洲等地区的最近海外贸易出发地。广东沿海借助地理优势，形成了一批古代贸易港口。原本为荒郊小渔村的吴川芷寮，到明朝万历年间，已发展成为一个繁荣的商港："广商船大集，创铺户百千间，舟岁至数百艘，贩谷米，通洋货。吴川小邑耳，年收税饷万千计，遂为六邑最。"芷寮斗门村后的"番鬼井"之名，亦从一个侧面揭示了芷寮海外贸易的盛况。粤东潮汕地区的柘林港、东陇港、樟林港、庵埠港都是闻名一时的商贸港口。

在广东各古港中，广州独树一帜。从世界版图上看，广州正好位于太平洋西岸海陆交汇地带的枢纽位置，连接着中国腹地和东南亚。以广州为中心，往北是中国的北京和上海、韩国首尔、日本东京，往南是中国的香港和深圳、新加坡、吉隆坡，往西则是孟买、迪拜。在此背景下，广州极容易成为东西方海外贸易交汇的中心。实际上，自汉代以来，广东的徐闻、合浦（今属广西）就是海上的交通要道，特别是从东吴至南朝，中国海外贸易的重心逐渐移至广州。此后，广州一直是我国海外贸易最重要的口岸。

（二）优越的海港岸线条件和发展空间

（1）广州处于珠江三角洲（以下简称为"珠三角"）的中心枢纽位置。背有靠山，即坐拥白云山、番山、禺山等山体，低山丘陵罗列，台地纵横，有着宽厚的山体、陆地支撑。

（2）依托珠江，广州拥有世界上最复杂的水系与独特的河口系统，河网相连，三江交汇，八口入海；面对着广阔的海洋，坐拥中国第三大河流珠江的出海口。

（3）广州拥有绵长的入海口，从珠江口到广州市区近100公里，沿线都有发展港口的条件，可以形成密集的系统港口群；珠江三角洲平原地势平坦、土地肥沃，有利于发展经济和城市建设。

（4）珠江自东南向西北的河流走向，可以有效地避开台风等灾害，形成天然的保护"口袋"。广州一年四季如春，没有地震、台风、风沙、水患、冰雪等大型不可抗自然灾害。①

总之，这一系列条件使广州有利于客流、商流、物流的汇集，使广州港有足够强大的海外贸易发展基础，也使得广州市能够成为海外贸易、经济、生活融合发展最有利的"风水宝地"②。

（三）岭南文化形成的"宽容、低调、务实、崇商"人文环境

广东人基本上都是从北方迁徙过来的历史移民，他们来广东不是来读书、升官的，而是来这里求得生存和发展的。这些移民大多从各地逃难迁徙而来，为了生存，大家都能相互包容，也十分低调，讲求"一起发财"。同时，为了生存，人们也必须务实，广东人特反感空谈。广东除了发展武术及讲求"食疗"以强身健体外，最主要的还是得赚钱谋生。岭南人很少空谈，对"发财"信息极为敏感，也敢于尝试。这些岭南文化特质，十分有利于外来商业文明的引入，也有利于国际交往。

---

① 据传，广州几千年来均无正面台风冲击的历史，也无地震史。而世界上多个曾经高度繁荣的海外贸易城市，由于台风、地震等灾难而走向衰落，让发展中断。例如，在16世纪高度繁荣的葡萄牙首都和贸易中心里斯本，在1755年的大地震后走向衰落。

② 法国年鉴派史学大师布罗代尔（Fernand Braudel）在考察15至18世纪世界城市发展时就关注到广州的优越地理位置与港口条件，认为世界上可能没有一个地点比广州更优越。

（四）中国古代北方人口的不断南迁与经济重心的不断南移

从宋代开始，中国经济重心开始从中原向江南及更多的东南沿海移动，这不仅为广东等地带来大量的人口以及农耕技术、手工业技术，同时也促进了广东等地与内地的贸易联系，扩大了商流和物流的规模，进而为后期广东海外贸易的渠道体系构建打下了坚实的基础。明清时期，广东实际上就是全国的进出口商品集散中心，这也奠定了广东在中华人民共和国成立后仍然是中国海外贸易窗口地区的基础。在一定程度上，中国进出口商品交易会（广交会）的成立，就是基于这一历史传承。

（五）相对安全而稳定的海外贸易渠道及交易环境

宋元时期，政府坚持对外开放，鼓励自由贸易，而当时中国的海外贸易中心是华东的泉州、宁波等城市，因为这一时期中国的海外贸易对象国主要是日本、韩国等东亚国家，因此，形成了高度繁荣的古代"东亚贸易圈"。但在贸易规划缺失的条件下，海外贸易的繁荣滋生出强大的海盗集团[①]，尤其是长期活跃在东海和台湾海峡的倭寇给国家和人民都带来了严重的危害。基于多重考虑，从明朝中期开始，一直到清朝，均实行严厉的海禁政策，尤其是限制各种私人海外贸易。

全面的海禁政策，给商人和居民又带来了不便，于是遭到各界反对，特别是遭到商人和居民的强烈反抗，甚至还出现了亦商亦盗的海上武装贸易集团。迫于压力，明朝政府在隆庆年间（1567—1572）不得不解除海禁，允许商人出海贸易。由于在这一时期，广州的海外贸易通道一直相对安全稳定，因此，政府选择广州作为通商口岸，允许外国商船进入广州。自此开始了广州的"一口通商"时代，形成了明清时期广州海外贸易"金山珠海，天子南库"的特殊格局，至今对广东的经济、历史、文化都

---

① 这在古代世界历史上具有共同的特性。早期地中海贸易的繁荣，滋生出了地中海"黑手党"，形成了至今都还存在的国际海盗组织。

带来了深远的影响。

直到鸦片战争前,广州都是当时世界上最受欢迎的海外贸易城市。鸦片战争前几年,在英国下议院调查对华贸易的一次会议上,"几乎所有出席的证人都承认,在广州做生意比在世界上任何其他地方都更加方便和容易",就充分证明了这一点。但十分遗憾的是,"一口通商"也使广州成为中国最大的鸦片贸易中心。1838年,广州发生了上万人自发地要求严禁鸦片的大示威。随后,英国为了捍卫自己的鸦片贸易渠道及市场体系,发动了鸦片战争。自此,广州的海外贸易丧失了自主权,变成了欧美列强对中国从事经济掠夺的口岸,一直到中华人民共和国成立为止。

第三节　谈古论今:古代海上丝绸之路与广东自由贸易区建设

21世纪海上丝绸之路已经被越来越多的人所关注和重视,更引发了人们对古代海上丝绸之路的回望和探寻。然而,人们几乎都陶醉于历史故事中的辉煌以及历史叙事的细节,却很少纯粹从贸易的视角去探讨它的本质及存在的局限。

固然,小农经济时代与工业时代对国际贸易的需求不一样,从而在贸易方式、模式、业态、体系、格局方面都有不同的要求。正因为如此,受历史局限,古代海上丝绸之路既没有形成可持续的全球贸易体系,也没有探索出一套有中国特色的全球化贸易规则以及在全球进行贸易资源配置的模式和方法。但这些在古代不可能产生的事物,却是当今的中国,尤其是当今的广东,必须去面对和要去探索的。因此,我们十分有必要从历史的回顾中得到启迪,借此理性地看待广东海外贸易以及对内贸易的过去和未来。

一、古丝绸之路的本质：古代中国主导的全球贸易体系及其局限

无论是古代陆上丝绸之路，还是古代海上丝绸之路，都是当时历史条件下，中国在全世界最早开拓世界贸易渠道以及构建全球化贸易体系的一种全方位探索。本质上，它是试图构建一个基于中国主导（以中国为中心）的全球贸易体系，并在事实上也促进了中国与世界100多个国家的贸易联系，这在世界贸易史上是独一无二的，也是无可替代的。

两千多年来，除清朝以外，中国的历代政府——无论时间长短——都以不同的方式参与丝绸之路的开拓和建设，甚至参与全球贸易主导权的竞争。事实上，以郑和下西洋为标志的远洋航行，不仅开拓了大航海时代，而且完全取得了当时世界上的海外贸易主导权。郑和船队凭借自身的国力和航海技术，在太平洋和印度洋畅通无阻，让古代世界的三大贸易圈（印度洋贸易圈、欧亚大陆贸易圈、东亚贸易圈）直接纳入中国主导的世界贸易体系下，并影响到亚洲、欧洲、非洲、大洋洲、美洲海外贸易的发展。[①]

然而，古代丝绸之路最终未能延续，它既没有使中国的海外贸易权得以进一步拓展和巩固，也没有推动中国经济走上市场化、工业化道路，更没有通过海外贸易实现原始积累，完成市场经济的培育和成长。显然，这里面存在诸多问题和局限，导致了它缺少可持续发展能力，未能从模式、方式等方面及时推进贸易体系的创新和转型升级。这种贸易体系的主要局限在于未能遵循贸易自身的规律。

古代丝绸之路的开拓，从一开始就具有强烈的政治目的，贸易被当成了工具，而非为了贸易本身。历代政府主导下的海外贸易，不是为了"做生意"，而为了政治、军事及国际交往的目的，更多地是为了与各地

---

① 王晓明：《世界贸易史》，中国人民大学出版社2009年版。

交好,既是为了政治需要和安定边疆的需要,也是为了彰显大国权威和友好的需要,但其核心并不是为了贸易。尤其是在政府主导下,海外贸易主要采取朝贡贸易模式,这种基于封建统治需要而创建的贸易体系,就很难形成自身的商人团队和贸易规则。因为它的贸易方式不是按照市场规则即成本收益规则来进行,而是不计成本的政治投入,真正的贸易收益少之又少,所以这样的海外贸易不具备可持续性。

如此一来,中国花费大量人力物力搭建起来的贸易渠道,却是为以阿拉伯商人为代表的外国商人创造商业平台,培养了这些区域的商人。尽管中国也有潮汕商人、温州商人等基于海外贸易而形成的商帮,也有晋商、徽商等内地商帮在丝绸之路上发财致富,但无论如何,这些商人大多是在夹缝中求商机,而且是依托官僚群体谋发展,从而都未能持续健康发展。进一步说,在丝绸之路带来的海外贸易活动中,这些商帮未能及时抓住机遇,构建稳固的贸易渠道体系,形成以贸易利益最大化为导向的贸易产业链,而主要是依靠人脉、关系等维持生意,这在很大程度上直接约束了他们的商业贸易创新,更没有形成在全球进行贸易资源配置的体制机制。

二、广东海外贸易率先融入西方主导的全球化贸易体系

明朝中叶以后,海上丝绸之路发生了很大的变化。传统的亚洲贸易商圈融入世界性的贸易网络,中国海外贸易对象也由以亚洲各国为主转变为以欧美国家为主。海上丝绸之路从区域性网络发展成世界贸易网络,整个世界从此被连成了一体,中国也被不由自主地拉进了新的世界秩序中。

然而,这并不意味着在西方人的航海"大发现"之后形成的世界贸易体系中,中国处于从属的或落后的地位。明清时期,中国在世界贸易体系中一直保持着独特的优势地位。尽管从海外贸易体系的构建及模式上看,中国落后于西方,但从贸易对象和目的地看,中国仍然是西方各国最主要的贸易对象国。西方市场经济的力量使中国东南沿海地区的商品经济和海洋经济得到空前发展。中国的丝绸、瓷器、茶、糖等大宗商品远销世

界各地，获得了更加广阔的海外市场。明末，茶叶传入欧洲，引起一场"饮料的革命"，茶叶逐渐取代丝绸、瓷器成为最大宗的出口商品。①

西方国家对中国商品的需求量很大，采取各种措施扩大与中国的贸易，贸易规模也日益扩大。但是，即使是在工业革命后，他们仍然没有足够多的大宗商品与中国进行交换，除了有限的本地商品和转贩其他地区的商品外，只能用大量白银支付，西方国家对华贸易呈现出巨大的逆差。据梁方仲先生估计，1573—1644年，葡萄牙、西班牙、日本等国输入中国的白银超过1亿元。1700—1800年，英国用于购买中国货物的白银达2.89亿元。中国在15—18世纪的世界贸易体系中的优势地位非常显著，"中国凭借着在丝绸、瓷器等方面无以匹敌的制造业和出口，与任何国家进行贸易都是顺差"。

在长期的海外贸易中，广东形成了浓厚的商业氛围和商业文化，培育了大批商人，尤其是具有国际市场意识的经销商、代理商，这些都对当今的广东商业贸易产生了深远的影响。例如，广东商人通过"揽头"，向景德镇或者广东饶平、大埔等地的专业作坊订制"瓷胎"，运到广州，依照西洋画画法，加以彩绘，制成彩瓷，销往海外。海外市场这只"无形之手"，使瓷器产地与贸易港口、国际市场之间形成了跨区域（跨国）远程陶瓷"产—供—销"网络。这种迎合欧洲市场的需求而创造的特色产业，是广东陶瓷制造业高度发展的有力证明。

三、启示：古代海上丝绸之路的经验教训及对广东自由贸易区建设的启示

近几年来，研究海上丝绸之路的文献很多，但谈及经验教训的文献较少，尤其是对今天丝绸之路建设的启示谈得也较少。从本章前面各节所述内容看，古代海上丝绸之路主要给我们以下4个启示。

---

① 曹英：《不平等条约与晚清中英贸易冲突》，湖南人民出版社2010年版。

（一）海外贸易必须要"走出去"

古海上丝绸之路的拓展，尽管其使命并不是为了扩大贸易渠道，也并不是构建基于贸易主导权控制的世界贸易体系，但它在客观上起到了这些作用。之所以能有这样的绩效，最关键的原因就是在于它坚持"走出去"，而且必须是以贸易的方式走出去。只有依托自主可控的贸易远洋航线、商人团队以及保障体系"走出去"，去比较，去竞争，去谋求在世界贸易体系中的地位，中国才能变成真正的贸易大国、贸易强国。反之，像清朝广州十三行时期的贸易，尽管看上去规模很大，辐射范围也很广，但它实际上只是配合和服务于由欧洲主导的贸易体系，在贸易方式和贸易结构上处于被支配地位，这是一种殖民地式的贸易，因此，它并不是国家贸易强大的选择。

（二）只有对外开放才能发展海外贸易

从古至今，凡是坚持对外开放的政府，都是自信、强大的政府，同时其经济和贸易也十分繁荣。古代中国，经过唐朝初步的对外开放，到了宋元时期，对外开放成了国策，而且呈现出积极主动开放的特征。这种积极主动的对外开放，带来了海外贸易的空前繁荣，而通过自由贸易也带来了巨大的财政收益，海关税收成为当时财政收入的主要来源之一。国家只有对外开放，才能主动对接世界各国的贸易方式和贸易体系，并主动融合进去，进而找到自身的发展机会和空间。反之，类似明清时期的闭关锁国，最终只能越来越衰落。在对外开放过程中，也可能经常会出现与各国的贸易摩擦，而一个强大的贸易国家，应该有足够多的办法和途径去化解和处理这些摩擦①。

---

① 清朝广州十三行时期，英国从中国进口了大量的工业原材料及产成品，但英国生产出来的工业品却在中国市场难以销售，其结果就是英国从世界各地掠夺的白银，大多用于购买了中国商品，导致巨额的贸易逆差。为了平衡这种逆差，英国开始向中国倾销鸦片，最后导致贸易冲突直至变成了军事战争。这里有一个很大的问题，就是清廷始终没有一个与英国贸易商进行对话的渠道，双方无法在妥协中实现利益的最大化。

（三）强大的商人群体是发展海外贸易的基本力量

欧洲地中海贸易繁荣发展，并最终形成资本主义市场经济的萌芽，一个最主要的原因就是在中世纪的地中海贸易中，形成了以威尼斯商人为代表的强大商人阶层，即职业商人群体。这些商人为了自身贸易利益的最大化，希望建立自由、平等、公平的贸易规则，并按照市场供求关系进行定价，这也就是欧洲早期市场经济的起源。

而且，这些商人为了保护自己的人身安全与货物安全，常常结队而行或组织武装护送。为了排除竞争并保障商人的利益，各城市商人分别组成商人行会，形成了西欧行会制度。这种行会成为中世纪西欧封建社会中具有代表性的商业组织。14—15世纪，在商业最发达的意大利开始盛行合伙经营，出现了海外贸易贷款业务，不出海的出资者与出海实际经营的商人联合组成了合伙组织"康门达"及"海运社"等。此外，为了适应并促进商业的发展，汇票、复式簿记、海运保险等也都开始盛行，并不断改善和发展成为近代资本主义的商业经济手段。

进一步说，无论是早期的波斯商人、阿拉伯商人，还是中世纪的威尼斯商人以及后来的西欧商人，他们一开始就是以贸易利益最大化为战略目标，以市场为导向，以赢利为目的，从而逐步走上了市场经济道路。

相反，中国古代丝绸之路海外贸易的主体一直是官方垄断的机构，或者是官商、军商结合的非纯粹商业组织，它们以官僚统治者的利益最大化为目的，而不是以商业组织或商人的利益最大化为目的。更主要的是，这些官员的贸易行为以官场规则为主，而不是以贸易规则为主，从而使商业文明、文化和规则的传承性差，缺少可持续性，更使市场经济的培育缺少主体基础。这也是近代中国为何最终没有走上市场经济道路的根源之一。

（四）要构建具有自身特色并适合全球化贸易的规则体系

古代的中国尽管有能力来主导全球贸易规则的制定，但问题是它没有这个动力和需求，因为在农耕时代，中国的经济以农业为主，商业贸易始终不是支柱产业,更不是基础性产业,大多数政府并没有想着通过海外贸易来走向繁荣富强。

然而,在新的历史条件下,已经迈向初步发达阶段的广东,自改革开放以来,在海外贸易以及以此为基础的整个经济体系的业态和模式方面的探索,一直走在全国的前列。现在,广东经济发展正进入新的历史时期,经济发展的环境和背景正在发生深刻的变化。那么,在构建全面开放新格局的背景下,广东如何建立基于在全球化贸易体系中获得贸易主导权的方式和模式?在新的发展阶段,广东如何探索构建一套具有中国和广东特色的贸易新规则体系?在贸易强国的总体目的下,广东如何发展海外贸易以及建设自由贸易试验区?面对这些问题,我们都可以从历史的经验教训中得到启示。

第二章

古代海上丝绸之路与广东加工贸易体系的形成和演变

为什么改革开放从广东开始？为什么广东工业化能够取得成功？在很大程度上，是因为古代海上丝绸之路的传承和影响，让广东在中国的改革开放过程中占尽了先机，也使广东现代经济体系和贸易体系深深地打上了古代海上丝绸之路的烙印。如港澳因素、广交会、海外投资来源等，无一不与古代海上丝绸之路相关。要破解广东改革开放和工业化成功的密码，必须围绕贸易发展方式的分析来展开。

通常情况下，发展中国家或地区的工业化进程一般都是从加工贸易开始。实际上，这也是分析广东贸易问题的基本出发点。加工贸易不仅是广东改革开放的起点，也是广东工业化过程中生产制造体系和贸易流通体系的源头，无论是当前广东的产业体系、生产方式，还是贸易体系、贸易体系，无一不是脱胎于早期的加工贸易，并以此为基础，逐步成长和发展壮大起来的。因此，研究广东的自由贸易及自由贸易试验区问题，必须从广东的加工贸易去"寻根"，通过了解它的兴起、发展、演变以及现状、问题，然后再从中去寻找自由贸易区产生的基础、存在的意义以及未来发展趋势。

第一节 古代海上丝绸之路与改革开放初期广东加工贸易体系的形成

广东省不仅是经济大省，同时更是贸易大省，其经济腾飞源于改革开放以后快速发展起来的加工贸易的发育和成长。加工贸易对于推动广东省经济增长、改善产业结构、促进就业增加、带动技术进步等诸多方面都起到了重要作用。加工贸易不仅为广东改革开放前30年的发展提供了"战略导航、战略巡航、战略续航"能力，而且还为未来30年的发展提供了市场基础、产业基础和技术基础。研究广东的贸易发展方式，尤其是研究广东现代商贸流通体系的构成及特点，必然要从加工贸易开始，这是破解广东经济发展模式以及现代流通发展的密钥，更是分析广东贸易问题的关键点。

一、原始积累阶段：以加工贸易为起步的工业化模式及约束条件

任何一个国家和地区，在从传统的小农经济、自然经济向工业经济、市场经济转轨的过程中，都必须经过一个资本的原始积累阶段。如果一个国家和地区在资本、技术、产品、设备、市场等短缺的背景下，该如何开启工业化进程？又该如何推进工业革命？从近百年来尤其是东亚国家工业化道路的经验来看，工业化进程一般都是从加工贸易开始起步的。这也是处于弱势的经济落后国家走向现代化的一条路径选择，因为加工贸易模式在带来生产能力和市场渠道的同时，能够带来技术进步并促进经济的增长。[①]

[①] 雷富贵、张岳恒：《广东省加工贸易与经济增长的技术进步效应研究》，载《惠州学院学报》2009年第2期。

(一) 加工贸易的定义及主要方式

加工贸易的定义有很多种,一般认为加工贸易是产业内贸易的一种形式。Feenstra 与 Hanson (2002) 认为加工贸易是指东道国采用免税方式从国外进口中间产品、进行加工并最终再出口的一种生产与贸易活动。

我国学术界一般认为加工贸易有广义和狭义两种。广义上的加工贸易是指外国企业以投资的形式把部分生产能力转移到东道国,或者利用东道国已有的生产能力为自己加工产品,然后从东道国出口到各地进行销售的一种贸易方式。狭义上的加工贸易是指部分国家和地区对来料和进料加工采用海关进行保税监管的一种贸易方式。①

《中华人民共和国海关对加工贸易货物监管办法》(海关总署令第 113 号) 规定:加工贸易是指经营企业进口全部或者部分原辅材料、零部件、元器件、包装物料(以下简称为"料件"),经加工或者装配后,将制成品复出口的经营活动,包括来料加工和进料加工等方式。

(二) 加工贸易的基本特征

1. 货物来源及渠道由外资主体控制

加工贸易的货物大多来自于国外的要素资源,由外资方控制和主导,在国内仅进行加工或装配工作,这与一般贸易有很多的不同,因为一般贸易货物的要素资源基本上是来自于国内,仅有一小部分来自于国外。

2. 赢利模式:加工贸易企业只收取加工费

加工贸易的基本特征是"两头在外",即原材料和半成品的采购以及产成品的销售渠道在境外,也就是原材料从国外进口,制成品再发往国外,国内的加工贸易企业只收取部分加工费,也即出卖劳动力的"辛苦费"。而传统的一般贸易中,企业的赢利模式和收益来自于生产成本与国

---

① 隆国强:《加工贸易:全球化背景下工业化的新道路(总报告)》,载《经济研究参考》2003 年第 11 期。

外市场价格之间的差额。从这个意义上讲,加工贸易企业利润空间相对较小,附加值也不多。

3. 进口时不征收进口环节税,出口时不征收增值税

加工贸易进出口的征税方式与一般贸易存在很大差别。加工贸易进口原材料时不征收进口环节税,出口时不征收增值税,实行海关监管保税。但是,一般贸易进口时需要缴纳进口环节税,出口时需缴纳增值税,有的货物出口可退还部分税收。

4. 加工贸易与一般贸易在一定条件下能够互相转化

加工贸易在一定意义上是市场体系和产业体系不完善时期的"过渡性发展方式",是特定条件下不得已而为之的选择。加工贸易与一般贸易在一定条件下能够互相转化。随着国内法律政策不断完善,经济技术水平逐步提高,以及相关配套产业得以建设,加工贸易环节中涉及的国内要素也可以不断增长。当使用的原材料比例达到一定程度后,就可以申请国内的原产地证,并转化为一般贸易。

(三) 以生产加工为核心:加工贸易的主要方式

加工贸易是一国通过各种不同的方式,进口原料、材料或零件,利用本国的生产能力和技术,将其加工成成品后再出口,从而获得以外汇体现的附加价值。加工贸易是以加工为特征的再出口业务,按照所承接的业务特点不同,常见的加工贸易方式包括进料加工、来料加工、装配业务和协作生产。参见表2–1。

表2-1 加工贸易基本方式分类

分类	内容	说明
进料加工	进料加工又叫"以进养出",指用外汇购入国外的原材料、辅料,利用本国的技术、设备和劳力,加工为成品后,销往国外市场。这类业务中,经营的企业以买主的身份与国外签订购买原材料的合同,又以卖主的身份签订成品的出口合同。两个合同体现为两笔交易,它们都是以所有权转移为特征的货物买卖	进料加工贸易要注意所加工的成品在国际市场上要有销路。否则,进口原料外汇很难平衡,从这一点看,进料加工要承担价格风险和成品的销售风险
来料加工	来料加工通常是指加工一方由国外另一方提供原料、辅料和包装材料,按照双方商定的质量、规格、款式加工为成品,交给对方,收取加工费。有的是全部由对方提供原料,有的是一部分由对方提供原料,一部分由加工方采用本国原料的辅料	有时对方只提出式样、规格等要求,而由加工方使用当地的原、辅料进行加工生产。这种做法常被称为"来样加工"
装配业务	装配业务也称"来件装配",指由一方提供装配所需设备、技术和有关元件、零件,由另一方装配为成品后交货。来料加工和来料装配业务包括两个贸易进程,一是进口原料,二是产品出口	这两个过程是同一笔贸易的两个方面,而不是两笔交易。由于这种贸易方式比进料加工风险小,在中国开展得比较广泛
协作生产	协作生产是指一方提供部分配件或主要部件,而由另一方利用本国生产的其他配件组装成一件产品出口。商标可由双方协商确定,既可用加工方的,也可用对方的。所供配件的价款可在货款中扣除	协作生产的产品一般规定由对方销售全部或一部分,也可规定由第三方销售

注:本表由作者根据公开文献整理。

(四)发展加工贸易所需要的条件

从国际经验看,并不是所有的地区或所有的经济发展阶段都能够发展加工贸易,它必须在一系列内部和外部条件同时具备的情况下才能得到发展。

1. 内部条件

内部条件包括：有一定的商业传统、历史基础、商贸渠道，便于与外部贸易渠道对接；靠近国际贸易渠道，便于就近出口；有出海口和较好的港口条件；有国际上比较有影响力的展贸平台；有比较熟悉国际贸易规则的商人群体；靠近经济相对活跃和市场发达的国家或地区，有利于商品进出口等。

2. 外部条件

外部条件包括：工业化进程已经进入到中后期，有转移生产能力的迫切要求；历史上就有较多的贸易联系；相互靠近同一个海港，有利于发展海上贸易等。

从全球工业化进程看，无论是由古代中国、日本、朝鲜形成的早期东亚贸易圈，还是地中海贸易圈或大西洋贸易圈，皆为如此。

二、从广州十三行到广交会：与广东发展加工贸易的五大优势

在一定意义上，中华人民共和国成立初期，就把中国进出口商品交易会（"广交会"）选址在广州，而且就是选在古代广州十三行的所在区域，就是因为广州是中国历史上的海上贸易中心，这些外贸渠道即使经过历史变迁，但仍然以这样那样的方式存在着。① 实际上，在清朝广州十三行时期，珠三角地区已经兴起了早期的加工贸易，即由于广州十三行商人大量的外贸订单导致了珠三角地区配套加工业的兴起。

在改革开放之前，广东地处南方，传统工业落后，资源短缺，经济贫困，资金、技术、产业基础都很弱。更主要的是，由于市场未开放，商品

---

① 比如，早期广州十三行的商人中，有一部分就迁移到了香港，而他们的后代却在广州，并居住在广州城区。

渠道少，市场观念落后，懂得国际贸易和市场拓展的企业及人才都十分紧缺。在这种背景下，广东在改革开放之初，不可能同时兼顾到资本、技术的引进与国际贸易市场的拓展，因此，发展加工贸易就成为最好的方式。

虽然发展加工贸易是所有发展中国家工业化进程中的基本方式，但就中国而言，广东则是最有先发优势和基础条件的。最基本的原因，就是广东靠近港澳和东南亚，处于东亚产业转移的前沿，具有天然的发展加工贸易的"天时地利"。在一定意义上，这也是中央为何把四个经济特区的两个放在广东以及为何让广东在全国率先进行改革开放的主要原因。

（一）区位和人文优势

20世纪70年代，东亚第三产业转移浪潮波及中国，而香港和澳门是当时连通中国和东亚产业转移的唯一通道。香港和澳门在以前本来就是广东的一部分。广东有临近港、澳的位置优势，有侨乡的优势，有多优良海港的优势，同时又具有与"亚洲四小龙"相似的文化传统，使得这里成为吸引外商投资和外企落户的"风水宝地"，降低了各经济体之间进行贸易和投资的成本。珠三角地区利用加工贸易与香港形成了"前店后厂"的垂直分工，进而实现了地区资源的有效利用，推动了经济的快速起飞和发展。

（二）劳动力与成本优势

在产业转移和升级的顺序中，工业化初期国家往往都是从劳动密集型产业开始的，但并不是所有劳动力丰富的地区都具有发展劳动密集型产业的条件，因为劳动力的特质、规模、来源等影响着企业的生存能力和发展前景。显然，珠三角地区"粤商文化"的长期"滋润"和港澳商业文化的影响，使得珠三角地区的民众具有强烈的崇商意识和市场规则意识，从而使这种市场经济背景下的劳动密集型产业能够健康发展。与此同时，庞大的人口规模以及在当时港澳台对内地的号召力，很容易让珠三角地区获得在全国范围内的劳动力动员能力，于是，在短期内，数千万廉价劳动力从全国各地涌入珠三角地区。①

（三）机遇与先机优势

发展中国家走现代工业化道路必须有一个战略导入点，即如何通过一种模式和方式将境外的资本和技术导入该国或该地区，而任何国家和地区大规模的外资流入必须符合当时的战略选择。显然，中国改革开放所给的先机，使得珠三角地区率先获得了通过加工贸易走向现代工业化道路的突破点。加工贸易是将发展中国家劳动力资源优势与发达国家资本、技术优势相结合的最有效方式之一，适应了国际分工深化的趋势，使发展中国家在世界制造业分工中的地位不断提高。珠三角地区的实践证明了这一点，如果没有加工贸易，珠三角地区工业化快速推进的奇迹根本就不可能出现。可以肯定地说，发展加工贸易、依靠加工贸易，是珠三角地区走出的一条适合自身特点的新型工业化道路。

（四）模式与比较优势

我国的加工贸易管理模式与国际上一般采取的出口加工区的方式不同，原则上没有地域的限制，在国内任何地方均可投资设厂，开展加工贸易。珠三角地区地大物博，具有一定的比较优势，通过选择适合的加工贸易产品，促进地区经济的发展。这种开放的模式客观上推动了加工贸易的发展。相对于中国的对外贸易而言，广东有一个独特的优势就是拥有广交会，因为大量的出口订单就是来源于广交会，从而为广东的加工贸易及

---

① 传统贸易理论中，各国要素禀赋的差异是决定贸易的主要因素。在其他条件相同的情况下，由于两国具有不同的要素禀赋，造成产品相对价格之间的差异，导致国际贸易的发生。珠三角地区加工贸易的超速发展，同样要归功于劳动力资源异常丰富的要素禀赋结构。珠三角地区拥有丰富而廉价的劳动力资源，尤其是非熟练劳动力的供给弹性几乎是无穷的。因此，发展劳动密集型的加工贸易能够充分利用劳动力优势，降低劳动密集型环节的生产成本，增强产品的竞争力。从珠三角地区加工贸易的现实来看，珠三角地区的加工贸易企业主要集中于劳动密集型行业（如服装、玩具）和劳动密集型的生产环节（如计算机机箱、组装）。

"前店后厂"模式带来先天的"天时地利"优势。

(五) 政策优势

邓小平南方谈话后,珠三角地区吸引外商直接投资进入一个新的高峰期,带动了外商投资企业加工贸易的迅猛发展。国家对"三资"企业(加工贸易)制定了一系列优惠政策,如"出口退税"政策、对外国直接投资的优惠政策等。按照出口退税政策,加工贸易有"免、抵、退"政策,在资金紧张、竞争激烈的情况下,加工贸易是企业摆脱困境的一条有效措施。由于对外资企业实行"两免三减"等政策,外商投资企业在加工贸易中的比重迅速攀升。1990—2004年,中国当年实际利用外商直接投资金额从34.87亿美元增加到606.30亿美元。大批的外资企业涌入中国,利用中国廉价的劳动力和优惠的政策面向世界市场进行产品生产,大大促进了中国海外贸易的迅速发展。

实际上,广东的现代经济体系,无论是现代制造业、服务业,还是经济发展模式和发展方式的形成,都是起源于加工贸易及其演变。因此,研究广东现代经济体系以及经济发展方式的转变,无论从哪个角度看,都必须追溯到早期加工贸易的发展。无疑,研究广东自由贸易试验区及其发展,必须从加工贸易开始,这样才能找到其内在的理论逻辑,真正理解现在发展自由贸易区的意义。显然,那些纯粹试图从现行的政策视角进行解释或者从一些热点现象中找到的所谓"突破口",往往缺少真正的理论逻辑支撑,得出来的结论或政策建议,也难免是堆砌的主张或想法,缺少相关性。①

---

① 从这个意义上讲,目前广东自由贸易试验区建设尽管在实践上正快速推进,但相关的理论研究和政策研究过于急功近利、就事论事,从而在前瞻性和指导性上过于迁就现实的政策实践需要,而很少从长期发展战略的顶层设计方面寻求突破,进而无法满足设立和发展自由贸易区的初始需求。对此,笔者始终认为,一个重要原因就是广东理论界普遍缺少对商贸流通理论的系统学习和研究。因为大量涉及自由贸易区理论和政策研究的研究人员并不熟悉商贸常识,并且缺乏对商贸流通体系的系统了解,进而受专业思维和研究惯性的影响,研究来研究去,往往都是脱离贸易本身来谈自由贸易区建设。无论如何,这都是一种让人心疼的缺陷。

三、古代海上丝绸之路的始发地：广东加工贸易兴起的开创地

巧合的是，广东最早发展加工贸易的几个地方如深圳、东莞、珠海、佛山，其实都是古代海上丝绸之路的始发地，或是清朝广州十三行加工贸易兴起的地方。更主要的是，这些加工贸易企业第一批订单的获得和早期海上丝绸之路的模式接近，主要是从香港商人及澳门商人处承接的欧美订单。

（一）深圳经济特区：广东加工贸易的领导者

深圳紧邻香港，本身又是经济特区，因此，在发展"三来一补"以及加工贸易方面有着所有其他珠三角城市无可替代的优势。正因为如此，深圳一直是全国加工贸易的领导者和创新基地。

深圳在20世纪80年代创办特区之初，依靠优惠政策，从贸易起家，奠定了特区的资本基础；之后，在1985—1986年，深圳开始第一次产业转型，由贸易转向大规模投资加工工业，发展加工贸易；20世纪90年代中期，深圳提出发展高科技产业的计划，产业重心由传统的加工贸易和"三来一补"型产业向科技产业升级，原有的加工贸易业则向关外的宝安、龙岗以及东莞地区迁移；2006—2008年前后，深圳开始第三次产业转型，在原有工业、高科技产业的基础上，产业重心开始向高端服务业转移。

从加工贸易的发展与转型角度而言，深圳一直充当引领和创新的角色，它顺应产业成长与产业转移的规律，兼顾着贸易与生产的平衡、外资与内资的平衡、内贸与外贸的平衡，从而使产业结构与经济发展模式一直处于持续创新状态。

（1）广东加工贸易率先发展的基本前提是毗邻香港的地理位置，而其模式的形成则以深圳经济特区的建立为发展起点。由于中央把深圳特区

作为改革开放的窗口、体制改革的试验场和衔接香港的桥梁,给予特殊经济政策,使得深圳毗邻香港地理位置的优势迅速转变为一种巨大的经济势能,深圳在较短时间里发展成为实力最雄厚的经济特区。随着深圳特区经济的快速发展和深圳市的迅速崛起以及产业链的延伸,整个珠三角地区都成为香港和深圳两市的生产基地。

(2)广东加工贸易的发展是以深圳为龙头的区域极化效应和扩展效应的结果。近40年来,深圳经济特区的发展具有三种功能:一是接受香港等(包括世界其他地区)高经济势能地区的资金、技术、管理等方面的辐射和扩展功能;二是吸引国内其他低经济势能地区的资金、技术、人才等要素的极化功能;三是迅速向珠三角地区扩展、扩散的功能。这三种功能和效应在较短时期内相互发生作用的结果,便出现了"珠江三角洲奇迹"。

(二)广东最早的一批加工贸易企业

1. 东莞虎门:太平手袋厂

1978年9月15日,"粤字001号"的太平手袋厂诞生在东莞市虎门镇解放路7号,这是相对公认的中国首家"三来一补"企业①。

据介绍,1978年7月6日,国务院针对广东、福建两省制定《对外加工装配和中小企业补偿贸易办法试行条例》。文件下发后,广东决定在当时的东莞、南海、顺德、番禺、中山等5个县试点。位于东莞西部的虎门,当年还分为虎门公社和太平公社。太平公社面积为1平方公里,仅有"宝太公路"(现为107国道)通车,直达深圳连接罗湖海关。

1978年7月29日傍晚,香港商人张子弥来到太平小镇上的东莞"轻二局"下属企业太平服装厂寻求合作,掏出一个黑色手袋,要求服装厂对着款式仿造。随后双方展开合作,香港方出原料、设备、技术并协助管

---

① 唐志平:《东莞县太平手袋厂:全国首家"三来一补"企业》,载《东莞日报》2015年10月19日。

理，内地方出厂房和工人。1978 年 8 月 30 日，张子弥与东莞"轻二局"签订了一份为期 5 年的合同。半个月后，由原太平竹器厂厂房改建而成的东莞太平手袋厂挂牌成立。这也就是被称之为全国第一家"三来一补"企业的缘起。张子弥在太平手袋厂首期投入近 300 万港元。巨额投资带来的经济效应立竿见影，太平手袋厂在一年后的加工费即达到近 200 万元。

2. 东莞虎门：龙眼发具厂

太平手袋厂成立之后，很快就引起了人们的关注，激发起了早期去香港闯荡的东莞人回乡创业办厂的热情。1979 年 4 月，相隔几公里的虎门龙眼村成立的龙眼发具厂，被认为是中国农村第一家"三来一补"企业。

太平手袋厂成立 3 个月后，中共十一届三中全会召开，距离太平只有几公里的虎门龙眼村也在寻觅机会。1979 年年初，时任龙眼生产大队党支部书记的张旭森得知，村民张细的两个在香港的弟弟打算回内地投资，曾两次到番禺市桥"探过路"。"肥水怎能流入外人田？"张旭森接连两次赶往市桥截住张氏兄弟。但是，当时内地的政策仍处于多变时期，出生于地主家庭的张氏兄弟担心回家乡投资会遇到麻烦。

事实上，如同其他地方改革开放初期遇到的阻力一样，张旭森邀张氏兄弟回家乡开厂，遭到个别领导反对。理由是："太平是镇，龙眼是农村；张子弥是合法港商，他们兄弟是偷渡客，怎么能相提并论？"但最终，中共虎门公社党委通过了龙眼村与港商合作办厂的建议。1979 年 4 月，在龙眼村内破旧的张氏宗祠内，张氏兄弟投资的"龙眼发具厂"开业了。若干年后，在广东省整理改革开放线索时，确认龙眼发具厂是全省第一家也是全国第一家落户农村的"三来一补"企业。改革开放 30 年之后，龙眼发具厂更名为海龙美发用品厂，已成为全球最大的假发生产企业。

3. 顺德容桂：大进制衣厂

顺德容桂这个面积为 80 余平方公里的小镇，由容奇和桂洲合并而成，在改革开放过程中，它探索并走出了一条具有典型顺德特色的工业化道路。其基本轨迹是：从"三来一补"的"大进制衣厂"起步，通过劳动密集型产业,大力发展乡镇企业,实现原始积累后调整产业结构,转向家电业的规模化生产。当地工业化的过程加速了人口的流动和集聚,开始城市化进程。

改革开放初期的容桂缺乏资金、技术、设备,大量劳动力被闲置。以制衣行业为主的劳动密集型产业凭着其依靠大量使用劳动力、对技术和设备的依赖程度低的特性,成了这个地方工业起步的首选。

据介绍,早在中央于1978年8月下达《对外加工装配和中小企业补偿办法试行条例》的2个月前,国务院外贸部就委托香港华润公司操办大进制衣厂的开办事宜。在香港华润公司的见证下,外商李灼文和杨钊与广东省纺织品进出口公司签订了合同,容奇被要求提供一间厂房。当年8月,大进制衣厂建成投产,第一批产品是牛仔衫,专门出口美国。工厂中多是顺德本地人,共4个车间,最初吸纳了工人约400人。工人工资不再实行定额工资,而是"按件记工",从而提高了工人的积极性。

从投资生产的时间顺序看,这家工厂确实开业较早。因此,顺德当地政府和媒体,一直坚持认为容奇大进制衣厂为全国第一家"三来一补"企业。① 随后几年间,来料、来样式、来件装备装配,依托港商的一批"三来一补"企业在20世纪70年代末80年代初以乡镇企业的形态涌现于顺德容桂、大良和北滘等地。同类型乡镇企业如雨后春笋般破土,这些以"三来一补"形式出现的乡镇企业沿105国道分布在顺德版图上。②

---

① 何帆燕等:《"三来一补"诞生之地:顺德容奇、桂洲两地从不同起点同步走向城镇化》,载《南方都市报》2013年7月30日。

② 自此,佛山的工业化进程飞速推进,至20世纪80年代中期,在佛山全境范围内,一场从东到西的、自发的工业化浪潮悄然进行。此时容桂的农业改革尚未结束,东部仍遍布水稻,而西部的105国道沿线布有容奇和桂洲的几乎所有乡镇企业,赚更多钱的欲望促使东部的人口大量涌向西部的乡镇企业。由于当时政策不明朗,各种规划和法规滞后,佛山各地"村村点火,乡乡冒烟"的工业时代来临,也成就了佛山遍地工厂的现象,使得当时的城市化与工业化严重不匹配。

4. 珠海：香洲毛纺厂

也有人称珠海香洲毛纺厂为国内首家"三来一补"企业①。据《珠海外商》记载，1978年5月23日，香港永新公司创始人曹光彪、中国纺织品进出口总公司总经理陈诚忠等在北京聚会，谈及向外国市场推销国产毛衫并为国家创造多一些外汇一事时，曹光彪提到，当时的国产毛衫花样古老、质量欠佳，再加上内地工厂生产、管理落后，产品出了次货也无人负责，因此难以向国外市场推销，所以，还不如由他自己出资到内地兴建一家现代化的毛纺厂，从国外引进先进技术和先进设备，并提供原料加工毛纱，所有产品全部包销到澳门和香港，待收回投资后，工厂就归国家所有。

1978年7月6日，曹光彪收到了北京方面给予的肯定答复。一个多月后，一份由内地方面提供厂址、建成后专门为永新公司进行来料加工的"筹办毛纺定点厂协议书"正式签订。当年11月，毛纺厂破土动工，选址在珠海吉大景山路与白莲路相交的位置，总投资700多万元。1979年8月，6000多平方米的厂房建成，并开始安装设备，9月试产，11月7日正式投产。开业时，驻香港、澳门的57个国家领事馆人员参加了当年的投产庆典，500多家厂商代表和许多新闻记者闻讯赶来，数十个国家的报纸发布了消息。

据报道，当时的香洲毛纺厂无论是在生产设备、生产管理还是人员编制等方面，都属全国先进。尽管很多进口的生产设备都是二手产品，但比内地的厂家都要先进。因此，当时香洲毛纺厂投产后，上海第三毛纺厂、北京清河毛纺厂等全国各地的毛纺厂都非常关注，纷纷派管理人员前来学习管理方面的经验。香洲毛纺厂的辉煌，也使得其受到了更多的关注。1984年1月，"中国改革开放的总设计师"邓小平首次来珠海期间，首先便是来到香洲毛纺厂视察，并仔细询问了工厂的相关情况。而在1988年

---

① 李京、叶志文：《国内首家"三来一补"企业的辉煌与没落》，载《南方都市报》2015年10月14日。

度珠海科学技术奖颁奖大会上,香洲毛纺厂的"721高比例兔毛纱技术"还夺得一等奖。

不过,作为最早闻到改革开放气息的企业,同时也是改革试验品的香洲毛纺厂,最终也因为国内毛纺行业的不景气,于1993年停产搬迁。尽管在1996年正式转产,并与香港华凌公司合资成立珠海香凌轻纺有限公司,但作为"第一"的它最终没落,并在进入新世纪后走向了终结。2003年5月,香凌轻纺有限公司结业注销。但不管怎样,香洲毛纺厂作为改革开放的试验品,它所走过的轨迹,是一个时代发展的缩影,更是珠海特区工业前10年发展的一个缩影,为后来者铺就了一条可供选择的道路,也留下了许多值得总结和提炼的启示。

5. 星星之火:"三来一补"企业在珠三角地区的燎原与世界工厂的兴起

不管上述哪家企业被认定为国内第一家"三来一补"企业,它们都是改革开放初期加工贸易时代的开拓者和见证者,正是它们的兴起,带来了整个珠三角地区工业发展的燎原之势。在随后的10多年中,各类加工贸易企业遍布珠三角地区。在2008年之前,整个广东70%以上的工业企业都与加工贸易有关,从而成为广东经济发展模式的最大特色。可以说,珠三角地区能够成为"世界工厂",在很大程度上得益于加工贸易的快速发展。

此后,东莞各镇村相继利用原有的饭堂、会堂、祠堂做工厂,承接各种"三来一补"业务,带动这种模式迅速在珠三角地区及全国推开。数据显示,截至1987年年底,东莞的"三来一补"企业达2500多家,遍布80%的乡村,工缴费收入约占到全省的40%,位居全国县市之首。在改革开放30周年的2008年,东莞市该类企业达到了6700多家,占全市外资企业总数的48%,占全市出口额的34%,对东莞经济和社会发展做出了重要贡献。

可以说,20世纪80年代的那10年,"东莞奇迹"被各界频频提及,由此扩散到全省乃至全国。1989年,顺应"三来一补"企业蓬勃发展的大势,深圳、珠海最早向劳务市场打开大门,"百万劳工下广东"轰动全国,这股"孔雀东南飞"的潮流为广东带来大量人才,也助推了广东省的 GDP(国内生产总值)首次赶超江苏省。自 1989 年起,广东省的 GDP 就一直稳居全国第一位,其中,加工贸易带来的贡献无疑最大。此外,数据显示,1994 年,广东的"三来一补"企业出口额近 150 亿美元,约占全国该类出口总值的 83%;到 2002 年,广东全省"三来一补"企业数量达到了顶峰,全省共有 3 万余家(占全国 60%以上),主要集中在服装制造、金属制品、塑料制品等劳动密集型行业,从业人数超过 350 万人①,收取工缴费年均在 33 亿美元以上,加工贸易年平均出口总值近 300 亿美元②。以 2008 年美国金融危机为转折点,广东加工贸易企业开始进入全面衰落期。2009 年,广东省工商局下发文件,开始允许并鼓励"三来一补"企业转型登记为各类企业法人。从此,广东的加工贸易企业进入转型期,结束了它的黄金发展阶段,也完成了它的历史使命。

(三)珠三角的四种模式:加工贸易与"广东四小虎"

如果说中国改革开放从广东开始,那么这一轮改革开放取得的最大成就之一就是创造了"珠三角奇迹",造就了这个全球最大的"世界工厂"。在 20 世纪 70 年代末到 21 世纪初的 20 多年时间里,在香港和广州之间的 4 万平方公里丘陵和水田之间,形成了 10 多个连绵不断且各具特色的产

---

① 关于"三来一补"企业数与加工贸易企业数,不同部门和机构公布的数据差异较大。广东的加工贸易企业数远大于"三来一补"企业数。据新华网 2014 年 1 月 15 日电,当日在京召开的全国加工贸易研讨会上,时任广东省外经贸厅副厅长招玉芳介绍说,目前广东省已有 7.1 万家加工贸易企业,为本省和内地创造了大量就业机会,吸收的就业人员超过 1300 万人。这些就业人员中,来自外省的人员占了大多数,主要来自广西、贵州、四川、湖南、湖北、江西等省份。广东省是我国加工贸易最发达的省份,2003 年全省加工贸易进出口总额达到 1991.60 亿美元,占全国加工贸易总额的 49.20%,占全国外贸进出口总额的 23%。

② 周文:《广东工商局放宽"三来一补"企业转型登记》,载《信息时报》2009 年 7 月 31 日。

业带、300多个市场集群和专业镇，成为中国经济增长的最强动力。这也就是在21世纪被国内外广泛关注和讨论的"珠三角模式"①。进一步说，"珠三角模式"的核心内容就是珠三角地区通过发展以"三来一补"为特征的加工贸易产业而推动工业化进程的发展方式。

"珠三角"的概念最早起源于20世纪90年代初。90年代后期，在"（小）珠三角"的基础上出现了"大珠三角"的概念。2003年，又提出来了"泛珠三角"的概念。如今，"珠三角"实际上涵括了"小珠三角""大珠三角""泛珠三角"三个不同层面既相互区分又紧密关联的概念。

不过，依据《珠江三角洲城镇群协调发展规划（2004—2020）》的说明，珠江三角洲即珠江三角洲经济区，包括广州、深圳、珠海、佛山、江门、东莞、中山、惠州和肇庆，总人口4230万，土地总面积41698平方公里，其中建设用地（包括城市建设用地、建制镇建设用地和村庄建设用地）面积6640平方公里。

严格地说，"珠三角模式"主要是针对20世纪八九十年代广东珠三角地区主要城市工业化道路的特指。不过，尽管珠三角地区的广州、深圳在经济体量、企业数量和进出口额方面都远超东莞、顺德、南海和中山，但在早期的加工贸易以及"三来一补"企业的进入过程中，这四个中小城市起步更早、更有特色和示范作用更明显。因此，它们被称为"广东四小虎"②。

---

① "珠三角模式"是相对于20世纪80年代的江苏"苏南模式"而言，是学术界提炼出的广东工业化初期的乡镇工业发展模式。

② "广东四小虎"，又称"广东四小龙"，是指20世纪80年代广东珠三角地区崛起的四座经济发展迅猛的中小城市即南海市（今广东省佛山市南海区）、东莞市、中山市和顺德市（今广东省佛山市顺德区），当时是广东改革开放先走一步的象征。"广东四小虎"的提法起源于1987年新华社广东分社记者王志纲和他的同事发表的一篇报道《广东跃起四小虎》，自此之后，东莞、中山、顺德、南海这"四小虎"（与"亚洲四小龙"——韩国、新加坡及中国的台湾、香港相对应）逐渐引起全中国乃至海外人士的关注。1991年，王志纲和田炳信合写的《珠江三角洲启示录》使这一提法得到了更加广泛的传播。

"广东四小虎"虽然都发展加工贸易,但又各自形成自己的特色。①珠江东岸以东莞为代表,与香港形成了一个"前店后厂"的关系,成为香港转移加工工业的一个基地。1987年有6万家香港企业向内地转移,其中有4万家选择了转移到东莞。珠江西侧以中山、顺德、南海为代表,形成了另外一种发展模式,即以香港的资讯、订单、技术为支持,发展内贸与外贸相结合的外向型经济,既大力承接加工贸易带来的市场和订单,也大力拓展国内市场,并大力推动"广货北伐"。

1. 东莞模式

东莞,又称"莞城",位于广州市东南部55公里处、珠江口东岸,由32个镇组成,人口超过800万。由东莞出去的港澳同胞有约120万人,海外华侨约30万人,是著名的华侨之乡。东莞为"广东四小虎"之首,号称"世界工厂",是国际制造名城,也是广东重要的交通枢纽和外贸口岸。

"东莞模式"的实质就是从20世纪80年代的深圳移植过来的加工贸易体系,只不过东莞将其迅速地复制并以几何级数的速度膨胀,在规模上做大到让人惊呆的地步罢了。② "东莞模式"的主要内容:由东莞提供土地或者是已建成的标准厂房,内地的四川、湖南等省提供廉价劳动力,外资提供资金、设备、技术和管理的要素组合模式。这一模式可以归纳为"三外",即"外科手术式"植入的、外资主导的、外向型的,因此也被称为"三外模式"。参见表2-2。

---

① 从目前已知的情况来看,以往研究广东加工贸易的文献大多是从制造业或发展方式角度来展开的,而很少基于贸易方式选择与经济发展的关系以及贸易本身来研究。

② 有一点需要说明的是,即便是东莞更多地以"世界工厂"的面目出现在世人面前,并且东莞前几年一直在津津乐道于自己的"制造业名城"桂冠,但东莞市的加工贸易产业的总产值和总出口额其实一直没有超过深圳市。更准确地说,应该是珠三角东岸地区(东莞和深圳关外地区)共同构成了"世界工厂"。

表2-2 "东莞模式"的基本内容及特点

特点	内容
"外科手术式"植入	指整个制造体系是从外部植入该地区的,而非该地区自己的肌体内自发生长的、与该地区本土的文化和经济有血肉联系的产业体,这种产业体有一个天生特点:像游牧民族一样逐水草而居,哪里水草丰盛就去哪里,而且由于其"蒙古包"是组装式的,迁移起来也很方便容易
外资主导	由于缺少资金和产业经验,产业投资需要由外资来投入,具体到东莞来说,港资和台资的聚集是其一大特点
外向型	指其主要的部件等是从外部进口的,产品也是主打外销市场。在这一模式中,产业的利润主要由外资收获,地方获得的是税收(由于地方政府大量牺牲自己的税收收益,这一收益在前5年基本很少看到)、租金、对服务业发展的拉动,以及似乎凭空获得了一个产业体系。外来工则赚到少得可怜的工资。本地居民则基本不参与此一工业化进程,只在为工业化提供配套服务中赚取低层次服务业(房屋或厂房租赁、餐饮、酒店等产业)的利润

注:本表由作者根据公开文献资料整理。

"东莞模式"是"珠三角模式"体系4个子模式中最有影响力的模式,至今仍然还被学术界作为研究的"标本"之一,它的影响是全国性的甚至是全球性的。在改革开放初期,东莞凭借毗邻港澳、劳动力、土地价格低廉等优势,以"三来一补"为切入点,东莞辖区内的32个镇和街道,几乎每一个都发展成了专业从事某类产品加工制造的城镇,从电脑组件到软饮料,从毛织服饰到家用电器、雀巢咖啡、手机等,形成了完整的产业体系。至21世纪初,东莞形成了巨大的加工制造能力,以至于流行一种说法,即"世界上每5台电脑就有1台是在东莞制造","每5件羊毛衫就有一件是在东莞生产"。截至2008年,东莞外资企业超过6万家,但一部分企业已开始陷入困境,于是,从2012年开始,东莞就陆续推出一系列措施来推动企业的全面转型升级。

"东莞模式"主要集中于东莞市、深圳的关外地区、惠州的博罗县西部地区以及惠阳和惠东的个别镇、广州的增城市、中山的南部地区、江门的台山等部分地区。"东莞模式"还有一个特点就是可以迅速复制并做到巨大的规模效应。因为操作简单,技术含量不高,并且可以快速地面对巨大的全球市场,所以"东莞模式"的产业化可以在短时间内在全球市场中占据相当大的份额,因此,在短短的十几年时间里,"东莞模式"下的制造业影响了全球,以至于西方媒体在谈及珠三角制造业时似乎就略等于"东莞制造"了。

到2008年,当"东莞模式"遭遇空前的危机时,其实我们需要非常认真地打量一下珠三角地区的其他几种更有价值的发展模式:"深圳模式""顺德模式""南海模式"。尽管这些年来这几种模式也经历了多次演变,与最初我们所理解的已大不相同,但这种演变本身,已表明了珠三角地区是能够适应时代变化的,是富有活力和竞争力的。

2. 顺德模式

顺德,佛山市5个行政辖区之一,面积为806平方公里。全区现辖4个街道、6个镇,位于广东省的南部、珠江三角洲平原中部,地处由江河冲积而成的河口三角洲平原,东连广州市番禺区,北接佛山市禅城区和南海区,西邻江门市新会区,南界中山市,旅外华侨和港澳同胞超过40万人。顺德在撤市设区以前曾位于"百强县"榜首,撤市设区以后依然位列"百强区"第一名。广佛同城的西南边界、广佛肇经济圈的南部,是佛山市与广州市联系的重要核心区域之一。顺德自古经济发达,商业繁荣,文教鼎盛,享有"世界美食之都""2014年中国百强区第一名"等美誉。

"顺德模式"很早就以"可怕的顺德人"而名声在外。自20世纪80年代开始,顺德人凭着"以集体经济为主、乡镇工业为主、骨干企业为主"的战略路径,由政府主导的产业发展取得巨大成效。1978年,顺德第一家"三来一补"企业大进制衣厂就是在政府推动下发展起来的。此后,顺德各镇政府大力招商引资,兴办各类工业企业,从而使"顺德制造"独树一帜。正因为如此，1993年，中共广东省委决定让顺德进行以企业改革为中心的、配套的、综合性的全面改革。此后，顺德创造了"全员股份化""贴身经营""靓女先嫁"等新做法，进一步提升了"顺德模式"的影响力。这期间，一大批"三来一补"以及加工贸易企业迅速成长起来，包括美的、科龙、容声、万家乐、格兰仕等。

"顺德模式"的核心在于企业制度的创新，其最大特点是实现了加工贸易方式与本土乡镇企业发展的有效嫁接，既保持了承接外资订单等"三来一补"的实质，但又坚持了本土乡镇企业的资本主导，从而培育了一大批优秀的本土品牌。在这个过程中，基层政府发挥了特殊的作用。据分析，之所以形成"顺德模式"，是因为顺德在计划经济时期，就有一些农机工业和缫丝工业的基础，培养了一些小工业经营人才。因此，在20世纪70年代末，当第一家"三来一补"企业落地顺德后，立即产生了带动效应，并激发了县、镇、村政府对兴办工业的巨大热情，形成了"村村点火，乡乡冒烟"的新格局。20世纪90年代的改革，也是在地方政府推动下的体制创新，并快速实现了这些乡镇工业的私有化过程，使顺德转型为以民营经济为主的地区。这就是"顺德模式"的主要内容。在珠三角地区，中山市的西北部小榄、东凤等镇以及佛山市区等部分地区，亦具备"顺德模式"的特点。

3. 南海模式

南海，原广东省南海县，1992年撤销南海县设立南海市，2002年12月撤市设区，现为佛山市下辖南海区。南海位于珠江三角洲的腹地，紧连着广州市。南海创造了举世闻名的"桑基鱼塘""果基鱼塘"生态农业模式，是广东省著名的"鱼米之乡""纺织之乡"。2014年，南海在"全国百强区"中位列第二。

"南海模式"的核心在于充分利用珠三角地区加工贸易大发展的有利时机，通过土地利用制度的创新，催生了本土民营经济的快速发展。南海紧邻广州，南海大沥的广佛路甚至有"广州中山九路"之称。改革开放初期，在广州的主城区荔湾区和越秀区，大量的专业市场、商业街快速崛起。而南海当地一批善于经商的本地农民，借助改革开放的天时地利之便，先从贸易做起，赚到了"第一桶金"，随即由贸易向上追溯到工业制造领域，并逐步在工业中加入技术研发的因素，一步步提升其产业档次，完成"贸—工—技"的转换过程。"南海模式"亦可见于广州的番禺、花都和江门的新会等地区。

4. 中山模式

中山市位于珠三角地区中部偏南的西江、北江下游出海处，北接广州市番禺区和佛山市顺德区，西邻江门市区、新会区和珠海市斗门区，东南连珠海市，东隔珠江口伶仃洋与深圳市和香港特别行政区相望。中山市是著名的侨乡，有旅居世界五大洲 87 个国家和地区的海外侨胞、港澳台同胞 80 多万人。

20 世纪 80 年代初，市场大门初开，中山人以公有企业为依托，以引进国外先进技术促进技术改造为突破，推动市属工业向规模经济发展。1988 年，"凯达""威力""晨星"等市属公有企业快速发展，由十余家市属企业集团组成的"中山舰队"闻名全国。1998 年 5 月，中山市实施市属公有企业产权体制改革，全面激发了中山民营经济的活力。随后几年，中山民营企业数量迅速达到 2 万家，占中山各类企业总数的 2/3，民营经济占据了半壁江山。同年，中山正式提出"工业立市"战略，高起点整合建设工业园区，推动工业走上集约化发展之路。至 2001 年，中山涌现出 25 个国家级产业基地、13 个省级专业镇和 7 个省级产业集群升级示范区，成为全省专业镇密度最高的地级市；共创出 373 个省级以上著名品牌和著名商标。

"中山模式"的主要特点就是，充分调动原公有企业的积极性，参与到利用外资和"三来一补"的业务中，迅速壮大本地工业。遗憾的是，随着全国性经济体制改革的深化以及产业环境和市场环境的演变，这一模式发展的空间受限，未能走得更远。

第二节　广东工业化进程与加工贸易的发展演变阶段

广东的经济腾飞源于大力发展加工贸易。改革开放以后，广东省作为这一政策的先行者和始发之地，加工贸易快速发展，并借助我国加入世界贸易组织（WTO）的良机得以进一步提升。广东的加工贸易发展史，是改革开放40年来广东经济发展史的主线和脉络，它的演变和发展，也是广东工业化、市场化、国际化进程的同步化过程，更是广东经济发展模式、发展方式与现代经济体系的形成和演变过程的主线。

与改革开放以来广东加工贸易导入进程相适应，广东加工贸易的发展演变可以分为三个阶段。

一、起步阶段，即加工贸易主导发展阶段：初级加工组装阶段（1979—2002）

20世纪80年代初期，加工贸易在珠三角地区的深圳、东莞、佛山、珠海、中山等地被尝试性地引入，受技术、市场、产业、资源等多种因素的制约，基本上都是以"接单"的方式进行简单的组装和初级加工。无论是东莞的太平手袋厂还是顺德的大进制衣厂，无一例外。1980年1月1日，中国广州海外贸易中心正式成立，其主要任务是为外贸公司提供出口商品交易服务。从其服务对象和方式看，重点就是为加工贸易服务的。

20世纪80年代中后期，随着加工贸易企业在珠三角地区的蓬勃发展，产业发展环境也开始转变。随着产业链的延长和深化，加工贸易开始由生产传统轻工业品为主的简单加工装配，扩展到零部件、机电产品的加工装配。

20世纪90年代后期至21世纪初，随着电视机、洗衣机等家电产品的推广以及国内市场的扩大,尤其是国内政策对技术消化吸收及产业配套的鼓励,广东加工贸易开始进入高新技术产品加工装配及属地化配套生产阶段。一大批广东知名家电品牌及高科技品牌开始趁势崛起,包括美的、格力、格兰仕、创维、TCL以及华为、中兴等。这些企业开始逐步实现由OEM(贴牌加工)向ODM(委托设计生产)进而向OBM(自主品牌营销)转变。

在这一阶段,广东加工贸易企业大力加强了对国外先进生产技术的消化吸收和二次自主创新,从而使企业的技术水平和研发能力大大增强。在此背景下,一批传统加工贸易企业的产品结构,从低附加值的劳动密集型产品逐渐转向IT、机械、高新技术产品,并逐步形成了一批具有自主知识产权的、有国际竞争力的大型企业集团。

二、成熟强盛阶段,即加工贸易与一般贸易并行发展阶段(2003—2014)

在这一阶段,有两个关键的时间节点:一是2003年中国加入WTO,二是2008年美国金融危机的爆发。这两大事件都与加工贸易有关,前者要求中国市场对外开放,后者逼迫中国产品的内销化进程加快。[①]

2003年,中国加入WTO。根据WTO规则,中国市场要逐步对外扩大开放,允许外资产品扩大对内地市场的销售,于是,以来自美国、日本为主导的一批跨国公司在华投资纷纷进行战略调整,由原来大进大出的加工

---

① 国内学者朱兴龙对此进行了分析。他从贸易规模和加工贸易的内容与形式方面,分析了加工贸易在我国经济中的重要作用。从加工贸易规模看,加工贸易对促进我国外贸进出口总额和国民经济总量的扩大作用明显。加工贸易不仅在我国外贸进出口额中超过半数,而且已涉及我国绝大部分产业。从加工贸易的内容和形式来看,加工贸易本身已发生了质的变化。他认为,目前我国的加工贸易层次已进入高技术、高附加值的发展阶段,与传统的"三来一补"业务相比,发生了质的变化。朱兴龙:《加工贸易在国民经济中的地位和作用——国办发〔1999〕35号文件下发一年来的思考》,载《中国经贸导刊》2000年第14期。

出口为主,转为以占领我国国内市场为主。这种不断扩大开放格局的形成,促使广东加工贸易必须从纯粹的加工出口、"三来一补"、"前店后厂"模式,开始转向面对"陌生"的国内市场,从而也给传统的加工贸易发展带来新的压力和挑战。此外,随着珠三角地区劳动力、土地、水、电等生产成本的提高,广东发展加工贸易的部分优势有所弱化,一些外资企业开始将投资视野从珠三角地区转向长江三角洲(以下简称为"长三角")地区及内地其他省份,并把开拓广阔的国内市场作为重点目标。

在此背景下,在这一时期,外资加工贸易企业的结构开始出现质的变化,即由原来香港和东南亚地区的华人为主兴办的单纯的"三来一补"式的小型加工企业,逐渐向大型企业、全球性生产基地转变,一批跨国企业开始涌入珠三角地区。截至2007年,落户广州的"世界500强企业"达300多家;落户东莞的"世界500强企业"有43家,其中有12家"世界100强企业"在该市兴办了19个项目,投资额超过3000万美元的有诺基亚、雀巢、三星电机等5个项目。

同一时期,还有一个大的形势变化,即国家加工贸易政策持续收紧。由于我国的贸易顺差主要来源于加工贸易,而且加工贸易出口产品的价格普遍低于同类一般贸易出口产品的价格,致使加工贸易实际上已经成为我国遭受贸易摩擦和人民币升值压力的主要根源。要想改变这种状态,逐步化解贸易摩擦,缓解人民币升值的压力,就必须解决我国出口产品特别是加工贸易出口产品的"巨量低价"问题,严格控制"两高一资"(高污染、高耗能、资源性)产品出口,抑制低附加值、低技术含量或耗能大、不利于环境保护的产品出口,实现外贸增长方式的转变和社会经济的可持续发展,为此我国对加工贸易限制类商品做了很大的政策调整。于是,从2007年8月23日起,国家对1853种涉及塑料原料及制品、纺织纱线、布匹、家具商品列为加工贸易限制类,并对保证金的征收办法进行了较大的调整。

这项政策的调整对珠三角地区的加工贸易企业影响最大。统计显示,2007年上半年,珠三角地区涉及新版"加工贸易限制类目录"中有实际进出口记录的加工贸易企业共 7647 家,占全国(当地)同期有实际进出口记录加工贸易企业总数的 23.9%。加工贸易政策的调整,将给珠三角地区 43% 的加工企业带来影响,纺织鞋帽、珠宝首饰、皮革、钟表、计算机或电信产品、印刷品或包装材料、机器和五金制品等行业受到的影响更大,许多企业面临着转移的巨大压力。

与此同时,部分传统的加工贸易企业开始国内、国外两个市场"一手抓"。为了有利于占领国内市场,这些加工贸易企业开始调整发展方式,即不再纯粹以加工贸易方式进口料件。因为根据政策规定,以加工贸易方式进口料件生产的产品须 100% 外销,以一般贸易方式进口料件生产的产品在内外销方面则没有限制。为了不被束住手脚,不少企业开始采取一般贸易方式而不是加工贸易的方式进口料件,而产品的目标市场也从以国际市场为主转为广大的国内市场与国际市场相结合。在这一时期,"广货"的概念开始深入人心,并在国内市场大行其道,从而充分体现了改革开放前沿和率先示范的效应。正是这种发展方式的初步转变,加快了中国的市场化进程,推动了国内市场的进一步培育和发展。

在这一时期,珠三角地区的部分加工贸易企业逐步形成了"深加工结转产业链"合作关系。所谓"深加工结转",是指加工贸易企业将保税进口料件加工的产品结转至下一家加工贸易企业深加工后复出口的经营活动。① 广东加工贸易正是通过"深加工结转"形成了大量配套产业链和完整的产业群体,在纺织服装、鞋、家具、塑料制品的产业中,各上、下游企业和配套产品之间已形成了紧密的配套关系。据统计,当时广东 70% 左右的加工贸易企业采购配套以"深加工结转"的方式实现。典型的如在计算机和家电行业中,80% 以上的手机部件、90% 以上的计算机零部件和 100% 的彩电部件都可以在珠三角地区内实现配套。2005 年,广东加工

---

① 举例说,棉纺厂进口棉花后不是简单地加工出口,而是将纺成的棉纱卖给国内织布厂,织布厂再将布卖给制衣厂,在国内完成整个产业链的加工环节后,最终以成衣的形式出口。整个结转过程均在海关严格的保税监管下完成。其中,产业和企业间发生的产品结转"买卖"视同进出口管理,但在海关不做进出口统计。

贸易"深加工结转"额达870.10亿美元，约占全省加工贸易进出口总额的30%，带动国内配套产业产值3000多亿元。

然而，2008年美国金融危机的爆发，使得广东加工贸易面临着巨大的冲击，并一下子把广东加工贸易所面对的困难和问题集中展现出来。据统计①，2008年广东的加工贸易企业共关、停、搬迁2452家。其中，关闭1730家、搬迁189家、转型169家、停产364家。100人以下的企业1814家，占总数的73%；100～500人的企业576家，占23%；大企业62家，占2.53%。国内最大的加工贸易企业富士康集团，由于在深圳经营成本太高，已经在廊坊、成都、武汉和郑州等内陆地区修建产业基地。富士康发言人表示，该公司在2010年年底前可完成大部分产能内迁计划，在北方的产能将超过七成，只有少量产能留在深圳。正是这次金融危机的冲击，使得珠三角地区原来发展加工贸易的优势削弱而问题更显突出，从而让珠三角各地政府开始从战略上进行反思与调整，尤其是深圳和东莞两地更是在此方面大力进行战略转型，"扩内需，促内销"一度成为缓解金融危机带来的出口压力的战略路径。

即使如此，在这一阶段，加工贸易仍然是广东的主要贸易方式，尤其是在外贸总额中占比仍较大，一直处于主导地位，在广东经济体系中仍然处于特殊的角色。② 可以说，在2008年之前，加工贸易在广东贸易结构中的占比长期保持在60%以上，在2008年之后才开始呈不断下降趋势。

三、衰落下降期，即一般贸易主导发展阶段（2015年以后）

自2008年美国金融危机之后，广东省各级政府促进加工贸易转型升级的对策开始不断地推行和实施，同时发展一般贸易的市场环境和产业环

---

① 据新华社广州2009年2月13日电。
② 据称，广东之所以长期保留对外经济贸易合作厅，而没有和全国其他省市一样对内贸和外贸进行合并，直到2013年才将机构调整，外经贸厅并入商务厅，最主要的原因就是广东加工贸易的特殊地位。

境也日趋成熟。在此背景下，珠三角地区一批富有优势的传统加工贸易企业开始与跨国公司竞争，抢占国内市场的制高点，甚至直接与外资企业抢占国际市场。特别的是，一批具有"广东制造"标志性产品的自主品牌开始在国际市场上逐步取得优势，广东一般贸易的发展开始占据主导地位。

最终，2015年迎来了重点转折。在这一年，加工贸易在广东经济体系中的地位发生了质的变化。据《羊城晚报》报道，2015年1月，广东省一般贸易进出口额为2260亿元，同期加工贸易进出口额为1931.1亿元，这是广东一般贸易进出口额在20多年来的月度记录首次超越加工贸易进出口额。更主要的是，广东海关数据显示，2015年广东加工贸易转型升级成效显著，"委托设计+自主品牌"（"ODM+OBM"）生产方式出口比重由2011年的45.2%上升到2015年年底的66.2%。更主要的是，正是在这一年，广东自由贸易试验区建设开启了新征程，从而使广东以贸易发展方式为主的经济发展方式和现代经济体系进入一个全新的阶段。①

这种反超局面在2016年被进一步强化和巩固。根据中国海关广东分署通报，广东省在2016年实现货物贸易的进出口总值为6.3万亿元人民币，占同期全国进出口总值的25.9%。其中，一般贸易稳步提升，全年实现进出口2.7万亿元，增长2.2%，占全省的43.4%，首次超过加工贸易的38.8%，实现了全年度一般贸易体量对加工贸易的首次超越。②

从某种意义上讲，从2015年开始，广东加工贸易正式结束了它对广东经济发展方式和经济体系导入、培育和壮大的历史使命，开始融入并沉淀到新的发展方式和体系中。

---

① 马汉青：《广东"一般贸易"20多年来首超"加工贸易"》，载《羊城晚报》2015年2月17日。
② 戴春晨：《广东外贸结构迎拐点：民企发力 一般贸易首超加工贸易》，载《21世纪经济报道》2017年1月18日。

第三节　加工贸易对广东经济增长与发展的影响

由于加工贸易是广东改革开放的起步和切入点，因此，它对广东经济社会发展的影响非常大，尤其是对经济增长和发展方式的推动力是任何其他方式所不能比拟的。它不仅促进了广东外向型经济体系的形成，带来了广东经济的繁荣发展，在引进外资、改善产业结构、提升经济增长、促进就业、提升生产水平等诸多方面发挥着重要的作用，而且对广东城镇格局的形成、专业镇的兴起、流动人口的聚集以及交通格局等都产生了深远的影响。

进一步说，身处改革开放最前沿，广东省借地理、人文、政策之利，较早地引进了这种生产模式，经过30多年的发展，以加工贸易为依托，逐步建立起现代化的外向型工业体系，极大地推动了全省的工业化进程。可以说，加工贸易是广东的特色经济，是广东开放型经济的基础，在广东社会经济生活中有着独一无二的地位。① 加工贸易对广东经济增长及发展的影响是多方面的，主要体现在以下5个方面。

一、对具有广东特色的经济发展模式和经济体系形成的影响

改革开放后，珠江三角洲在从计划经济向市场经济转轨的过程中，利用国家赋予的优惠政策，以其独特的地理区位、土地和劳动力等优势，与外来资源相结合，创造了由地方政府主导的外向型快速工业化经济发展模式，走出一条具有中国特色的沿海地区新工业化发展道路。这条道路的典

---

① 吴炜：《"第三次工业革命"背景下广东省加工贸易转型升级研究》，华南理工大学硕士学位论文，2012年。

型特征是：基层政府主导；各类工业园和产业园区快速铺开；依托"两头在外"，强势发展加工制造业；外向型经济；民营经济的快速市场化；国内、国外两个市场联动。

二、对广东海外贸易和经济增长变化的影响

广东经济的起飞源于大力发展加工贸易，所以加工贸易一直以来都在珠三角地区经济中占有很大的比重，是珠三角地区经济发展的主引擎。由于加工贸易的迅猛发展带动了外贸出口，珠三角地区因此一跃成为全国第一出口地。截至2017年，广东已经连续30年稳居全国出口贸易的榜首，其GDP多年全国排名第一。

加工贸易对广东稳增长、调结构发挥着显著作用。例如，2012—2014年，广东加工贸易净出口对广东GDP的平均贡献度为24.2%，即广东GDP的平均增量4861亿元中有24.2%是由加工贸易净出口增量贡献的；广东加工贸易净出口对广东GDP增长拉动率为2%，即广东GDP的平均增长率8.6%中有2%（近1/4）是由加工贸易净出口拉动的。[①]

三、对广东工业化发展模式及制造业竞争力的影响

通过发展加工工业积累的大量资金、技术和管理经验为广东工业整体水平的提升打下了坚实的基础。经过30多年的发展，广东加工贸易规模不断增大，工业产业结构不断升级，实现了从粗加工的劳动密集型产业到加工精细的技术及资本密集型产业的转化，从而提升了工业竞争力。

同时，广东加工贸易的内部分工在珠三角地区逐步形成了完整的产业配套体系，产业链条越来越长，进而发展为以"深加工结转"维系的跨

---

① 马汉青：《广东加工贸易"ODM + OBM"比重已近七成》，载《羊城晚报》2015年12月2日。

区域企业间相互配套的生产体系。例如,珠三角地区目前已形成电子信息、电器机械、石油化工、汽车、医药、造纸、纺织服装、食品饮料、建筑材料等产业,产业配套能力强,特别是形成了上、中、下游产业配套链,涌现出 400 多个产业规模从几十亿元到几百亿元的专业镇,具有接受世界产业转移的良好条件。

四、对广东劳动力人口聚集和就业格局的影响

加工贸易大多属于劳动密集型产业,在劳动成本低廉、劳动力资源丰富的国家和地区进行加工贸易,不仅能够增加当地劳动者的就业机会,而且还能吸引其他地区的剩余劳动力。此外,加工贸易在一定意义上讲也是制造业工人的"培训基地",通过在加工贸易企业进行工作和学习,劳动者不仅能够掌握大量的劳动技能和知识,而且能够培养出一些既懂技术又懂管理的综合性人才。珠三角地区之所以能成为全球最完善的制造产业链区域之一,加工贸易企业在这方面的贡献无疑是功不可没的。

广东在过去的 40 年里,形成了近 400 个专业镇,聚集了全国各地 3000 多万流动人口。① 尤其是像东莞虎门这样的加工贸易重镇能够成为聚集近 100 万人口的大镇,加工贸易无疑是最大的推手。资料显示,在 2010 年前后,广东加工贸易企业已超过 7 万家,就业人员达 1500 万人。加工贸易不仅吸纳了本地劳动力的就业,而且吸纳了大量外地劳动力的就业。其中,珠三角地区就业人员所占比例最大。

---

① 2016 年年末,广东省的常住人口为 10999 万人,成为全国人口第一大省。在过去的近 40 年中,广东的青壮年人口一直处于净流入状态,并真正促进了常住人口的长期增长。其中,大多数人都是在 20 世纪 80 年代至 90 年代的 20 年中涌入珠三角地区的。

五、对广东区域产业结构及其演变的影响

广东三次产业结构一直处于全国平均水平。2015 年，全国第三产业的比重超过 50%，广东大致处于平均水平。更主要的是，珠三角地区的佛山、中山、东莞等城市的第二产业长期处于高位状态，而第三产业一直在 40% 左右徘徊，这与工业化水平、产业成长阶段等出现较大背离。之所以出现这种现象，关键的因素就是以加工贸易方式形成的制造业体系很难从内部进行产业结构调整，其第三产业的内生动力不足，从而使服务业尤其是现代服务业难以从原有的产业体系中孕育出来。①

第四节 "三来一补""前店后厂"模式与具有广东特色的加工贸易体系

加工贸易既然是广东改革开放的基本切入点，是引进外资的基本形式，那么，广东早期的工业化进程、市场化进程、城市化进程以及产业结构、企业结构、区域经济，都必然会打上加工贸易的烙印。因此，早期的广东经济发展模式常常被简化为"珠三角模式"，而"珠三角模式"的核心内容主要就是指不同区域发展加工贸易的不同路径以及体现在招商引资、产业集聚、企业改革等领域的特征。②

---

① 尽管上述结论是笔者在珠三角地区长期调研过程中得出的经验判断，但从个案角度看，却具有广泛的适应性，对此，希望专家们给予指正或进行联合研究。此外，佛山、东莞等城市的制造企业在相当长的时期内缺少自主可控的商贸流通渠道体系，加工贸易的持续扩张无疑是一个主要原因。

② 明娟、王子成：《加工贸易对广东经济增长影响的实证研究》，载《商业经济文荟》2006 年第 5 期。

之所以说"加工贸易是破解广东经济发展模式的钥匙",主要原因有5个方面,即广东在中国发展加工贸易所具有的独特的5个优势,它们决定着广东在中国具有最先发展加工贸易的条件,同时这也是中国走向工业化道路的主要突破口,从而这也决定着广东经济发展的血液里处处充满着"加工贸易"的元素和基因。因此,在研究广东自由贸易试验区时,仍然要从广东发展模式和发展方式的战略视角去探讨它的发展路径。

一、加工贸易的分析视角与延伸解释

在全球加工贸易发展史上,以"东莞样本"为核心的广东加工贸易发展模式都是独特的。实际上,这是基于香港与珠三角地区分工而形成的"前店后厂"格局。无论是新加坡与马来西亚,还是墨西哥与美国,或者中国台湾与日本的贸易分工格局中,都没有类似香港与珠三角地区这样的紧密型"前店后厂"关系。因此,"前店后厂"是广东加工贸易能够高起点扩张并能长期持续向纵深推进的内在动因,更是当前广东经济发展模式及经济体系特色形成过程中影响最深远的因素之一。

(一)"加工贸易"定义的双重视角:生产视角与流通视角

前面在介绍"加工贸易"的概念时,笔者沿用了当前学界普遍接受的概念。对此,笔者认为是合理的。因为任何概念,都是在一定的条件下,基于一定的认识环境和知识逻辑而给出的。显然,在中国工业化的初期和中期,我们所接触的加工贸易就是在这种认知范围内。

但是,相关要素一直都在变化。对于加工贸易的理解,我们完全可以换一个角度或视角来重新定义。以前,"加工贸易"基本上都是从"加工"或生产制造的角度来定义的。而现在,我们可以站在投资方或委托方的角度去理解,比如站在台湾富士康、美国沃尔玛或香港利丰集团的角度去理解,它们手握从美国苹果公司或韩国三星公司发出的贸易代理订单,或者拥有遍布全球的零售网点以及贸易分支机构。我们可以从贸易流通的角度来重新理解"加工贸易",在这里,将更多地关注"贸易"。

基于这一视角,我们不难发现,"加工贸易"是发展中国家在工业化初期资本原始积累阶段,工业和贸易都不发达的条件下,"加工+贸易"分工模糊状态下的一种混合形态,是以贸易订单已经形成或存在为前提的一种加工和贸易一体化的贸易方式。它的一头是"加工",另一头是"贸易";但是,贸易的主导权在外资方或"属于别人",加工环节在兴办方而"属于自己";对方是"店",我方是"厂"。于是,对于生产方来说,看到的就是"厂",就是"加工";而对于外方或委托方来说,看到的就是"贸易"。

尽管从形式上看,"加工贸易"的合作双方是平等合作的关系,但其实从一开始两者就是"不平等"的关系,因为"加工方""没钱没权",只有土地、劳动力等,是弱势的一方,而"委托方"则是强势的一方,两者是一种"求与被求"的关系。在这种关系中,拥有贸易订单的一方拥有强大的选择权和主导权。

(二) 加工贸易的重新定义:基于贸易流通视角

明确了加工贸易中投资者、兴办者双方关系的前提下,不难理解,站在不同的视角,对于"加工贸易"的定义可以不一致。从贸易流通的角度又如何理解它呢?

在笔者看来,可以这样定义:加工贸易是将已经有明确市场需求和贸易对象的订单长期委托给特定对象或合作方进行加工的一种贸易方式。这里强调的是"贸易",至于这个贸易订单委托给谁、以什么方式、在哪里加工生产等,则取决于贸易订单拥有者的谈判和选择,最终执行是"加工"一方的事。

基于这一定义,从逻辑上看,加工贸易实际上是"权力"的一种转移。这个定义既反映出加工贸易本身转型升级的一种方向,也反映了加工贸易生命周期的来龙去脉。对于加工贸易的"兴办方"即招商引资的承接方来说,往往在一开始时缺少各种权力,接着逐步扩大主导权:先是取得生产主导权，即通过技术进步、管理进步等提升对生产过程和流程的支配权；然后，就是要千方百计地取得贸易主导权；当自身有了足够的贸易能力和贸易权力，不需要纯粹被动地接受"你贸易，我加工"的格局的时候，最终解除"加工贸易"所形成的合作关系，可以用其他的合作关系或模式来取代。

进一步说，从贸易流通角度出发来理解加工贸易，它本质上是一种贸易主导下的生产运作和企业运作的贸易产业链模式。只不过，在这一贸易产业链序列中，它的贸易主导权归属于投资主导方，生产组织权（是否取得"生产主导权"还要看双方的合作关系和自身的谈判能力）归属于承接方。因此，加工贸易的变革方向是从生产主导逐步变成贸易主导，最终加工承接方取得贸易主导权。其生命周期的演变逻辑就是从生产开始，加工承接方不断获取贸易的权力和收益，最终以自己主导贸易而终结。通俗地说，就是从"打工"开始，到"做老板"终结。当然，具体的权力转移和关系变化，还取决于市场、技术、产业环境以及企业、个人等方面的因素，这里不再展开。

二、"三来一补""前店后厂"模式的本质及其后遗症

在这里，笔者并不准备探讨"前店后厂"模式对广东发展的有利影响及带来的正面效应，而是将研究视角放在"前店后厂"模式在广东工业化及加工贸易发展中后期所产生的后遗症，以及给广东经济运行和发展带来的困扰及产生的主要问题。实际上，这也是为当今广东自由贸易试验区建设寻找"前世基因"。

（一）加工贸易及"前店后厂"的本质：依托外资贸易渠道体系发展工业和制造业

全球加工贸易发展的基本模式都是围绕"两头在外，三来一补"来展开的。但是，"两头在外"如何布局、分工体系如何形成，都是根据不

同国家和区域的国情、区情来确定的,而"前店后厂"就是珠三角地区加工贸易发展的独特模式。

"前店后厂"是珠三角地区与港澳地区经济合作中地域分工与合作的独特模式。其中,"前店"指港澳地区。港澳地区利用海外贸易窗口优势,承接海外订单,负责供应链组织和开发新产品、新工艺,供应原材料、零部件,控制产品质量,进行市场推广和对外销售,扮演"店"的角色。"后厂"指珠三角地区。珠三角地区利用土地、自然资源和劳动力优势,进行产品的加工、制造和装配,扮演"厂"的角色。港澳在前,珠江三角洲在后,彼此紧密合作,因而被形象地称为"前店后厂"。

"前店后厂"模式的形成,必须具有特殊的三个基本前提:地域相邻、人文相通、分工互补。显然,珠三角地区与港澳地区正好具有这样的互补优势,在珠三角地区的工业化初期和资本原始积累时期,两者基于比较优势而实现这种合作。

珠三角地区与港澳地区能够在20世纪70年代末期开启"前店后厂"模式,有诸多特殊因素的巧合,更有历史的必然性。珠三角地区与香港特别行政区、澳门特别行政区相邻,其中深圳经济特区毗邻香港特别行政区,珠海经济特区毗邻澳门特别行政区。这种对应关系,在当时的背景下本就是天然的"前店后厂"关系。当时的珠三角地区自然资源、劳动力资源丰富且价格低廉,而港澳地区则有丰富的资金、技术、人才和管理经验。通过香港这个自由贸易港,珠三角地区间接地与世界各地进行了贸易往来,同时也促进了港澳地区贸易事业的发展。

"前店后厂"模式的形成,还有一个东亚地区国际产业转移和国际产能合作的大背景。20世纪六七十年代,香港充分利用天时、地利、人和的优势,大力发展服装、玩具、塑胶、电子等工业,并迅速发展成为国际贸易、金融和航运中心,跻身于"亚洲四小龙"之列。70年代末,香港的制造业面临着地价攀升、工资刚性上涨、成本增高、竞争力下降的巨大压力。其时恰逢中国实行对外开放政策,香港的制造业得以向广东北移,将珠三角地区作为生产基地,从而使这种"前店后厂"的关系具有了内在必然性。

在"前店后厂"模式的形成过程中,有一种特殊的力量不可忽视,那就是大量在港的央企和内地窗口企业。它们在进出口贸易和"创汇"中发挥着风向标的作用。在改革开放的过程中,它们在香港和珠三角地区两地搭建起了"前店后厂"的桥梁,从而使早期的"前店后厂"模式得以健康地孕育和成长。

正是这种天然的优势和互补关系,从20世纪70年代后期开始,珠三角地区利用其紧邻港澳的优越地理位置,就近接受港澳的产业扩散,引进了大量外资(珠三角地区引进的外资中,来自港澳地区的投资占74%以上),同时也引进了先进的技术设备、经营管理方法,获得了最新的工商科技信息,创办了一大批对劳动力数量要求较大的加工制造企业,如纺织和服装制造业、电子及通信设备制造业、电气机械及器材制造业、玩具制造业等。珠三角地区生产的大量轻工业产品,主要是通过港澳贸易渠道,出口至东南亚、欧洲、非洲、美洲、大洋洲等地区,从与这些地区的经济贸易往来中赚取了大量外汇,使该地区贸易的国际化水平有了大幅度提高。这种分工合作推动全球的加工贸易资源迅速向珠三角地区聚集,至20世纪末,这里已成为全球最大的电子产品和日用消费品生产出口基地之一,也就是被广泛称颂的"世界工厂"。

(二)"前店后厂"后遗症:广东加工贸易面对的两种抑制

"前店后厂"的实质,就是"后厂""只搞生产,不搞流通"。进一步说,就是用市场和营销渠道的主导权来换取资本的进入和加工收益。而所谓"前店后厂"的后遗症,主要是指"重生产,轻流通"以及由此而形成的长期依赖外资贸易流通来片面发展制造业的不合理现象。

尽管在改革开放初期工业化起步阶段,这种不合理的状况还可以称之为"共赢",但是,其实它一开始就是不对等的合作关系,因为一方处于强势,一方处于弱势。这种模式和格局,越是到后来,问题就越严重,进而成为自身经济发展的障碍和阻力。

"前店后厂"模式下的加工贸易,必然长期处于两种"抑制"之下,即主导权抑制和价值链抑制①。所谓主导权抑制,就是外资方一般会根据自身的战略需要控制市场和渠道体系,而不会轻易交出主导权,从而使加工贸易的承接方始终处于从属和被动的位置。所谓价值链抑制,就是外资方为了巩固自身在价值链高端上的利益,往往会以各种方式将承接方置于价值链低端。这两种抑制的后果就是,加工贸易所在地长期难以形成自主的商贸流通体系,甚至大量的商贸流通基础设施如物流、市场、渠道等设施都是被动地为外资方配套。例如,珠三角地区的物流体系在相当长时期内就是为"前店后厂"来配套服务的,却不利于与内地各省区的联通和一体化。②

进一步说,"前店后厂"模式导致了加工贸易发展格局在珠三角地区的不断强化,进而使部分区域的加工贸易企业在充当"加工厂"角色方面呈现出"超稳定"状态,从而间接地削弱了广东工业化后期的经济转型能力和财富积累水平。从理论上说,在 2002 年广东工业化进程进入中期前后,资本和技术积累已经发展到了一定阶段,广东经济发展就应该朝"店厂合一"的方向大转型,但经验表明,这一转型过程十分缓慢。③ 尽管理论和政策研究都已经注意到这个问题,并且广东在过去 30 多年的加工贸易发展中,自身也在不断变革和转型,自主创新获得快速发展,但是,在国际制造业的分工链条中,从技术研发、产品研发到工艺设计、组装生产,再到终端的国际物流配送,广东整体上仍处于加工制造和零部件

---

① 这是笔者近期在研究广东贸易体系时原创的两个概念,还未能形成体系。

② 广东的东、西部地区和北部山区长期发展缓慢,在一定程度上也是由于这种"前店后厂"的格局所致。这种格局使得资源、人流、商流、物流等都往港澳方向流动,并形成了一种稳定的趋势。尽管近十年来,广东的加工贸易产业布局开始向珠三角以外的地区扩散,但是仍未改变珠三角过分集中、东西两翼和北部山区偏少的布局。

③ 对此,笔者先后发表了一系列研究成果支撑这一观念,代表性成果是 2012 年向中共广东省委提交的研究报告《关于广东流通业转型变革的研究》,载于中共广东省委政策研究室《研究报告》,2012 年 8 月 3 日。

配套等中低端环节,附加值还不够高,核心技术、关键设备、品牌等环节大部分还由跨国公司的母公司所控制,广东的加工贸易企业主要还是充当"加工厂"的角色。

随着广东工业化进入后期,基于传统加工贸易形成的加工生产体系总体上来说是缺少贸易流通体系支撑的,是建立在自主贸易渠道缺失的基础上的,生产制造能力与商品流通能力存在着严重的不匹配,充满着"产品经济"和"工厂经济"的色彩,使得大量的制造企业长期难以构建自主的商贸流通渠道体系。

(三)"三来一补""前店后厂"模式后遗症的表现及存在的主要问题

总体来说,"前店后厂"模式下的广东加工贸易产业,在过去的10多年中,逐步暴露出一系列问题。

1. 高成长产业及高利润产品的收益权流失

在相当长时期内,部分"三来一补"企业对政府"出口退税补贴"政策依赖度较大,而不注重通过贸易渠道去获得市场收益。例如,一双耐克运动鞋或阿迪达斯运动鞋的出口价格只有40～50美元,而外商将其卖到国外市场后销售价达到90～120美元,巨额利润悉数由外商获得;"苹果"手机以及其他家电产品,更是如此。后果更为严重的是,部分加工贸易企业将产品超低价销售给外商还引发外国政府征收巨额惩罚性关税,导致产业损害和市场损害。

2. 基于自身战略导向下的本土化自主品牌排斥

大多数加工贸易企业由外资方主导,基本情况就是原材料、半成品的采购权以及产品的定价权、销售权都在外资方,中方往往只是获得工厂的管理权。这种组织框架下,企业普遍缺乏创建自主品牌和"本地化""国产化"的动力及能力,这也就是为何广东的服装、鞋类等产品在国内外市场占有率很高,但与浙江、福建相比知名品牌却很少的原因。

一般而言,外资方设立加工贸易企业只是为了给自己建设一个"加工厂",而不是为了再重新创立一个新的品牌或产品体系。实际上,广东省加工贸易企业大多属于 OEM(原始设备生产商),部分属于 ODM(原始设计制造商),真正的 OBM(自创品牌制造商)企业数量很少。① 企业在不同的阶段有不同的经营方式和利润模式,一种经营方式不可能贯穿企业发展的所有阶段,从 OEM 到 ODM 到 OBM 是企业发展的必然路径。而从发展的角度来讲,等到企业的 OEM 经营方式和低成本战略无路可走时,才想起要走 ODM 的路子,那么企业的发展就会十分被动,从而直接影响到企业的生命力和区域产业的竞争力。

3. 外资主导下的加工贸易产业链负效应进一步显现

资本永远追逐自身利益的最大化,尤其是某些对中国抱有歧视和"占便宜"心态的外资方,更是从一开始就留下扩大负效应的"漏洞"和"接口"②。从当前的实际情形来看,主要体现在以下一些方面:从战略上常常忽略中方的长远利益,无论是员工福利、劳动保护,还是环境治理、技术进步等,常常都被轻视或忽略;外资企业为主的加工贸易结构影响了广东省自主品牌的建设;外资企业大多从国外进口原材料和半成品,在全球范围内设立采购基地,不利于本地商贸流通体系和供应链体系的建设;外资主导的加工贸易会在一定程度上造成广东省加工贸易企业自主创新意识的落后;等等。此外,部分跨国公司主导下的加工贸易企业,更是基于全球布局、国际竞争、利益偏见等战略考虑,而人为地压制本土企业发

---

① 三者的区别很大。OEM 即贴牌生产,原指由采购方提供设备和技术,由制造方提供人力和场地,由采购方负责销售、制造方负责生产的一种现代流行的生产方式,但是,目前大多采用由采购方提供品牌和授权、由制造方生产贴有该品牌产品的方式。ODM 是指某制造商设计出某产品后,在某些情况下可能会被另外一些企业看中,要求配上后者的品牌名称来进行生产,或者稍微修改一下设计来生产,承接设计制造业务的制造商被称为 ODM 厂商,其生产出来的产品就是 ODM 产品。OBM 即代工厂经营自有品牌。由于代工厂做 OBM 要有完善的营销网络作支撑,渠道建设的费用很大,花费的精力也远比做 OEM 和 ODM 高,而且常会与自己的 OEM、ODM 客户有所冲突。

② 典型的例子如江西五十铃汽车有限公司,在日资撤出后,这个汽车厂就几乎成了废厂。

展，故意加剧本地企业间的恶意竞争，尤其是市场和价格竞争。它们恶意收购和兼并当地本土企业，为了自身企业的利益而不惜损害加工贸易企业所在地的利益①，这在一定程度上造成了其他本地企业在竞争中处于不利地位，抑制了本土民营企业的成长。

更主要的是，在外资主导下，加工贸易企业一般不会考虑到对当地经济发展的长期影响，更多地强调短期利益。正是在这样的背景下，随着人工、生活、消费等成本的上升，珠三角地区的比较竞争优势逐步失去的情况下，这些加工贸易企业基于利益最大化的考虑，时常不顾后果就迁往其他国家或地区。

4. "前店后厂"模式导致广东加工贸易企业出口市场过于集中

"前店后厂"模式必然导致"广东制造"的出口商品主要通过香港特别行政区转口，从而使香港成为广东最大的出口对象地。相当长时期内，对香港的出口一直占广东外贸出口的 1/3 以上。造成这一局面的主要因素是广东省的加工贸易大多是来自于中国香港、欧美、日本、中国台湾等国家或地区，这些国家或地区的订单产品在广东省进行加工生产后再销往欧美等国家。加工贸易对外依存度高，与国际市场联系紧密，但是，出口市场过于集中也在很大程度上提高了加工贸易企业的风险。例如，2008 年金融危机期间，由于欧美国家受金融危机影响巨大，2009 年广东省的加工贸易出现下降趋势，进出口总额分别比 2008 年下降 14.7% 和 14.6%。

三、破除"前店后厂"后遗症：广东新一轮深化改革的基本切入点

20 世纪 90 年代中后期，这种"前店后厂"式的旧合作模式逐渐显现

---

① 在过去的 30 多年中，从食品加工到服装、家电等行业，这种情形在广东的加工贸易产业中并不少见。但是，基层政府为了政绩、地方形象或者其他原因，往往采取选择性忽视的策略，从而间接助长了部分跨国企业的恶意行为，尤其是在日化、食品、家电等领域。

出它的一些弊端，已经无法适应两地各自经济发展的实际情况，不利于两地间经贸关系的进一步合作发展。

（一）旧的合作模式存续的基础条件和环境发生了变化

一方面，随着珠三角地区土地、劳动力和生产成本的逐步提升，该区域产品的价格优势也将逐步消失，旧的产业合作模式基础进一步被削弱。而珠三角地区产业的成长也威胁到旧的合作模式，改革开放以来，珠三角地区一直是中国经济增长的重要动力，在工业、商贸、投资等领域都有了长足的发展，在高新技术产业的发展上已经超过了港澳地区，具备港澳地区所缺乏的开发科技产品、发展科技产业所必需的科研力量和技术人才。该地区的企业在合作中逐渐发展壮大了自己，在部分领域超过了香港企业，在许多方面两者已由竞争关系取代了原来的合作关系，珠三角的企业已不甘于只从事加工、装配等低附加值服务的"工厂"的地位了。因此，"前店后厂"的模式迫切需要升级，将重点转移到高层次、高技术含量的大规模企业经济合作上来。

另一方面，旧合作模式中的经济增长是粗放式的，其产品在国际竞争中缺乏优势。在 20 世纪 80 年代，香港劳动密集型产业北移，形成低层次的"前店后厂"的合作模式，企业没有发生质的变化，增长方式仍处于粗放状态，主要依靠扩大资本和劳动力的投入，而不是依靠技术进步来提高综合生产率。其产品在国际市场上主要靠低价格来竞争，但随着国际环境的变化、市场竞争的激烈化，这种合作模式难以保持竞争力。这就要求提升原有的合作模式，寻求能创造产业技术进步动力的模式，高新技术产业合作被提上日程。

（二）在新的全球贸易市场格局下旧的合作模式难以为继

中国加入 WTO 后，将会逐步开放各个领域，外国的资本和企业将更加容易进入，同样，中国的资本和企业也更加容易出去。广东省作为中国一个重要的经济重镇，凭借其良好的投资环境和人才优势，必将成为外国企业抢滩中国的首选目标之一。香港在与广东省多年的合作中一直占有窗口和桥梁的优势，是中国内地与国际合作的重要中介。国内市场的进一步开放，香港特别行政区和其他国家的来华投资的竞争环境趋于一致，中国对外商投资实行国民待遇，取消优惠政策，这将更有利于技术力量较强的跨国公司，而对劳动密集型的依靠低成本竞争的中小企业来说，竞争环境将更加激烈。因此，依靠低成本优势的粤港劳动密集型产业合作面临着市场开放的竞争挑战。如果香港特别行政区不能顺应中国"入世"的潮流，适时改变与内地的合作策略以及应对外资同行的竞争，则香港不仅会被目前这种"前店后厂"低层次合作模式拖垮，而且还会丧失其极为有利的中介地位。

总体看来，目前的"前店后厂"合作模式基本上是一种自发的、小规模的、分散的、短线的互补合作，随着粤港两地纷纷踏入经济结构转型阶段，如果两地间的合作依然停留在传统的以劳动密集型、资本密集型产品为主的"三来一补"形式，则该区域的产品将在国际市场上由于缺乏技术含量和科技附加值而丧失竞争力。中国加入 WTO，意味着一个更加开放的中国，对于毗邻广东的香港来说，机遇与挑战并存。但从整体来说，如果能够加快两地间的融合，进一步整合大珠三角地区的资源，提升"前店后厂"的合作层次，而不是只停留在低层次产业合作上，不是只依靠初级的资源要素合作，而是在高层次的技术产业合作上寻求新的优势，这样就有利于香港摆脱目前的经济困境，提升整个大珠三角地区的国际竞争力。

四、启示：广东加工贸易体系的未来前景

在以往的讨论中，人们常常把加工贸易放在贸易方式等层面进行分析，实际上，这大大降低了加工贸易对广东经济发展方式、发展模式以及现代经济体系的地位和作用。如果仅仅从贸易方式与工业发展模式角度来谈加工贸易，就无法在广东中长期的发展战略层面对此进行合理的判断和

认识。现行广东自由贸易试验区建设、"一带一路"① 建设以及广东转变发展方式、建设现代经济体系等未能充分重视加工贸易的影响,就是这种现象的部分体现。

(一)"三来一补""前店后厂"与广东加工贸易体系的独特模式

加工贸易是一种世界通行的贸易方式,但是,以什么形态发展加工贸易,却有不同的模式和道路。显然,广东在改革开放之初从珠三角地区快速发展起来的"三来一补、前店后厂"模式②,就是具有广东特色的一种模式。在全世界其他国家,难以找到相同的模式。这是由于广东与港澳之间特殊的地理、政治、人文及经贸关系所决定的。

在大多数工作交流和一般性介绍时,人们通常将"三来一补"与加工贸易等同。或者说,"三来一补"成为加工贸易的口语化通俗表达方式,让人容易理解。但严格说来,它们虽然相同点、重合点和交叉点很多,但仍然还是有差异的。

"三来一补"主要是广东在改革开放初期试行的一种中外合资企业经营模式和贸易形式,它最早出现于1978年的广东珠三角地区。它具体是指来料加工、来样加工、来件装配和补偿贸易。其中,补偿贸易是指国外厂商提供或利用国外进出口信贷进口生产技术和设备,由我方企业进行生产,以返销其产品的方式分期偿还对方技术、设备价款或信贷本息的贸易方式。

"三来一补"企业是由中国的企业法人与外商签署合作合同,并以中方的名义设立的工厂进行营业登记,该工厂并非企业法人,也非有限责任公司。"三来一补"企业主要的结构是:由外商提供设备(包括由外商投资建厂房)、原材料、来样,并负责全部产品的外销,由中国企业提供土

---

① "一带一路"是"丝绸之路经济带"和"21世纪海上丝绸之路"的简称。
② 王炜瀚:《加工贸易与比较优势》,载《特区经济》2005年第10期。

地、厂房、劳力。中外双方对各自资产不作价，以商定条件组成一个新的"三来一补"企业；中外双方不以"三来一补"企业名义核算，各自记账，以工缴费结算，对"三来一补"企业各负连带责任。

通常情况下，"三来一补"与加工贸易的差异主要是指贸易货物的范围有所不同。最主要的是，"三来一补"中的"来样加工"属于一般出口贸易，不在加工贸易的范围内。来料加工和来件装配，统称为加工装配，属于加工贸易中的基本方式。进一步说，在"三来一补"中去掉"来样加工"，加上"进料加工"，就是加工贸易的主要内容。

总体而言，"三来一补"与加工贸易产生的背景基本相同，其效应和影响也基本一致。因此，在不同的场合将两个概念交叉使用，本质上是一样的。

（二）未来趋势：广东工业化中后期加工贸易体系必须进行重构

广东加工贸易发展的实践表明，加工贸易成就了广东经济的率先起飞。广东经验和模式进一步说明：加工贸易是参与国际分工的重要贸易方式，是欠发达地区承接世界产业转移、加快经济发展的一条捷径，是我们在全球范围内更加合理有效配置资源，更好利用国内国际两个市场、两种资源推动经济持续快速发展的一种有效模式。

无论怎么强调加工贸易对广东经济发展、改革开放、社会变革等的影响，都不为过。但在笔者看来，观察和分析广东加工贸易发展史的最好视角，就是从工业化道路和发展模式角度来进行。虽然这不是本书研究的重点，也不打算在这里展开，但笔者特别强调的是，以"前店后厂"为特征的广东加工贸易是具有广东特色的工业化道路和发展模式的最主要内核，这里既体现其最主要的特质，又是导致其成功和产生问题的主因。

既然加工贸易不仅是广东改革开放的出发点，而且也是广东现代经济体系和经济发展方式的基础，那么，当广东进入工业化中期之后，加工贸易为工业化积累原始资本的使命就已经结束，进而必须要为如何推进本土特色且自主发展的经济体系、发展方式和发展模式而构建新的贸易方式，构建新的贸易格局。因此，在这一时期，加工贸易必须转型升级，重构新的贸易体系。

随着广东工业化进程进入中后期，加工制造能力已经远远大于其商贸渠道的流通能力，而早期加工贸易尤其是"前店后厂"模式导致的自主商贸渠道缺失与转型过程中内外贸分割的商品流通渠道体系，加剧了广东生产制造与商贸流通的失调，使得广东贸易体系在全球及国内贸易体系的资源配置能力、网络布局、分销效率等长期停滞不前。因此，突破传统加工贸易方式带来的自主贸易渠道缺失带来的局限，发展新型贸易业态和贸易模式①，重构广东贸易体系，是新时期、新形势下的必然选择。

---

① 习近平主席在党的十九大报告中明确提出"拓展海外贸易，培育贸易新业态新模式，推进贸易强国建设"，对当前的海外贸易提出了新的战略要求，即要从贸易强国的角度发展海外贸易，而不再只是为了出口创汇或 GDP 增长。

第三章

21世纪海上丝绸之路与广东贸易体系重构的战略切入点

根据贸易发展规律以及贸易方式的演进顺序和发展趋势，从加工贸易到一般贸易然后再向自由贸易跨越，是一种规律。具体就广东而言，既然传统的贸易方式已经无法承载珠三角地区工业化转型升级的使命，必须用新的贸易形式和方式来继续推动广东经济模式的创新与转型升级，那么，就必须寻找一种超越以传统的加工贸易方式为主导的经济模式，最终走向自由贸易，形成经济发展新动能，进而引领广东新一轮的经济变革和发展。

然而，在中国国情及广东省省情下，如何发展自由贸易？自由贸易未来的理想形态到底是什么样的？如何构建自主可控、内外贸融合发展的贸易体系？在自身内在动力不足或者还不够成熟的情况下，有一种什么样的力量能够促进广东贸易体系的重构和升级？以习近平同志为核心的党中央，及时提出"一带一路"倡议，从国家战略的高度，沿着古代丝绸之路的路线，重构中国与世界的新贸易体系，这无疑给广东贸易体系的变革与重构带来了巨大的战略机遇。尤其是21世纪海上丝绸之路的建设，与广东在新时代的贸易体系格局具有极高的契合度。2015年，广东自由贸易试验区的成立，开启了广东自由贸易体系构建的"破冰"历程。[①] 21世纪海上丝绸之路正好成为广东贸易体系重构的战略切入点。

[①] 广东省及深圳、东莞等重点城市的政府部门以及学界、商会、研究机构早在20世纪90年代就开始讨论加工贸易的局限性及转型升级问题，因此，广东加工贸易的转型升级一直在路上，一直没有停步。但受加工贸易巨大利益的影响，以及从"稳增长"等角度考虑，广东加工贸易转型升级的战略设计主要放在加工贸易方式内部考虑，而较少从广东经济体系尤其是贸易体系重构的角度去讨论，更少从广东经济发展方式转型升级角度去研究。尽管这也涉及广东如何从外贸大省到外贸强省、贸易强省的发展路径，但直到今天，它还始终没有形成全面系统的对策方案。

第一节 广东工业化后期贸易发展的基本现状及表现

尽管广东加工贸易对经济体系和经济发展的影响似乎日趋下降,甚至常常有一种被淡化和漠视的倾向,但它在广东经济中的作用仍然处于举足轻重的地位。这种地位,从统计数据上可以得到体现。

一、广东海外贸易的基本情况:总量与结构

据广东海关数据显示,2016 年广东全年进出口总额为 63029.47 亿元,其中,一般贸易进出口额为 17093.40 亿元,加工贸易进出口额为 15758.59 亿元。加工贸易企业仍然主要集中在数码家电、纺织服装、家具建材、皮革鞋类等行业。

(一)广东加工贸易总额及其占比

2017 年,广东省外贸进出口稳中向好,质量效益不断提升。全年实现货物贸易进出口总值 6.82 万亿元人民币,比 2016 年同期增长 8%。其中,出口 4.22 万亿元,增长 6.70%;进口 2.60 万亿元,增长 10.10%;贸易顺差 1.62 万亿元,扩大 1.70%。按美元计价,2017 年广东进出口 10064.90 亿美元,增长 5.40%。其中,出口 6227.80 亿美元,增长 4%;进口 3837.10 亿美元,增长 7.60%。

从表 3-1 中可以看出,尽管广东加工贸易总量下降速度较快,但其在广东进出口总额中的比重,仍然与一般贸易额不相上下。

表 3-1　2016 年广东进出口总额及其增长速度

指标	绝对数（亿元）	比 2015 年增长（%）
进出口总额	63029.47	-0.80
出口额	39455.07	-1.30
其中：一般贸易	17093.40	-0.20
加工贸易	15758.59	-9.80
其中：机电产品	26798.98	-1.50
高新技术产品	14095.43	-2.50
其中：国有企业	2906.96	-5.60
外商投资企业	19049.44	-7.90
其他企业	17498.68	8.10
进口额	23574.40	0.01
其中：一般贸易	10243.09	6.30
加工贸易	8710.09	-11.90
其中：机电产品	15911.88	2.80
高新技术产品	12520.11	4.20
其中：国有企业	1659.07	-12.30
外商投资企业	11966.67	-8.20
其他企业	9948.67	15.00
进出口差额（出口减进口）	15880.66	-3.20

数据来源：《2016 年广东国民经济和社会发展统计公报》。

2017 年，广东一般贸易比重稳步提升，实现进出口 3.14 万亿元，增长 14.30%，占全省进出口的 46.10%，较去年同期提升 2.50%，对外贸增长的贡献度为 77.60%；加工贸易进出口 2.53 万亿元，占 37.10%。跨境电子商务进出口 441.90 亿元，同比增长 93.8%，规模仍居全国首位。市场采购出口 815.10 亿元，月均增幅达 21.1%。①

---

①　吕丹、汤兵：《2017 年广东外贸进出口稳中向好　新型贸易业态发展迅猛》，见金羊网：http://wap.ycwb.com/2018-01/18/content_25905298.htm，2018 年 1 月 18 日。

（二）广东贸易结构及其变化

从现状来看，广东加工贸易结构主要以来料加工装配贸易方式为主，占比高达60%以上。2017年全年，广东加工贸易额为25263.6亿元，其中，属于来料加工装配贸易部分高达22439.7亿元。参见表3－2。

表3－2　2017年广东省外贸进出口分贸易方式统计情况

贸易方式	进出口合计 金额（亿元）	进出口合计 同比（%）	出口 金额（亿元）	出口 同比（%）	进口 金额（亿元）	进口 同比（%）
一般贸易	31402.5	14.3	19291.1	12.1	12111.4	17.9
加工贸易	25263.6	3.2	16139.8	2.4	9123.8	4.7
进料加工贸易	2823.8	－0.4	1637.3	－0.1	1186.5	－0.6
来料加工装配贸易	22439.7	3.7	14502.5	2.7	7937.2	5.5
海关特殊监管方式	7966.9	－2.1	3403.0	－8.5	4563.9	3.4
保税监管场所进出境货物	4064.4	6.5	1676.1	4.3	2388.3	8.1
海关特殊监管区域物流货物	3874.7	－10.0	1726.8	－18.3	2147.9	－2.0
特殊监管区域进口设备	27.7	103.6	/	/	27.7	103.6

数据来源：广东海关发布，2018年1月22日。

（三）广东对外贸易出口的主要对象

从表3－3中可以发现，广东最大的贸易对象还是中国香港地区，尽管下降速度较快，但规模仍然为最大。之所以如此，一个重要的原因就是早期的加工贸易模式形成的"前店后厂"关系以及商贸流通渠道网络体系基本上已经固化，在可预见的未来时期内都难以改变。

表3-3 2016年主要国家和地区进出口总额及其增长速度

国家或地区	出口额（亿元）	比上年增长（％）	进口额（亿元）	比上年增长（％）
中国香港	11986.87	-6.10	279.77	-2.50
美国	6552.50	-2.10	1250.55	-2.10
欧洲联盟（28国）	5336.70	2.10	1513.26	5.90
东盟①	3833.83	6.60	3777.72	9.70
日本	1559.97	3.40	2436.68	3.30
韩国	1347.48	-8.80	2716.14	6.10
中国台湾	469.72	2.40	3492.00	5.60
俄罗斯	343.39	5.80	27.66	-31.10

数据来源：《2016年广东国民经济和社会发展统计公报》。

不过，有一点值得关注的是，随着"一带一路"倡议的实施，广东与"一带一路"沿线国家的贸易增长很快。双边贸易方面，2016年广东省对主要贸易伙伴进出口表现各异，与"一带一路"沿线国家贸易增长。据统计，2016年广东对"一带一路"国家累计进出口1.3万亿元，增长6.5%，占全省进出口总额的20.7%，占比提升1.5%。

二、广东工业化过程中加工贸易发展的主要特点

从上述数据及加工贸易企业的实际状况看，广东目前的加工贸易发展呈现出以下特点。

（一）广东加工贸易仍然在全国处于领先地位

2015年，广东加工贸易进出口总额为4403.6亿美元，总量仍排在全

---

① 东南亚国家联盟（Association of Southeast Asian Nations），简称东盟（ASEAN）。成员国有马来西亚、印度尼西亚、泰国、菲律宾、新加坡、文莱、越南、老挝、缅甸和柬埔寨。东盟的成立形成一个人口超过5亿、面积达450万平方公里的10国集团。

国首位,占全国加工贸易进出口总额的35.4%,占全省外贸进出口总额的43%,是居第二位省份(江苏,2296.7亿美元)的1.9倍。可以说,广东外贸之所以长期在全国占据近1/3的份额,加工贸易可以说是最主要的动因。

(二)加工贸易在广东贸易中的比重将会持续下降

尽管广东的对外开放始于加工贸易,并迅速增长,但由于加工贸易企业追逐低要素成本,根植性不强,对企业所在地的资源消耗大,但财富积累水平相对较低,所以,在一个大国范围内,加工贸易不具备持续发展的长期动力。因此,广东一般贸易对加工贸易的超越,不仅是广东外贸结构优化转型最直接的体现,更是广东转变经济发展方式和经济体系优化的成果。

与加工贸易比重下降相对应,广东外资企业在进出口贸易中的比重也开始下降,而本土民营企业的贸易比重在提升,从而直接导致广东贸易主体结构和组织模式的巨大变化,即以外资为主的加工贸易向以民营经济为主体的一般贸易转型,进而直接推动外贸格局加快从"外资企业+加工贸易"为主向"民营企业+一般贸易"为主进行转变。

(三)传统的贴牌生产、代工生产等初级加工贸易方式基本被淘汰

2016年1—10月,广东加工贸易中"委托设计+自主品牌"方式出口比重达70.9%;截至2016年10月底,广东加工贸易企业累计拥有品牌2.5万个,比2015年年底增长7.6%。也就是说,即使是采取加工贸易方式,也不再是传统的组装、贴牌生产等简单的方式。除了在少数乡镇、城中村及后发地区外,早期大规模的贴牌生产、代工生产、组装生产等方式正在被自主生产所取代,基本上构建了本土主导的以"委托设计+自主品牌"为主的新型加工贸易产业链。在这一过程中,一批传统的加工贸易企业基本上完成了企业再造和转型,如TCL、华为等一批企业依托加

工贸易，已在本土构筑了完整的产业链、价值链和供应链，并通过国际产能合作向海外扩张。此外，加工贸易企业在国内采购原材料和相关服务，也有效带动相关配套产业发展。据调查显示，在"十二五"时期内，广东省加工贸易企业的国内购料占比保持在30%左右，每年带动广东相关配套产业产值超过5000亿元。

（四）产业结构向技术和资本密集型转变

据调查，2015年，广东从事技术、资本密集型产业的加工贸易企业占比分别为35.2%、28.9%，分别比2010年提高了15.8%、0.1%；从事劳动密集型产业的加工贸易企业占比为43.4%，比2010年下降了7.9%。据广东海关数据显示，广东机电产品和劳动密集型产品仍为外贸出口主力。2017年，广东机电产品出口约2.9万亿元，增长6.6%，占广东出口总额的67.8%，拉动广东出口增长4.5%；同期，劳动密集型产品出口9108.5亿元，增长6.3%，占广东出口总额的21.6%，拉动广东出口增长1.4%。

（五）加工贸易企业市场结构向内外销共同发展转变

2015年，广东从事加工贸易业务的外商投资企业产品内销额近1.7万亿元，内外销比例由2010年的0.7∶1提升至1∶1。同时，广东加工贸易对欧美等国家传统市场进出口的依赖性逐步下降，所占比重由2010年的60.4%下降至2015年的56.8%，对新兴市场进出口的比重由39.6%提升至43.2%。随着"一带一路"建设的推进，这种趋势越来越明显。

（六）加工贸易企业"外资化"现象仍很严重，但民营企业成长很快

据广东省商务厅统计，截至2015年年底，广东省外资加工贸易企业仍占主导地位，有2万家，占全省加工贸易企业的80.4%。与此同时，内资从事加工贸易的企业发展迅速，数量达5000家，占比为19.6%，其

中民企只占5%。①

不过，令人欣喜的是，在新形势下，广东"民营企业+一般贸易"增速较快且比重上升，新型贸易业态发展迅猛。广东民营企业发展迅猛，2017年其进出口额为3.14万亿元，同比增长14.5%，占全省进出口总额的46.1%，占比较去年同期提高2.6%，对全省外贸进出口增长贡献最大，拉动全省外贸增长6.3%。值得关注的是，民营企业出口1.98万亿元，首次成为广东第一大出口主体。从这个趋势看，随着一般贸易的迅速增长，外资企业在广东国际贸易中的总体地位正出现相对弱化趋势。

不可否认，外资对广东的工业化进程和经济发展起到了非常巨大的推动作用。因为在改革开放之初，民营经济发展阻力大，而国有企业、集体企业的技术水平、外销渠道、市场及经营机制均不及外资企业，结果导致广东前期的加工贸易企业总体处于国际产业分工低端，技术含量不高，加工贸易的本土化水平更不高。其主要特征就是加工贸易的产业配套、人员及资本流动等主要在外资企业间进行，产业关联和技术的外溢效应对内资企业影响不大，加工贸易的发展方向和区域布局也在很大程度上受外资企业自身发展战略和目标的制约，尤其是类似富士康等台资外企更是起到了一种特殊的示范作用，导致不少地方政府通过各种优惠政策为这类外资加工贸易企业添砖加瓦，推动其高速扩张，反而抑制了本土民营加工贸易企业的发展。

广东加工贸易企业外资占比过高，除了港澳台因素之外，还有一个重要的原因就是相当一部分加工贸易企业习惯于"前店后厂"这种相对"轻松赚快钱"的简单模式，甚至出现部分地区的"重外资，轻内资"的"外资崇拜"式的招商引资模式，从而出现了外资发展长期居高不下的状态。内资加工贸易企业比例及规模偏低，反映出本地企业参与国际产业链分工的优势不足，不利于促进加工贸易的落地生根和本地民营经济的壮

---

① 刘倩、吴哲：《鼓励企业研发创新 优化加贸区域布局》，载《南方日报》2016年6月28日。

大，也不利于在国际产业分工中实现更大的增值。

（七）地区结构仍集中于珠三角地区

在加工贸易中，珠三角地区仍占主体，粤西外贸呈增长态势。2015年，珠三角地区和粤东西北地区加工贸易进出口额分别为4285.5亿美元、118.1亿美元，分别占全省加工贸易进出口总额的97.3%和2.7%。

随着珠三角地区加工贸易企业向周边区域的转移，广东粤东西北地区的海外贸易增长速度很快。2017年，珠三角地区进出口6.5万亿元，增长8.2%，占广东外贸进出口总额的95.5%；[①] 不过，作为欠发达地区的粤西也有"意外"表现，进出口额增长13.9%，领跑广东全省。广东省内传统外贸强市比如深圳、东莞和广州等，在2017年均有不错的表现。其中，深圳进出口额为2.8万亿元，同比增长7%；东莞突破1.2万亿元，同比增长7%；广州则达9600亿元，增长12%。

第二节　走出加工贸易：广东贸易方式的演进与贸易体系重构

一般贸易是比加工贸易层次更高的一种贸易方式。但是，当一般贸易发展到一定程度以后，它的发展趋势又是如何呢？如果说自由贸易是一般贸易的高级形态的话，那么如何实现自由贸易？从一般贸易到自由贸易有哪些过程和环节，又有哪些影响因素呢？另外，自由贸易与加工贸易、一般贸易之间又是一种什么样的演进顺序？这些问题值得我们思考和研究。

[①] 吕丹、汤兵：《2017年广东外贸进出口稳中向好 新型贸易业态发展迅猛》，见金羊网：http://wap.ycwb.com/2018-01/18/content_25905298.htm，2018年1月18日。

第三章 21世纪海上丝绸之路与广东贸易体系重构的战略切入点

本章将重点讨论三个问题：第一个问题，从加工贸易到自由贸易的顺序是一个怎样的过程；第二个问题，自由贸易区形成的条件有哪些；第三个问题，通常情况下，贸易方式有哪些。

一、贸易方式的演进：从加工贸易到自由贸易

任何一个国家或地区的贸易发展，都有一个循序渐进的过程，都是从低级到高级进行演变。在这个演变过程中，有两个基本维度，一是贸易方式，二是贸易体系。当然，这两者又是相互联系并协调发展的。

（一）贸易的定义与本质

在探讨自由贸易区之前，我们有必要弄清与之相关的基本概念。贸易的本质是什么？加工贸易与自由是一种什么样的关系？自由贸易从何处来，它在什么情况下才能出发并得到发展？自由贸易是一种什么样的贸易方式，它的本质是什么？自由贸易在贸易体系中处于一种什么样的地位，它有哪些特点？等等。

贸易是一个古老的概念，与之相关的概念很多，而且其关系也十分庞杂，在不同的场合交叉运用，如商业、贸易、流通等①。人们也常常被这些概念弄糊涂，因此，为了后面的研究和叙述，有必要把这些相关概念梳理一遍。

贸易，简单地说，就是"做生意"或者"买卖"。进一步说，就是不同的市场主体，用自身拥有的货物、信息、服务等资源，在市场上通过直接或间接的渠道，采取双方认可的方式和价格，从对方换取自己需要的财

---

① 严格地说，流通的范围大于商业。从全社会来看，商品或产品由生产领域到消费领域的转移（流通）不全是由商业者或贸易业者来完成的，或者说，不是全部由专业化的流通机构（商业或贸易部门）来完成的。其中，作为消费者的个人以及作为生产者的制造商，也从事着大量的流通活动。因此，商业或贸易业这一概念无法涵盖流通的全部内涵。

物和利益。

在中国古汉语中,"贸"就是"去买""去换"的意思①,"易"就是"换回来""换手"或"转换"的意思。因此,贸易、交易基本上是一组同义词。

在英文中,"贸易"的定义更明晰,即"Trade is the activity of buying, selling, or exchanging goods or services between people, firms, or countries",指不同的个人、企业或企业之间的购买、销售、交换货物或服务的行为。这里包含了三层含义:一是贸易的主体,它既可以是个人和企业,也可以是不同的组织或国家,可以说,几乎所有的组织或个人都可能是贸易主体,只要他们进入市场;二是贸易的对象是各种商品货物、信息或服务;三是贸易的实质,它是一种交换行为。②

人们为什么要做贸易?贸易的必要性和重要性何在?无论贸易的方式或对象如何多样,也不管贸易的过程有多么复杂,这些问题的答案均涉及贸易的本质。从本质上说,所有的贸易都是以营利(赚钱)为目的的交换行为。它包括两个关键点,一是要赢利、赚钱或有利益,二是它是一种交换或交易行为。基于此,我们在研究贸易问题时,必须从这一本质出发。

(二)贸易的分类

通常情况下,根据不同的主体、场所、对象、方式,可以从许多角度对贸易进行分类。了解这些分类,便于我们对贸易做进一步的深度分析。根据本书需要,可以从以下 6 个方面对贸易进行分类。

---

① 《汉语大词典》第 14138 页。
② 贸易、商业、流通、市场等概念,是一组十分相近的概念系统。可以说,它们是从不同的角度来反映交易或交换的内容。贸易强调的是交易行为,商业是从事交易的人或组织共同组成的行业,流通是组织交易的过程,市场是发生交易的场所、区域或平台。因此,无论是商业贸易,还是商贸流通、贸易流通,基本上都是指同样的意思。从这个意义上讲,"商贸流通业"更能全面反映这一个行业的内涵。

1. 按照贸易范围分

可以分为国内贸易、区域贸易、国际贸易。在我国，大多数情况下，国内贸易以"商业""流通"的定义来代替，因此，习惯上常常将"贸易"与"国际贸易"等同。区域贸易中的"区域"，既可以是一个国家内部的不同区域，比如珠三角地区，也可以是不同的国家构成的区域，比如东南亚地区。而国际贸易一般就是指国与国之间的贸易，即指跨越国境的货品和服务交易。

2. 按照贸易对象分

可以分为货物贸易和服务贸易两类。其中，货物贸易有时被直接称为商品贸易。服务贸易又称劳务贸易，一般指国与国之间互相提供服务并以服务为交易对象的贸易活动。服务贸易有广义与狭义之分。广义的服务贸易既包括有形的活动，也包括服务提供者与使用者在没有直接接触下交易的无形活动。服务贸易一般情况下都是指广义的。狭义的服务贸易是指一国以提供直接服务活动形式满足另一国某种需要以取得报酬的活动。

3. 按商品移动的方向分

可以分为进口贸易、出口贸易两大类。进口贸易是将其他国家（地区）的商品或服务引进到该国（地区）市场进行销售，出口贸易是将该国（地区）的商品或服务输出到其他国家（地区）市场进行销售。

4. 按商品的形态分

可划分为有形贸易和无形贸易。有形贸易是指有实物形态的商品的进出口。例如，机器、设备、家具等都是有实物形态的商品，这些商品的进出口称为有形贸易。无形贸易是指没有实物形态的技术、信息、知识和服务的进出口。例如，专利使用权的转让、旅游、金融保险企业跨国提供服务等都是没有实物形态的商品，其进出口称为无形贸易。

5. 按交易双方的关系分

可以分为直接贸易和间接贸易。这种区分一般应用于国际贸易领域。直接贸易通常指商品生产国与商品消费国不通过第三国进行买卖商品的行为。间接贸易，又称转口贸易，指商品生产国与商品消费国通过第三国进行买卖商品的行为。间接贸易中的第三国则是转口贸易国,第三国所从事的贸易就是转口贸易。

6. 按货物的运输方式分

可分为陆路贸易、海路贸易、空运贸易和邮购贸易。国际贸易中多数货物是通过海路运输的。

(三) 与贸易相关的主要概念

与贸易相关的概念有很多,包括商业、流通、市场、商务、分销、营销等。它们是一组概念,但其实是从不同的角度反映出一个共同的内容即"交易"或"交换"。

1. 商业及其分类

商业,是一个行业或产业概念,它是指专业从事买卖、交换、代理、分销、销售等活动的个人或组织共同组成的行业。它强调的是行业组织,以及以社会分工为基础的有组织的贸易行为①。有时,商业也称为"商业服务业"或"商业贸易"。商业有广义与狭义之分。广义的商业是泛指一切以赢利为目的的事业,即英语中的"business";狭义的商业是指国内贸易业通常也叫作国内商业,包括批发业与零售业。人们习惯将国内贸易业称为"商业",以此与国际贸易业或进出口贸易业相区别。

商业的分类方法很多,通常可以按以下几种方法对商业进行分类。按业种进行分类,如粮食商业、石油商业、服装商业等;按业态进行分类,即按商业的经营方式或商品销售方式进行分类,常用于零售商业的分类,如百货、超市、便利店、网购、无人零售、电子商务等;按流通阶段进行分类,主要分为批发商业和零售商业。

2. 流通及其分类

"流通"一词在西方经济学中出现的频率并不高。在我国,由于"流

---

① 在经济学或管理学中,有时用"商业"泛指所有的经营活动,既包括生产性活动也包括服务性活动,只要是从事赢利性活动,就都称为商业活动。

通"与"生产"对应，是经济学中的基础性概念，因此应用特别广泛。

流通为"流动""通行"的意思，它强调物质或某种对象通达的过程。流通有广义和狭义之分，广义的流通包括信息流通、货币流通、商品流通等，狭义的流通基本上就是指商品流通。本书中的"流通"主要是指商品流通，它常常与"商业""贸易"同义使用，有时总称为"商贸流通"。

商品流通一般是指商品从生产领域到消费领域的转移过程。可以从三个角度去理解它：一是环节，二是内容，三是功能。从环节上看，商品从生产者到消费者的流动过程中，主要分为批发环节、零售环节，而这些环节连接起来就被称为"流通渠道"。从内容上看，在渠道上流通的内容包括商流、物流、信息流和资金流，但一般是指商流和物流。简单地说，"商流"就是商品的所有权转移，"物流"就是商品的实体转移。进一步说，商品通过买卖活动而发生的价值形态变化和所有权的转移，叫作商品的价值转换，简称"商流"。在商品流通过程中，商品实体在空间位置上的移动和在流通领域内的停滞，叫作商品的实体运动，简称"物流"。从功能上看，商品流通主要包括分销、代理、采购等。

在我国的政策实践中，"流通业"所指的范围常常比"商业"的范围更大，因此，常常以"商贸流通业"来统称。相对于"商业"的概念而言，"商贸流通"的概念有了很大延展，将其由过去的行业概念上升为产业的概念，并成为第三产业的基础产业和主要构成部分，包括交通运输业、邮电通讯业、国内商业（国内贸易业）、海外贸易业、饮食业、物资供销业、仓储业、商务服务业、电子商务、会展业等。

在一个国家或地区经济发展的不同阶段，商贸流通业的重要性是不一致的。在不同的时期，流通业的发育成长对经济发展的影响和作用差异较大。比如，在我国，目前物流业的地位就越来越突出，成了影响经济发展的"短板"，因此，各级政府都在重视物流业的发展。但是，在这里要特别强调一下商流与物流的关系，因为在现实中，两者的差异常常被政府部门或企业界忽略，并出现"流通就是物流"等误解。商流与物流的关系可以多样化。一般情况下，商流和物流是结合在一起的，商品所有权的转移引起商品实体的运动。在这种情况下，商流与物流的关系对流通渠道的形成与选择并没有明显影响。在商流与物流相分离的情况下，无论是商流在前、物流在后，还是物流在前、商流在后，或者光有商流、没有物流，都会使商品流通呈现出价值实体与物质实体相分离的双重渠道。有时，双重渠道在特定历史条件下有利于促进商品从生产领域向消费领域的转移。商流与物流相互制约的情况有两种，一种是商流不合理导致物流不合理，另一种是物流不畅通导致商流停滞。这两种情况都会导致流通渠道的不畅，因而应积极创造条件，协调两者的关系。

3. 市场及其分类

"市场"一词的字面意义就是"买卖东西的地方"。"市"即交易、买卖，"场"即场所。因此，早期的"市场"概念就是指把货物的买主和卖主正式组织在一起进行交易的地方，如农贸市场等。现代经济学意义上的市场，则包括三层含义：一是商品交换的场所和领域；二是商品生产者和商品消费者之间各种经济关系的汇合和总和；三是有购买力的需求。

市场是社会分工和商品生产的产物，哪里有社会分工和商品交换，哪里就有市场。劳动分工使得人们各自的产品互相成为商品，互相成为等价物，使人们互相成为市场；社会分工越细，商品经济越发达，市场的范围和容量就越扩大。

任何市场都具有相应的功能，如平衡供求矛盾、商品交换和价值的实现、提供相应服务、传递信息功能、实现收益分配等。市场在其发育和壮大过程中，也推动着社会分工和商品经济的进一步发展。市场通过信息反馈，直接影响着人们生产什么、生产多少以及产品上市时间、销售状况等。市场联结商品经济发展过程中的产、供、销各方，为各方提供交换场所、交换时间和其他交换条件，以此实现商品生产者、经营者和消费者各自的经济利益。

市场可以从不同角度进行分类，如按不同的市场主体分类；按购买者的购买目的和身份来划分，可以分为消费者市场、生产商市场、中间商市场、政府市场；按企业的角色来划分，可分为采购市场和销售市场；按产品或服务供给方的状况（即市场上的竞争状况）来划分，可分为完全竞争市场、完全垄断市场、垄断竞争市场、寡头垄断市场；按地理位置来划分，可分为城市市场、农村市场；按区域范围来划分，可分为国际市场、国内市场；按经营产品的专门化和综合性来划分，可分为专业性市场和综合性市场；按规模大小来划分，可分为小型市场、中型市场、大型市场；按市场经营的商品以及最终用途来划分，可分为生产资料市场、生活资料市场、技术服务市场、金融市场，或者分为商品市场、要素市场；按交易对象的具体内容来划分，可分为现货市场、期货市场；按消费者类别来划分，可分为中老年市场、青年市场、儿童市场、男性市场、女性市场等。

4. 相关概念的关系

在介绍了贸易、商业、流通、市场等概念的基础上，笔者再简述一下它们之间的关系。可以说，它们是从不同的角度反映出交易或交换的内容：贸易强调的是交易行为，商业是从事交易的人或组织共同组成的行业，流通是组织交易的过程，市场是发生交易的场所、区域或平台。因此，无论是商业贸易、商贸流通还是贸易流通，基本上都指同样的意思。从这个意义上讲，"商贸流通业"更能全面反映这一个行业的内涵。

此外，还有一些概念与贸易有关，如分销、营销等，这些概念反映的是贸易活动中更具体的微观行为，强调的是操作和执行。比如，分销强调的是如何把商品通过不同的渠道路径分配到不同的市场终端，而营销则强调如何想办法把商品卖出去。

（四）贸易方式与贸易体系：基本形态和内容

贸易方式是指贸易中买卖双方所采用的各种交易的具体做法，即如何组织和进行交易。无论是国内贸易还是国际贸易，每一笔交易都要通过一定的贸易方式来进行。贸易方式是在买卖双方交易过程中随着不同商品、不同地区和不同对象，根据双方的需要形成的。比如，本书前面提到的加工贸易、一般贸易，以及后面要介绍的自由贸易，它们都是属于不同的贸易方式。

贸易方式分为两个层面。一是微观层面，即指具体的贸易方式，如一般贸易、补偿贸易，这是商务部门或海关在具体政策实践中的分类；二是宏观层面，即指一个国家或区域的整体贸易方式，相当于"贸易发展方式"。在本书中，基本上都是从微观层面来谈贸易方式的。

我国海关基于进出口贸易管理的需要，根据贸易内容和行业的特点对贸易方式编码，进行统一标准化管理。凡列入海关统计的进出口货物，其贸易方式以海关的监管方式为基础进行分组，并给出相应的代码。例如，"一般贸易"的代码是0110，"补偿贸易"的代码是0513。其中，"加工贸易"因涉及不同的具体组织方式，所以在编码中用近20项来进行细分。全部编码有60多种。主要有以下几种：

（1）一般贸易。

（2）国家间、国际组织无偿援助和赠送的物资。

（3）其他境外捐赠物资。

（4）补偿贸易。

（5）来料加工装配贸易。

（6）进料加工贸易。

（7）寄售、代销贸易。

（8）边境小额贸易。

（9）加工贸易进口设备。

（10）对外承包工程出口货物。

（11）租赁贸易。

（12）外商投资企业作为投资进口的设备、物品。

（13）出料加工贸易。

（14）易货贸易。

（15）免税外汇商品。

（16）保税仓库进出境货物。

（17）出口加工区。

(18) 保税区仓储转口货物。

(19) 出口加工区进口设备。

(20) 其他。

(五) 贸易体系及贸易主导权

所谓贸易体系，就是由不同的贸易方式、贸易业态、贸易模式、贸易组织、贸易规则、贸易结构等多种因素构成的关系总和。大多数情况下，人们在谈贸易体系时，一般都是指国际贸易体系，如多边贸易体系等。

贸易体系的形成与演变，与一个国家的工业化进程、市场化程度、经济发展水平等条件相关，并呈现出层次性、差异性、丰富性等特征。因此，如何不断完善贸易体系以及如何构建高水平的贸易体系，始终是各国在发展贸易过程中必须考虑的问题。

在国际贸易体系中，有一个核心问题就是"贸易主导权"的问题，即谁来主导构建这个贸易体系，从而在这个体系中具有更大的贸易权力，使相应的贸易规则和发展策略能更大限度地为本国贸易发展服务，尽可能地从这个贸易体系中谋求更多的利益，比如更多的贸易配额、更充分的贸易便利等。

此外，贸易体系也有层次性问题，即不同的工业化和市场化水平国家，它们对贸易体系的适应性是不一致的，贸易发展阶段和贸易体系的层次也是不一致的。通常情况下，工业化初期或中期国家的贸易体系的层次水平都偏低，一般都是以加工贸易方式主导的贸易体系；而市场发达国家的贸易体系都具有较高层次，一般都是以自由贸易为主导的贸易体系。

(六) 一般贸易的定义及范围

贸易有两种最基本的方式：加工贸易和一般贸易。其中，加工贸易是一种特殊的贸易方式，并和其他特殊贸易方式如转口贸易等，共同构成特殊贸易体系。但在通常情况下，一般贸易才是最主流的贸易方式。如同在一个社会中，成年人才能代表社会的主流一样。

不过，关于加工贸易的概念及具体内容，在前面已经充分叙述，这里主要介绍"一般贸易"的定义及相关内容。

一般贸易，又叫普通贸易、常规贸易，是指在国际贸易活动中，交易双方根据贸易的一般规则、流程和模式进行的交易。

在国际贸易的实践中，一般贸易指单边输入关境或单边输出关境的进出口贸易方式，其交易的货物是企业单边售定的正常贸易的进出口货物。

一般贸易进出口货物是海关监管货物的一种。《中华人民共和国海关法》规定，货物或运输工具进出境时，其收发货人或其代理人必须向进出境口岸海关请求申报，交验规定的证件和单据，接受海关人员对其所报货物和运输工具的查验，依法缴纳海关关税和其他由海关代征的税款，然后才能由海关批准货物和运输工具的放行。

一般贸易在发展过程中，也是处于动态变化之中的。根据贸易规则的繁简程度，一般贸易可以分为两个层次，即保护贸易（管制贸易）和自由贸易。另外，根据保护的范围和自由的程度，保护贸易与自由贸易还可做进一步的阶段性细分，如有条件的自由贸易和无条件的自由贸易等。从这个意义上讲，自由贸易是一般贸易的高级形态，适度保护或有限管制的贸易是一般贸易的初级形态。

（七）特殊贸易的定义与范围

特殊贸易是相对于一般贸易而言的，它有可能是贸易的对象或条件比较特殊，也可能是贸易的方式或流程比较特殊，或者虽然有贸易的成分，但却没有一个相对完整的贸易流通过程。特殊贸易包括加工贸易、补偿贸易、协定贸易、边境贸易、双边贸易、多边贸易、转口贸易、过境贸易等多种方式。

1. 加工贸易与补偿贸易

加工贸易的实质是借贸易的形式从事加工生产；补偿贸易一般是指设备或技术引进方以补偿的方式从事贸易，分为直接产品补偿、其他产品补偿、劳务补偿三种形式，补偿贸易常与加工贸易相结合，通常称为"三来一补"。

2. 一般贸易与补偿贸易的区别

一般贸易与补偿贸易的区别主要有三点：一般贸易通常是以货币为支付手段，补偿贸易实质上是用商品进行支付的。一般贸易通常不用以信贷为条件，补偿贸易往往是离不开信贷的，信贷往往是这种贸易的组成部分。一般贸易的一方为买方，另一方为卖方，交易手续简便；补偿贸易的双方，既是买方又是卖方，具有双重身份，有时供货或销售的义务还可让给第三方，交易手续比较复杂。

3. 转口贸易

转口贸易又称中转贸易，是指国际贸易中进出口货品的生意，不是在生产国与消费国之间直接进行，而是通过第三国易手进行的买卖。这种贸易对中转国来说即是转口贸易。由于中国是世界上遭遇反倾销最多的国家，所以这种贸易形式也几乎变成躲避贸易制裁的专用方式之一。

转口贸易对中间商所在国而言，一般必须具备两个条件：一是自然条件，即中转国的港口必须是深水港，吞吐能力强，地理位置优越，处于各国之间的交通要冲或国际主航线上。二是主观条件，这要求中转国对中转地采取特殊的关税优惠政策和贸易政策，如自由港、自由贸易区等，使中转费用不致过高；同时，还要求该地的基础设施、交通、金融和信息等服务系统要发达且完备，以利于转口贸易的进行。

（八）加工贸易与一般贸易的比较

有不少文献在谈到一般贸易时，都是相对于加工贸易而言的。实际上，一般贸易对应的是特殊贸易。但由于加工贸易在特殊贸易体系中最具有代表性和广泛性，因此，将加工贸易当作一般贸易的对应形式，既简单也有道理。

以海关对进出口监管的内容和流程而言，"一般贸易"和"加工贸易"是向海关申报时对贸易性质的不同分类，并对应不同的海关监管方式。参见表3-4。

表 3-4　加工贸易与一般贸易的内容及特征比较

类型	加工贸易	一般贸易
关税征收	加工贸易的中方一端往往会对应一个加工手册，其向国外采购的原物料属于保税状态，不需要缴税，加工成成品后必须运往国外。如果需要卖给国内，需要按照一般贸易进行补税。加工贸易的全部或者至少部分原物料是需要从国外进口的，并在保税状态下做成成品之后再出口。这样，企业的进口原物料就不需要在中国缴税	一般贸易就是正常的国际买卖，是海关的基本监管类型。如果是进口一般贸易，收货人完全购买成品，需要按照"一般征税"的方式缴税（除非有免表），申报金额即为需要付款的金额。如果是出口一般贸易，卖方可以享受国家退税
贸易方式	加工贸易，是指经营企业进口全部或者部分原辅材料、零部件、元器件、包装物料，经加工或者装配后，将制成品复出口的经营活动，包括来料加工和进料加工	一般贸易是指用国内的原材料加工成成品出口到国外。一般贸易指单边输入关境或单边输出关境的进出口贸易方式，其交易的货物是企业单边售定的正常贸易的进出口货物
贸易对象	加工贸易的货物大多来自于国外的要素资源，在国内仅进行加工或装配工作	一般贸易的货物基本上是来自于国内的要素资源，仅有一小部分来自于国外的要素资源
监管程度	加工贸易进口的原材料必须加工复出口。未出口部分，海关会根据料耗情况对原材料进行内销征税，此外在生产中产生的边角料和残次品都需要按照规定补税。加工贸易从原材料进口到生产、储运及产品出口，都需要在海关监管下完成	一般贸易进出口比较独立，不一定非要有关联性，生产及储运过程不在海关的监管之下。《中华人民共和国海关法》规定，货物或运输工具进出境时，其收货人或其代理人必须向进出境口岸海关请求申报，交验规定的证件和单据，接受海关人员对其所报货物和运输工具的查验，依法缴纳海关关税和其他由海关代征的税款，然后才能由海关批准货物和运输工具的放行

续表 3-4

类型	加工贸易	一般贸易
税收要求	加工贸易在原材料进口环节是暂时缓纳关税和增值税的。一般情况下,只要无特殊规定的商品是不需要提交进口许可证件的	一般贸易商品进口是需要征收进口关税和增值税的,有进口许可证件管理的还需提交证件
贸易收益	加工贸易的典型特征是"头尾在外",也就是原材料从国外进口,制成品再发往国外,加工贸易企业只收取部分加工费	一般贸易中企业的收益来自于生产成本与国外市场价格之间的差额。从这个意义上讲,加工贸易企业的利润空间相对较小,附加值也不多

注：本表由广东财经大学商贸流通研究院的宋浩老师根据公开文献资料整理。

二、从加工贸易到自由贸易：变革的方向与实现条件

一个国家贸易方式的形成和发展是由贸易格局、规模、体系、结构、权力等多个因素决定的。从全球近千年的历史经验看，贸易发展是一个不断递进演化和转型升级的过程，而这个过程与工业化进程直接相关。从贸易发展规律上看，一般都是从加工贸易开始，然后是一般贸易，最后向自由贸易迈进。

在常规性的贸易活动中，一般贸易的交易状态是不一致的。根据贸易规则的适应范围以及海关监管的松严程度，一般贸易可分为自由贸易和保护贸易。

（一）自由贸易及其特点

所谓自由贸易，是指贸易条件相对宽松以及贸易障碍较少的贸易，交易双方在完成交易的过程中相对容易、简便、自由地达到目的。在具体的国际贸易中，自由贸易通常也是指国家对进出口贸易不干涉，不加以限制，允许商品自由地输入和输出，并认为自由贸易也是在没有国家干涉条

件下的一种商业活动。

为了实现自由贸易，政府必须制定出一整套促进贸易自由化的政策体系，包括国家取消对进出口贸易的限制和障碍，取消对本国进出口商品的各种优待及其特权，对进出口商品不加干涉和限制，使商品自由进出口，在国内市场上自由竞争的贸易政策。这里的自由贸易并不是指完全放弃对进出口贸易的管理和关税制度，而是根据贸易法则即有关的贸易条约与协定，使国内外产品在市场上处于平等地位，展开自由竞争与交易。

相对于贸易保护而言，自由贸易由于障碍少、环节少、约束少，因此，更能促进贸易效率的提升，更能降低贸易成本，更能实现更大的贸易利益，这也是为什么自由贸易正成为当前全球贸易的基本方向的主要原因。

（二）自由贸易的对立面：保护贸易与贸易冲突

1. 保护贸易与贸易管制

保护贸易，也称为贸易保护、管制贸易、保守贸易等。它是为了保护本国幼稚或不成熟的市场免受国外强势竞争者的冲击而选择的一种贸易方式。它与自由贸易模式正好相反，目前我们所说的"贸易自由化"，就是相对保护贸易而言。

保护贸易一般都是通过各种贸易政策和措施得以体现。例如，在进口方面，国家采用各种限制进口的措施，如征收高额的进口税，实行进口配额、进口许可制、外汇管制等措施保护国内产品免受外国产品的竞争；在出口方面，对本国出口商给予现金补贴和各种财政上的优惠以鼓励商品出口。总之，"奖出限入"是保护贸易的基本模式。

保护贸易的政策或措施涉及关税、进口配额、外汇管制、烦琐的进出口手续、歧视性的政府采购政策等工具或途径，可分为关税壁垒和各种非关税壁垒两个方面。关税壁垒，即进口货物在经过一国关境时，由政府设置的向本国进口商征收的一种税收。非关税壁垒是指一国政府为了调节、管理和控制本国的海外贸易活动，影响贸易格局和利益分配，而采取的除关税以外的各种行政性、法规性措施和手段的总和。

在现代市场经济条件下,保护贸易是动态变化的。任何对市场和产业的保护都不可能无限期进行,否则,将会出现保护落后和保护低效率的结局。例如,有些被保护了一定时期的工业部门,当其产品价格已低于国外同类产品的价格时,可以降低保护程度或完全撤除保护,让其进入国际市场自由竞争。有些被保护的工业部门,如果在过了一定的保护期后仍然没有明显的进步,离开政府给予的协助和扶植仍难以独立发展,这就表明它们不适宜成为被保护的对象,政府应该撤除对它们的保护,任其自生自灭。

保护贸易的最高形式就是贸易管制甚至贸易封锁。通常情况下,贸易管制是指一国政府为了国家的宏观经济利益、国内外政策需要以及履行所缔结或加入国际条约的义务,确立实行各种制度、设立相应管理机构和规范海外贸易活动的总称。一个国家或地区之所以实行贸易管制,有可能纯粹只是为了贸易利益,也可能是为了应对政治、经济危机,甚至是为了国家政治或军事目的。贸易管制是一国对外政策的体现,以实现国家对内、对外政策目标为基本出发点,体现国家意志,是政府的一种强制性行政管理行为,所涉及的法律制度属于强制性。

2. 贸易冲突与贸易战争

在国际贸易或区域贸易中,各利益主体为了实现自身利益的最大化,常常会采取更有利于自己利益的贸易方式或规则,甚至不惜破坏已经达成的贸易方案或撕毁相关协议,退出相关的贸易组织或违反贸易规则,这种现象被称为贸易冲突。

贸易冲突,也称为贸易摩擦,是指在国际贸易中,国与国之间以及不同的区域、组织和利益集团之间,在进行贸易往来的过程中,贸易收支不平衡或利益分配不均等,或一国的贸易活动触及或伤害另一国的市场与产业。贸易冲突的最高形式就是贸易战争,以及因为贸易冲突引发的政治冲突和军事战争。实际上,近代历史上的绝大部分战争都是因为贸易而引发的战争,如早期的英法战争、美国南北战争、鸦片战争等。

3. 贸易障碍与贸易壁垒

为了防止或缓和本国或本地区在国际贸易中受到冲击，提前做好预防措施，不同的国家、地区或贸易组织，常常以不同的方式为对方设置贸易障碍，这种障碍通常被称为贸易壁垒。所谓贸易壁垒，就是为贸易加入某种成本，令货品的价格上升、交易的难度加大、交易的收益降低，从而减少对方交易的意愿。在现行世界贸易格局下，贸易壁垒广泛存在，是各国贸易发展中必须熟悉和了解的一个问题。

（三）自由贸易的收益与实现条件

在全球化背景下，自由贸易是一种趋势和浪潮，但数百年来，真正发展自由贸易的国家和地区并不多。这是因为实行自由贸易必须具有足够的资格、能力和基础条件，并不是所有的国家或地区都有这个条件或能力来发展自由贸易的。

1. 自由贸易的好处、收益与风险

自由贸易是贸易发展的最高形态，是一种高水平的一般贸易，因此，它是贸易世界的"奢侈品"，人们都在追求，但却很难实现。如果要实现自由贸易，必须具备一系列条件，尤其是对于一个新兴的经济大国来说，更是如此。就如同一个人一样，从年幼到刚刚参加工作时，无论是知识储备、工作能力还是经济实力，都无法完全独立，因此，就不可能获得真正的所谓自由。也就是说，自由贸易是一个国家或地区的经济和贸易发展到一定阶段的产物。至于具体的阶段条件，前面已经指出了，那就是工业化后期之后。

发展自由贸易，其收益和风险是相对应的。理论上，自由贸易可以使贸易双方从贸易中获得更大利益，能够使各国以相对较低的价格获得自身所稀缺的商品或服务，使得本国可以从贸易创造中获得利益，从而促进各国财富和福利水平的提高。更主要的是，自由贸易的实行，一方面，可以使资源在世界范围内得到有效配置，促进本国经济发展；另一方面，可以使资本、劳动、技术等要素在国与国之间实现自由流动和优化配置，这对

于贸易各国吸引外资、吸收先进技术和管理经验、提高劳动生产率和经济运行效率有着重要作用。

然而，自由贸易却可能使自身在获得"自由"的同时，遭受更大的利益损失，这是因为自由贸易所产生的利益在不同经济发展水平国家之间的分配是不均衡的。以墨西哥为例，在加入北美自由贸易区（NAFTA）后，墨西哥的农牧业遭受了沉重的打击，而且随着农产品关税的进一步解除，这一状况还将继续恶化。享受高额补贴的美国农产品大量涌入墨西哥市场。此外，自由贸易的另一个后果就是，弱势国家的市场和产业可能受到冲击，国家经济安全难以保证，幼稚产业和中小企业在国际竞争中陷入困境。

2. 自由贸易实现的条件与保障

一个国家或地区在什么条件下实行自由贸易才能获得更大收益，并获得经济稳定发展呢？除了制造业规模、商品市场规模、国家综合实力、军事力量、贸易人才等因素外，主要取决于三个方面：一是国际贸易能力，二是贸易发展水平，三是贸易体系格局。只有这三个方面在整体上达到一定高度后，才能使自由贸易获得成功。

对于这些条件，本书前后都从不同的角度有所涉及，这里就不充分展开了。至于如何保障实现自由贸易？最根本的保障还是体制机制的创新。如何创新？这就是自由贸易试验区存在的意义。

三、总体目标：构建以自由贸易为导向的高水平贸易流通体系

自由贸易既是一种贸易方式，又是一种贸易体系，因此，中国要发展自由贸易，就要构建适合中国国情并具有中国特色的自由贸易体系，即相对于现有的一般贸易体系而言，具有更高水平和更高层次的贸易体系。

（一）工业化进程与贸易体系的代际划分

如前所述，根据工业化进程的不同阶段，贸易体系可以进行代际划分。

1. 第一代贸易体系：与加工贸易相适应的贸易体系

在这一阶段，一般是该国或地区处于工业化初期，为了招商引资、鼓励出口，一方面，以牺牲市场、牺牲资源、牺牲利益等让渡方式，以各种优惠政策吸引资本、技术的进入，其目的就是为了快速形成生产制造能力，推进工业化进程，完成工业革命；另一方面，在贸易方面，强调出口规模、出口创汇，对于贸易渠道控制权、贸易规则主导权、商品定价权等的要求很低，在贸易关系中处于被动从属地位，由外资主导。总之，加工贸易时代的贸易体系，是一种贸易地位较低及自主性弱的贸易体系。

2. 第二代贸易体系：与常规的一般贸易相对应的贸易体系

在这一阶段，一般是该国或地区处于工业化中期及中后期，为了克服加工贸易带来的缺陷，随着生产制造能力的扩大和增强，必须建立基于自主渠道、自主品牌和自主经营的新贸易体系，从而替代加工贸易体系。然而，在一般贸易发展起步阶段及长时期内，国家对处于成长过程的贸易渠道和市场要有适当的保护和扶持，对外资贸易的进入和扩张要有适当的管制。所以，在这一时期的贸易体系具有较强的竞争性，伴随着大量的贸易冲突和摩擦，存在着类似于反垄断、反倾销等诸多问题，因为作为贸易崛起方，它的成长必须削弱传统强势方的势力和利益，这势必引发新的贸易保护。在此过程中，如何提升自身的贸易能力，如何不断完善贸易体系，如何不断地转换贸易方式，是一个不断转型升级和创新发展的过程。

3. 第三代贸易体系：与自由贸易相适应的贸易体系

自由贸易在本质上就是一种高水平的一般贸易体系，它是在第二代贸易体系基础上的进一步创新和提升发展。它最大的特点就是在经历了不断的贸易冲突和摩擦后终于成长强大起来，具备了强大的贸易能力，包括强大的国际贸易资源配置能力、渠道拓展能力、市场维护能力、价格谈判能力、国际供应链管理能力等，并在这些能力基础上，已经在国际贸易竞争上取得了相应的贸易主导权、渠道控制权、商品定价权、规则制定权等优势资源。从发展阶段看，第三代贸易体系一般是在一个国家的工业化后期以及服务经济时代才开始出现的。

由于三代不同的贸易体系对应于三个不同的发展阶段，因此，具有明显的代际特征，但它们之间又存在一种层次递进的关系。

（二）自由贸易体系的核心战略目标：市场开放格局下的贸易主导权

自由贸易是工业化进程和经济发展到一定阶段的产物。只有通过自由贸易，才能获得全球范围内的更大市场和更多资源，实现贸易收益的最大化，因此，发展自由贸易必须同贸易主导权的获得紧密联系在一起。没有贸易主导权，从而在全球贸易中没有话语权，那么，贸易收益就无法得到保障。取得局部或某些领域的贸易主导权[①]，并从中得到相应的收益，这才是发展自由贸易的根本目的。也就是说，发展自由贸易不是纯粹为了贸易自由，或为了被动接受或参与到其他国家主导的自由贸易格局中，而是为了探索一种获得贸易主导权的模式或路径。

在加工贸易时代，"两头在外"的贸易格局是以丧失贸易主导权为前提的，这也就是为什么在过去的40年中"中国买什么价格就上涨，中国卖什么价格就下降"的原因。虽然此说法有点夸张，但从一个侧面反映出一个残酷的事实，那就是贸易主导权的缺失使得中国贸易在全球贸易体系中处于被动地位。

在一般贸易的初级阶段，由于自身贸易能力的弱小以及贸易体系的不完善，所以在全球贸易规则中缺少话语权，还处于"发奋图强"的上升阶段。在这一过程中，我国可能逐步获得某些局部领域的贸易优势，并获

---

① 在当前全球化背景下，完全的贸易主导权已经不可能实现，因此，贸易主导权都是相对于一定的区域或行业而言。

得少量的贸易主导权,但总体上来说,仍然处于艰难的拓展阶段,贸易主导权总体上还是牢牢地控制在欧美国家手中。

显然,这种格局对于中国的贸易发展是极为不利的,因此,为了改变这种格局,让中国的贸易真正强大起来,就必须以各种方式,创造各种条件,谋求更多的贸易主导权,进而获得更多的国际贸易渠道控制权和商品定价权。如何获得呢?那就是不断地扩大对外开放及学习自由贸易,从而"从学生变成老师"。无疑,中国各省的"自由贸易试验区",就是要担负起探寻自由贸易发展道路的神圣使命。

(三) 自由贸易的发展模式:探索具有中国特色的自由贸易发展道路

从近400年来世界自由贸易史的经验以及趋势看,存在着两种不同性质的自由贸易体系:一是霸权主义导向下的自由贸易体系,二是平等共赢导向下的自由贸易体系。前者是欧美主导下的贸易体系,而后者是中国正在主导构建的。进一步说,在新的全球化时代,中国正在探索具有自身特色的自由贸易发展模式和道路。

1. 霸权主义导向下的自由贸易发展模式

自中世纪开始,在全球化贸易的背后是强大的军事力量保障,而且这一直是国际贸易扩张最主要的推动力之一。所以,在这种大格局下,"自由贸易"只是某种霸权主义扩张的一件华丽外衣。无论是英国霸权主义主导下的自由贸易体系,还是美国霸权主义主导下的自由贸易体系,皆是如此。

不过,英国霸权主义和美国霸权主义主导下的自由贸易体系仍然有较大的不同。早期英国式的自由贸易体系,伴随着对全球贸易市场和渠道的军事占领、殖民掠夺,它对全球贸易体系的构建,采用的是一种抢劫型、强盗型、野蛮型的方式。它的所谓"自由贸易",只是希望本国政府对本国企业少些约束和管制。

而美国霸权主义主导下的自由贸易体系,则在治理模式上有了较大变化,即希望借助于各种不同的世界贸易组织和规则来实现其主导下的自由贸易。这种自由贸易体系,虽然仍然以军事霸权为支撑,但不再进行殖民占领,而是以资本、技术、市场、标准、规则控制为手段,以局部的利益分享为特征,重构全球贸易利益分配格局,在全球范围内进行贸易资源配置,以实现美国贸易利益的最大化。这种模式的特点,就是在国际贸易关系中存在着"天然"的不平等合作关系,所有的合作都是以被动承认对方的强权和保障对方的利益为前提,并在一定的边界和底线里"遵守对方制定的利益分配规则",最终以美国贸易利益最大化为结果。

2. 平等共赢导向下的自由贸易发展模式

这是一种新的趋势,代表着全球化贸易的未来方向。目前,这一体系的倡导者是中国。自提出"一带一路"倡议以来,在各种不同的国际贸易交流场合,中国提出的新贸易规则都是以"合作共赢"为导向,强调基于新贸易体系和新贸易规则的"贸易利益共同体"的构建。

显然,以"一带一路"倡议和合作框架为核心,以"贸易畅通"为主线,这一个由中国主导的新的全球自由贸易体系建设还处于起步阶段,但它已经展现出无比强大的冲击力和影响力,正在重塑全球贸易新格局,从而有望使我国在从世界"贸易大国"到"贸易强国"的发展过程中,获得更多的全球贸易主导权、渠道控制权和商品定价权,获取更广阔的国际贸易资源配置空间,引领全球自由贸易体系的创新与发展。

不可否认,中国主导的基于全面开放新格局下的贸易体系,是对美国主导且欧洲、日本跟随下形成的世界贸易体系规则的突破,因此,肯定会阻力重重。① 但无论如何,它符合人类发展的规律和方向,因此,必将获得越来越多国家的认同。在这一大背景下,广东海上丝绸之路和自由贸易

---

① 美国学者格雷厄姆·艾利森认为,未来 25 年对美国和中国的最大地缘政治挑战就是中国崛起对美国、美国在世界上的地位以及美国创建的国际秩序的影响。在过去的 70 年中,国际秩序都是由美国创建的,70 年内没有爆发强国之战,这绝对不是一场偶然,甚至可以说,这是具有历史意义的异常现象。所以,往前看的话,未来 25 年最大的地缘政治挑战就是中国崛起对美国和国际秩序的影响。

区建设,就承载着如何率先在全国创新贸易体系的使命和责任,并为全国、全球提供新贸易体系的规则和经验。可以想见,这种改革和探索绝对不限于对现有国际贸易规则的借鉴和利用,更应有勇气对现有贸易模式、规则、体系进行创新发展,并探索出更多更好的贸易新业态和新模式。

第三节 21世纪海上丝绸之路:广东构建自由贸易体系的战略切入点

自由贸易的发展不仅是一个具有变革性的演变过程,而且需要一系列的内外部条件和推动力才能实现。从全球自由贸易发展史看,自由贸易的发展十分艰难,充满着各种内在、外在因素的影响。尤其是要实现大国内部的自由贸易,则更是一个漫长的冲突过程,牵涉到对传统贸易体系及各利益相关者的冲击。至于大国间的自由贸易,不仅会经常发生贸易摩擦和冲突,而且常常会有贸易战发生。因此,广东进入工业化后期后,尽管有贸易体系重构的要求,也有发展自由贸易的内在条件,但是,该如何大力推进?靠自身的力量可否足够?答案是否定的。因为自由贸易体系很难在一个区域内部形成,它是一个开放型体系,需要国家的力量支持。实际上,"一带一路"倡议的提出就及时为广东自由贸易体系的构建解决了战略导向问题,更主要的是,它也成为广东自由贸易体系建设的最主要战略切入点。

一、21世纪海上丝绸之路建设中广东的特殊地位

(一)"21世纪海上丝绸之路"概念的提出

21世纪海上丝绸之路,是2013年10月习近平总书记访问东盟时提

出的战略构想。

海上丝绸之路自秦汉时期开通以来，一直是沟通东西方经济文化交流的重要桥梁，而东南亚地区自古就是海上丝绸之路的重要枢纽和组成部分。中国着眼于与东盟建立战略伙伴关系10周年这一新的历史起点，为进一步深化中国与东盟的合作，提出"21世纪海上丝绸之路"的战略构想。

21世纪海上丝绸之路是中国在新时期对古代海上丝绸之路的传承和延伸。目前的实施范围主要有上海、福建、广东、浙江、海南五省（直辖市），主要出发地有上海、天津、宁波—舟山、广州、深圳、湛江、汕头、青岛、烟台、大连、福州、厦门、泉州、海口、三亚等沿海城市港口，以及上海、广州、深圳等国际枢纽机场功能。21世纪海上丝绸之路的重点方向是从中国沿海港口过南海到印度洋再延伸至欧洲，以及从中国沿海港口过南海到南太平洋。

由于东盟地处海上丝绸之路的十字路口，为必经之地，是21世纪海上丝绸之路建设的首要发展目标，因此，东盟是当前21世纪海上丝绸之路战略合作的核心区域。以此为基础，以点带线，以线带面，串起连通东盟、南亚、西亚、北非、欧洲等各大经济板块的市场链，并向美洲、大洋洲等其他区域延伸，发展面向南海、太平洋和印度洋的战略合作经济带，以亚欧非经济贸易一体化为发展的长期目标。

海上丝绸之路自秦汉兴起以来，就是联通东西方的重要交通走廊、推动商业贸易繁荣发展的黄金路线。中国与沿线各国，通过共建21世纪海上丝绸之路，以贸易为纽带，促进政策沟通、道路联通、贸易畅通、货币流通、民心相通，不仅有助于中国与海上丝绸之路沿线国家在港口航运、海洋能源、经济贸易等领域开展全方位合作，而且对促进区域繁荣、推动全球经济发展具有重要意义，同时将大大拓展中国经济发展战略空间，为中国经济持续稳定发展提供有力支撑。

（二）21世纪海上丝绸之路提出的大背景

"21世纪海上丝绸之路"的本质是中国主导的海上贸易之路，它是中国在当前全球政治、贸易格局不断变化的形势下,为了拓展发展的战略空间,稳固中国商品渠道体系,并推动中国制造融入全球市场体系、转移产能以及参与全球产业分工的重大战略举措。

一方面,它是中国产业发展空间拓展的需要。在工业化进入中后期这一新常态、新时期和新阶段下,80%以上的制造业产能相对过剩,一场以中国为核心的全球产业大转移势在必行。资料显示,目前我国的钢铁、水泥、电解铝、平板玻璃、船舶、家电、食品、服装、建材等产能的闲置率都在20%以上,少数行业甚至在40%以上。这些产能并不一定是落后的,而是相对于市场需求而言的。因此,拓展全球空间,释放这些产能资源,就需要从全球市场和贸易格局下来谋划。这也是全球工业化进程的必由之路。

另一方面,它是中国稳固全球商品渠道体系的需要。中国已经是世界第一制造大国和贸易大国,每年从全球进口的商品和原材料以及出口商品的规模,直接影响着全球市场的稳定和均衡。而各国为了自身利益,对中国商品渠道进行扰乱进而影响市场,甚至直接损害中国的利益,这种情况就难以避免。中国进口的石油、铁矿石、农产品等规模越来越大,石油对外依存度达到60%。而这些商品及资源的运输道路90%以上是通过海上运输,因此,构建相对安全稳定的海上贸易体系,是中国的长期国策,更是当前国际市场拓展的需要。

在新形势下,以美国为首的西方市场发达国家为了自身利益,不仅不承认中国的市场经济地位,而且为中国的贸易、投资、市场拓展频频设置障碍,并制造大量的政治、军事、文化、外交等方面的阻力因素,试图延缓中国崛起的进程。在这样的大环境下,以贸易来破局,并以中国曾经为全球带来利益的"丝绸之路"为切入点,无疑是中国在新时期推进全球化战略的大智慧,也符合当前中国发展的最大战略利益。

(三) 21 世纪海上丝绸之路建设的愿景与行动

2015年3月28日,国家发展改革委、外交部、商务部联合发布了

《推动共建丝绸之路经济带和21世纪海上丝绸之路的愿景与行动》（以下简称为"《愿景》"），包括8个部分，即时代背景、共建原则、框架思路、合作重点、合作机制、中国各地方开放态势、中国积极行动、共创美好未来。

《愿景》指出，共建"一带一路"顺应世界多极化、经济全球化、文化多样化、社会信息化的潮流，共建"一带一路"秉持开放的区域合作精神，致力于维护全球自由贸易体系和开放型世界经济，旨在促进经济要素有序自由流动、资源高效配置和市场深度融合，推动沿线各国实现经济政策协调，开展更大范围、更高水平、更深层次的区域合作，共同打造开放、包容、均衡、普惠的区域经济合作架构。

根据《愿景》提出的行动方案，21世纪海上丝绸之路将充分利用长三角、珠三角、海峡西岸、环渤海等经济区开放程度高、经济实力强、辐射带动作用大的优势，发挥深圳前海、广州南沙、珠海横琴等开放合作区作用，深化与港澳台合作，打造粤港澳大湾区。以扩大开放倒逼深层次改革，创新开放型经济体制机制，形成参与和引领国际合作竞争新优势，成为"一带一路"特别是21世纪海上丝绸之路建设的排头兵和主力军。

（四）广东在21世纪海上丝绸之路建设中的特殊地位

目前，21世纪海上丝绸之路建设虽然重点涉及上海、浙江、福建、广东、海南五省（直辖市），但无论从当前广东在对外贸易中的规模及影响力，还是从广东与沿线国家之间的贸易联系等方面看，尤其是广东还有与香港、澳门正共建粤港澳大湾区这一特殊的助力因素，广东在21世纪海上丝绸之路建设中无疑具有真正的龙头地位和排头兵作用。广东具有特殊的历史、地理、经贸、文化优势，在建设21世纪海上丝绸之路的进程中，具有不可替代的重要地位和作用。

1. 广东具有全球海外贸易的先天优势

尽管中国境内海上丝绸之路主要由广州、泉州、宁波3个主港和扬州、福州等其他支线港组成，但只有广州是世界海上交通史上唯一在

2000多年里长盛不衰的大港①。广东三面临海,拥有全国最长的海岸线,与东南亚国家隔海相望,扼南海交通之要冲,自古以来对外联系就十分活跃,在经济、国防上都具有重要的地位。与海上丝绸之路其他港口相比,广东在海上丝绸之路西线和南线上有无与伦比的优势:通过南海,进入印度洋,到达南亚次大陆和中亚、中东、非洲国家的航线最短、最便捷。广东拥有5个亿吨大港,是连接广东与丝绸之路沿线国家的海上门户。更主要的是,珠江口具有全球最大的对外贸易港口群,包括香港、广州港、深圳港、珠海港、虎门港、中山港、江门港、阳江港、惠州港以及汕头港、湛江港,这些港都是古代海上丝绸之路的出发地,具有历史传承和商流、人流和物流的优势。

2. 以广交会为核心,广东与海上丝绸之路沿线国家经贸关系密切

广东作为中国的南大门,历来就是中国重要的对外贸易中心。改革开放以后,广东作为我国对外贸易第一大省,在国际贸易中具有举足轻重的地位。广州是中国的千年商都,一直是中国对外贸易的重要窗口,尤其是在此举办的广交会,已成为我国对外经贸联系的重要平台。广交会自1957年创办以来,至今已举办了123届,累计出口成交超过1万亿美元,被誉为中国对外贸易的晴雨表和风向标。据统计,近年来,来自海上丝绸之路沿线24个国家来广交会参展的企业约3000家,专业采购商稳定在7万人左右,占每届专业采购商总数的1/3,且采购商平均活跃度比较高,忠诚采购商占当地各等级采购商的1/3以上。特别是随着东盟自贸区的建立,中非、中土、中东经贸关系的迅猛发展,沿线国家采购商到会增长态势非常明显,增长速度较快。根据统计,2007—2013年,东盟和中东国家分别通过广交会采购商品达300亿美元和620亿美元,目前,两者已成为广交会前五大出口市场。而印度和南非作为新兴市场,在广交会上的洽谈、采购也非常活跃。

---

① 本书第一章第二节对此有专门论述,尤其是讨论了广东海外贸易为什么能长盛不衰,实际上,这也是广东在海上丝绸之路上的特殊优势。

3. 全国规模领先的经济实力和产业基础

海外贸易往往与制造业产地、产量规模等密切相关。自鸦片战争以后，广东沿海地区最早受到西方资本主义的影响，兴起了大批企业，民族工业有较大发展，西方国家的工业文明通过广东登陆，在全国扩展开来，开启了中国近现代工业文明的新篇章。30余年来，广东得风气之先，成为中国改革开放的"窗口"和重要"引擎"。目前，广东连续多年都是全国经济第一大省，2017年全省生产总值超过10万亿元。从国际上看，如果把广东作为一个经济体参与排位，广东GDP总量已排在世界第10位。同时，广东也是全国领先的工业大省，已形成了以电子信息、电器机械、汽车、石化、轻纺等为主体，各具特色、优势明显的产业发展格局。在众多因素作用下，跨国公司在中国的采购订单八成以上落户珠三角地区，大批跨国企业把最终产品组装环节放在广东。

4. 香港、澳门发展自由贸易对广东的影响

过去广东加工贸易之所以能蓬勃发展，关键在于香港具有国际和国内的生产、服务、消费资源的运作能力。与广交会类似，香港也是广东强化与海上丝绸之路沿线国家外贸合作的重要节点，在发展与沿线国家经贸关系方面具有特殊优势。尤其是香港具有自由贸易的传统优势，在贸易人才、商业网络联系等方面可以为广东提供助力。目前，香港在全球28个重要商业城市、40多个商业中心设有办事处，并派驻了专责人员，分布于南北美洲、欧洲、亚洲、中东等地区。广东可联合开设或挂牌粤港经贸办事机构，共同派驻人员，联合开办业务。①

5. 广东华侨在海外贸易中的特殊作用

广东是中国海上贸易和移民出洋最早的省份，是全国第一侨乡，现有3000多万海外侨胞，占全国的2/3，遍及世界160多个国家和地区。在东

---

① 改革开放以来，内地对香港的投资达2000多亿美元，占内地对外投资的六成，越来越多的内地资本经过香港"走出去"，粤港澳还可以打造成为海上丝绸之路的资本大通道。

南亚的广东籍华侨华人占广东海外华侨华人总数的60%以上。在泰国，祖籍广东的华侨占泰国华侨总数的79%①；在印尼、菲律宾、马来西亚和新加坡，祖籍广东的华侨分别占该国华侨总数的49%、12%、57%和45%。这些海外华侨华人大多从事贸易流通和商贸服务业，一方面，他们在广东大量投资兴业②；另一方面，他们以多种方式促进广东与外国的经贸合作。长期以来，他们一直与广东有着广泛的经贸关系，因此，对于广东推进21世纪海上丝绸之路建设具有巨大的影响力和作用。

二、21世纪海上丝绸之路与广东自由贸易体系构建的战略吻合

自2015年广东的一般贸易额超过加工贸易额，表明广东贸易体系已经从加工贸易体系阶段进入一般贸易体系阶段，并具有了向自由贸易体系转型升级的客观条件。但是，广东构建自由贸易体系该从哪里突破和切入，该从哪里着手？从国家层面又如何找到政策支撑和推力？这些问题值得我们探讨。

（一）广东积极参与21世纪海上丝绸之路建设

可以说，中央在这一重要战略转型期及时提出"一带一路"倡议，为广东构建自由贸易体系提供了最好的战略导向。③ 海上丝绸之路是中国历史上以丝绸和其他商品贸易为特征、连接中外海上贸易的交通线，以及由此建立起来的源远流长的中外经济、贸易和人文的联系。一方面，"一

---

① 全球80%的潮汕籍华侨华人集中在东南亚，仅在泰国就有500多万人。
② 改革开放以来，海外侨胞、港澳同胞累计在广东直接投资1200多亿美元，创办企业近4万家，占广东全省实际吸收外资总量近70%。海外乡亲捐赠数额折合人民币超过400亿元。
③ 陈文宇：《"21世纪海上丝绸之路"背景下的广东自贸区发展》，载《广州航海学院学报》2016年第2期。

带一路"尤其是 21 世纪海上丝绸之路本质上就是以中国为出发点的海上贸易流通之路，不仅符合广东构建对外自由贸易体系的特性、格局和条件，更主要是与当前广东贸易体系的发展阶段和转型升级的要求相吻合；另一方面，21 世纪海上丝绸之路本身是基于古代海上丝绸之路来设计的，正好与广东发展海外贸易的传统优势和条件相吻合。[1]

2015 年 12 月 31 日，广东省发展和改革委员会发布了《广东省参与丝绸之路经济带和 21 世纪海上丝绸之路建设实施方案》。在该方案中特别提到，广东在中国"一带一路"建设尤其是 21 世纪海上丝绸之路建设中具有独特的优势。早于先秦时期，岭南地区与南海诸国已有经贸往来。作为海上丝绸之路最早的发祥地之一，广东是中国 2000 多年来唯一从未中断海上贸易的省份，并始终与海上丝绸之路沿线诸国保持着频密的经贸联系，为中华文明与世界文明的交流发挥着重要的窗口作用。改革开放以来，广东对东盟、南亚、南太[2]国家等海上丝绸之路沿线国家和地区贸易实现跨越式发展，并逐步发展成为国内与东盟、南亚、南太国家经贸合作量最大的省份之一。

该方案提出了广东参与 21 世纪海上丝绸之路建设的主要任务，包括两方面。一方面，加强贸易基础设施的互联互通。即充分发挥区位优势，深化港口、机场、高速公路、高速铁路和信息国际合作，打造国际航运枢纽和国际航空门户，面向沿线国家，构筑联通内外、便捷高效的海陆空综合运输大通道，建立沿线港口与物流合作机制；积极参与沿线国家港口园区建设；推动与港澳深度合作，共同打造世界一流的粤港澳大湾区；增加广州、深圳至东南亚地区国家的国际航线和航班，开通与沿线国家主要城市的航班。另一方面，加强广东与沿线国家的贸易合作。即进一步巩固与沿线国家的良好经贸合作基础，建设一批辐射全省乃至全国的进口商品交

---

[1] 李泽中：《21 世纪海上丝绸之路与广东发展新机遇》，载《广东经济》2015 年第 3 期。

[2] 指南太平洋。

易中心，扩大沿线国家特色产品进口；赴沿线国家设立建材、酒店用品等广东特色商品展销中心；在沿线国家筹建经贸代表处，设立商会，开展经贸洽谈会；加强与驻外商务机构、商（协）会和经贸代表处的沟通合作；举办 21 世纪海上丝绸之路国际论坛暨国际博览会，利用广交会、高交会等平台推进经贸合作；建设中国（广东）自由贸易试验区，推动与沿线国家的贸易合作。

（二）广东自由贸易试验区：21 世纪海上丝绸之路建设的战略切入点

无论是广东参与 21 世纪海上丝绸之路的重要规划和实施方案，还是广东自由贸易试验区的实施方案，实际上，都把广东自由贸易试验区建设作为广东参与 21 世纪海上丝绸之路建设的战略切入点、突破口和最主要平台。而且国家批准设立中国（广东）自由贸易试验区的时机，也正好是大力推进 21 世纪海上丝绸之路建设的起步期。

广东自由贸易试验区由南沙、前海、横琴新区三个片区组成，每一个片区都依赖一个港口，而这些港口都是古代海上丝绸之路和 21 世纪海上丝绸之路的主要发祥地。二者之间具有高度相关的战略关系。一方面，21 世纪海上丝绸之路的建设和实施，必须依托一批具有海外贸易优势和基础条件的平台去推进，而自由贸易试验区正好可以成为第一批这样的平台；另一方面，广东自由贸易体系的构建需要强大的外部推动力和突破口，需要进行实验和探索，21 世纪海上丝绸之路正好成为"及时雨"，而自由贸易试验区正好可以在这一大战略框架下，去探索如何发展自由贸易和构建自由贸易体系。因此，广东自由贸易试验区是 21 世纪海上丝绸之路建设的战略切入点。

三、启示：基于海上贸易的全球化贸易与发达国家的自由贸易体系

近500年来，真正全面推行自由贸易的大国，只有英国和美国。其他国家如法国、日本、德国等，在一定程度上也鼓励自由贸易，但其深度和广度都有限。

英国不仅是第一次产业革命的发源地，也是世界上最早实行自由贸易政策的国家。18世纪70年代，英国建立了大机器工业体系，其发展急需开放国内市场，开拓国际市场，以销售产品和满足原材料的供应。经过新型工业资产阶级与贵族地主阶级长期斗争之后，自由贸易理论和政策终于代替了高关税保护政策，在英国确立了主导地位。英国自由贸易政策大约维持了近百年，主要表现在以下4个方面：①废除了贸易保护主义的法律；②减少应税商品数目，降低关税税率；③取消贸易垄断，下放贸易经营权；④建立多边优惠贸易关系。19世纪后期，随着德国、法国、美国贸易的崛起，英国制造业在全球的地位日趋下降，长达近百年的自由贸易政策随之终结。

从英美发展自由贸易的历程看，它们都是在工业化后期开始的，即自身的工业制造能力已经处于全球领先地位，而又希望从全球贸易中获得发展的资源和动力，于是就希望建立一个与本国贸易格局和贸易能力相匹配的、相对自由的贸易体系。之所以说是"相对自由的贸易体系"，就是目前没有一个国家真正实行过完全充分的自由贸易。18、19世纪的英国，虽然鼓励本国发展自由贸易，但对美国曾经实行过相当长时期的贸易封锁，对许多国家实行过贸易战争，对中国发动鸦片战争。20世纪中后期的美国，虽然主导着全球自由贸易规则的制定，但这种自由贸易基本上都是"以美国利益最大化"的自由贸易，对其他国家的管制和封锁层出不穷，并以自由贸易的名义损害其他国家的利益，包括对日本、欧盟、加拿大等，都是如此。

但不管怎样，从一个国家或地区来看，自由贸易一般都出现在工业革命完成之后，即工业化后期。其实，这不难理解。大多数情况下，在一个国家工业化初中期以及市场开放的初级阶段，由于贸易能力较弱、贸易体系不完善，容易被冲击，因此，为了培育和发展本国或本地区贸易，使其不断得到壮大和增强，都会实行适当的贸易保护政策，这时多采取保护贸易。而当一个国家或地区随着贸易条件的改善、贸易能力的增强、贸易体系的逐步完善，为了获得更大的贸易发展空间以及谋求更大的贸易利益，这时，大多希望发展自由贸易。特别是一些工业发达国家，为了在全球范围内顺利进口原材料、半成品，以及顺利地将工业品向世界市场销售，往往鼓励自由贸易。

第四章

21世纪海上丝绸之路与广东自由贸易试验区的战略使命

广东自由贸易试验区是在"一带一路"尤其是21世纪海上丝绸之路大背景下探索自由贸易体系及模式而设立的,因此,它从设立之初起,就肩负着建设21世纪海上丝绸之路的战略使命。广东自古就有从事贸易流通的传统,既是古代海上丝绸之路的发祥地,又是当代改革开放的发祥地,因此,在探索如何发展自由贸易以及如何构建以自由贸易为核心的现代化经济体系方面,具有天然的先发优势和有利条件。实际上,自2015年自由贸易试验区启动建设以来,广东各界尤其是三地试验片区[①]政府,更是以当年建设经济特区那样的激情,从发展战略到行动计划,都在大力推进试验区建设,并在自由贸易体系建设、粤港澳深度合作、21世纪海上丝绸之路枢纽以及深化改革等领域,不断贡献广东道路与广东方案,正取得显著成效和可喜的经验启示。

---

① 2014年12月,国务院决定设立中国(广东)自由贸易试验区,涵盖三个片区:广州南沙新区片区(广州南沙自贸区)、深圳前海蛇口片区(深圳蛇口自贸区)、珠海横琴新区片区(珠海横琴自贸区)。

第四章 21世纪海上丝绸之路与广东自由贸易试验区的战略使命

第一节 以自由贸易试验区为核心：打造21世纪海上丝绸之路战略枢纽

自由贸易区离不开自由贸易。而要研究自由贸易，必须从贸易本身出发，也就是说，自由贸易区的全部政策研究和理论研究，不能凭空从"半空"开始，更不能陷入政策解释的循环论证中。自由贸易区始终只是我国在新时期贸易体系建设中的一块试验田，只有在明晰这一定位的背景下，我们才能理顺自由贸易试验区问题研究的逻辑。

在发展自由贸易的过程中，有两项最基本的战略任务：一是获得世界范围内或一定区域范围内的贸易主导权，以及与此相关的贸易渠道控制权和商品定价权，从而重构原来的贸易产业链和价值链；二是围绕"贸易主导权"这一核心重构贸易体系，即基于贸易主导权的自由贸易体系。

一、自由贸易试验区：基于自由贸易功能与体系的探索实验

对于中国来说，刚刚进入工业化中后期，发展自由贸易的条件才刚刚开始出现，因此，既无成熟的模式，也无成熟的经验。而且，就如何发展自由贸易而言，对于全世界来说，尽管在这方面已经有了300多年历史，但它也仍然是不成熟的。目前来说，无论欧美还是东南亚，都没有建立起真正的自由贸易体系，实际上也都是在探索和尝试，甚至是反复修正和纠错。

进一步说，每一个国家或地区都有自己的特色和条件约束，必须进行量体裁衣般的实验和探索，才能寻找到适合自己发展的路径和模式。对于中国及广东来说，也只有通过扎实、反复、持久地实验，或许才能找到有中国特色的自由贸易发展和实现的适合模式。例如，如何促进贸易便利

化,但又如何兼顾贸易安全? 这都必须通过反复实验后,然后再在更大的区域范围内推广普及,最后建成有效、有理、有利的自由贸易体系。

(一) 自由贸易区的形成与主要功能

自由贸易区是根据自由贸易的条件和要求发展贸易的一片区域或场所。这片区域可以根据各国或各地的需要来设置。自由贸易区有两种含义:一是指一国在其本土内划定的置于海关辖区之外、以贸易为主要内容的特殊区域;二是指由签订了自由贸易协定的国家组成的贸易区。①

国内自由贸易区是指外国货物一般可以贸易免征关税,并且允许在区内自由储存、取样、分级、装卸、加工、重新包装、贴标签等。外国货物若要进入东道国海关管辖区域,则必须按规定办理进口手续,交纳关税。外国商人必须严格遵守东道国的法律。国内自由贸易区,也称为狭义的自由贸易区,往往是自由港的延伸,如巴拿马的科隆自由贸易区、德国的汉堡自由贸易区等。从历史上来看,这种自由贸易区与自由港有密切联系,一些自由贸易区就是由自由港发展而成的,如德国的汉堡、不来梅。

除此之外,自由贸易区也还有很多其他定义。② 另外,自由贸易区的概念已出现多年,但自由贸易区也只是一个统称,在美国称为海外贸易园区,在英国称为自由园区,在新加坡称为自由贸易园区,在其他发达国家包括欧盟国家一般使用"自由贸易区"这一称呼,在一些发展中国家往往使用"出口加工区"等称呼。此外,自由贸易区有时还用自由区、出口自由区、自由关税区、免税贸易区、免税区、自由贸易港、自由市、自由工业区、投资促进区及对外贸易区等称呼来表示。

---

① 20世纪90年代以来,以贸易自由化为先导的经济全球化进程加速,世界贸易组织的全球多边贸易体系的建立,有力地推进了世界贸易的自由化。伴随着世界贸易自由化的浪潮,区域性的多边贸易自由化迅速发展。20世纪90年代以后,以自由贸易区为目标的区域性协定不断涌现。目前,全球已有240个自由贸易协定,在世界贸易组织的成员中形成了135个自由贸易区。

② 尚佳:《基于对应分析法的综合保税区与自由贸易园区的差别化研究》,上海交通大学硕士学位论文,2012年。

世界上自由贸易区的形成模式是多种多样的,其多样性是由各国(地区)特殊政治、经济和地理环境的多样性决定的。一般来说,在人多地少、资源缺乏的国家,其自由贸易区往往以出口加工型为多;在沿海港口及交通要冲的国家则以转口港居多;对于大国来说,既可以发展多功能自由贸易区,也可以根据各地自然条件、经济结构、发展水平的差异采取不同的自由贸易区模式。[①]

综观国外自由贸易区的功能定位,主要是依据各国的地理位置特征和地理优势来明确定位。自由贸易区的功能设定具有一些共同特点:处于发展初期的自由贸易区,大多以鼓励出口贸易、保护国内市场为主;国内市场容量大的自由贸易区以进口贸易为主,反之以出口贸易为主;周边国际市场容量大或处于世界航运中心的自由贸易区以转口贸易为主;而经济基础较差的边境地区可用免税商业零售功能启动。按照不同的设置形态及功能定位,自由贸易区可分为自由港型、转口集散型、出口加工型、"贸工结合,以贸为主"型、商业零售型、保税仓储型、自由边境等形式。参见表4-1。

表4-1 全球自由贸易区的功能类型

类型	主要功能特点	区域特点	代表国家或区域
自由港型	转口贸易	靠近世界的主要航道	中国香港、新加坡、地中海沿岸的直布罗陀、红海出海口的吉布提
转口集散型	货物集散,大进大出	靠近主要市场	巴拿马的科隆自由贸易区、汉堡自由港、不莱梅自由区、西班牙巴塞罗那自由贸易区

---

① 彭微:《国际贸易理论的演进逻辑:贸易动因、贸易结构和贸易结果》,载《国际贸易问题》2012年第2期。

续表 4-1

类型	主要功能特点	区域特点	代表国家或区域
出口加工型	以出口加工为主、国际贸易储运为辅	廉价劳动力资源	尼日利亚自由贸易区，菲律宾15个，马来西亚10个，韩国、印度和印尼各2个，中国台湾3个
"贸工结合，以贸为主"型	国际贸易，简单的加工和制造	集加工贸易和转口贸易于一体	阿联酋迪拜港自由港区、菲律宾的马里韦莱斯自由贸易区、土耳其的伊斯坦布尔自由贸易区
商业零售型	商品展示和零售	设商业区，商品零售	智利的伊基克自由贸易区
保税仓储型	再包装、分级、挑选、混合处理	保税作用，允许外国货物长时间保税	荷兰阿姆斯特丹港自由贸易区，意大利的罗马、巴里和雷利亨的免税仓储，西班牙阿利坎特的免税仓储
自由边境型	加工工业	靠近某一个大的出口区域，如美国	墨西哥马魁拉多拉边境工业区

资料来源：蒋传海、赵晓雷：《2014中国（上海）自由贸易试验区发展研究报告》，上海财经大学出版社2014年版。

（二）自由贸易港：一种具有特殊功能的港口型自由贸易区

近两年来，在进行自由贸易试验区的过程中，国家提出在一些条件成熟的地区发展自由贸易港，因此，自由贸易港问题又开始得到关注。

最早的自由港出现于欧洲，在13世纪时，法国已开辟马赛港为自由贸易区。1547年，意大利正式将热那亚湾的里南那港定名为世界上第一个自由港。其后，为了扩大对外的国际贸易，一些欧洲国家便陆续将一些港口城市开辟为自由港。至今，因应全球的贸易活动与经济发展，自由港的数量已上升至 130 多个。

实际上，在大多数情况下，自由贸易港只是自由贸易区的一种类型。相比于自由贸易区而言，它的范围更小一些，同时也更自由一些。一方面，世界上有不少自由贸易区是从自由贸易港发展而来的，通常设在港口的港区或邻近港口的地区，尤以经济发达国家居多。早在 20 世纪 50 年代初，美国就明确提出：可在自由贸易区发展以出口加工为主要目标的制造业。20 世纪 60 年代后期，一些发展中国家也利用这一形式，并将它建成为特殊的工业区，逐步发展成为出口加工区。20 世纪 80 年代以来，许多国家的自由贸易区积极向高新技术、知识和资本密集型发展，形成"科技型自由贸易区"。另一方面，自由贸易港是一种具有特殊功能的自由贸易区。一般情况下，自由贸易港（free port）是指全部或绝大多数外国商品可以免税进出的港口，划在一国的关税国境（即"关境"）以外。它又称为自由口岸、自由贸易区、对外贸易区，这种港口划在一国关境之外，外国商品进出港口时除免交关税外，还可在港内自由改装、加工、长期储存或销售。

自由贸易港主要有以下作用：一是提高港口对船东、货主的吸引力，扩大港口吞吐量，大大提高港口的中转功能；二是自由港的发展会促进港口向综合性、多功能方向发展，使港口成为外向型经济中心，同时，促进港口所在地区外向型经济的发展；三是最大限度地适应国际贸易灵活性的要求，提高贸易中各方的经济效益；四是促进自由港及毗邻地区的就业和第三产业的繁荣；等等。

（三）自由贸易试验区：到底试验什么

自由贸易是工业化进程进入后期、市场经济高度发达、贸易水平和能力足够强大的产物。自由贸易体系与原有贸易体系相比，特别强调贸易体系的开放性、便利性、大平台、自主性，同时更加注重对贸易主导权的取得，即对渠道控制权、商品定价权、规则制定权、机构主办权等贸易权力的掌控。而这些特性的形成和权力的获取，对于一个长期处在小农经济条件下的大国来说是完全没有经验的。因此，如何发展全新的自由贸易渠道和贸易流通体系？如何发展自由贸易区？这些都需要实验和探索，而不能一下子全面推开。

进一步说，自由贸易及自由贸易区建设，对于中国各级政府和各界来说，都是一个十分陌生的领域。中国地域辽阔，区域经济发展极不平衡。不同区域的工业化进程与贸易发展水平不一致，各自的贸易环境、贸易条件、贸易基础、贸易能力、贸易优势、贸易体系等差异很大，因此，要在全国范围内发展自由贸易，必须在不同的区域进行充分而广泛的实验，如同早期发展"深圳经济特区"等不同的特色一样。因此，中国必须建立一批针对不同环境和贸易对象的自由贸易试验区。

那么，中国的自由贸易试验区到底要试验什么？首先，必须区分自由贸易试验区里的核心业务与非核心业务。世界各国的自由贸易区成功的经验显示，没有哪一个自由贸易区是以非贸易业务为核心的，都是围绕贸易来发展业务的，因此，自由贸易试验区的核心业务必须是贸易业务，至于这种贸易业务是什么业态、有哪些对象、以什么方式发展、构建什么样的贸易体系、如何试验等一系列问题，则有待在具体的政策研究及实践中去做出选择。对于各种非贸易业务，包括生产、旅游、教育、地产、建筑等业务，以及与贸易相关的金融、会计、法律、人才、工商、商检等业务，它们都或多或少应该围绕着"如何发展自由贸易"这一主题来展开，而不是在不同的主题下盲目试验。其他业务最终是否有成效，也应该通过看其最终是否促进了自由贸易发展来进行检验。总之，"自由贸易"才是所有自由贸易试验区全部试验的核心和主线，也是我们研究自由贸易区问题的逻辑出发点。通过持续的"实验"，在此基础上，再推广相应的模式经验，最终是为了建设具有广东特色的自由贸易体系，为广东的新一轮改革开放提供经验和示范。

此外，自由贸易试验区还要试验如何促进国内贸易与国际贸易的融合发展、如何使国内贸易深度融入世界贸易体系、如何破除国内贸易中的各种阻碍自由贸易的因素、如何不断发展国内的自由贸易体系、如何提升国内贸易的能力和水平等方面,这些也需要进一步探索和实验。

(四) 广东自由贸易试验区:理论研究如何破局

广东正进入自由贸易时代,需要以超前的意识和理念,以 40 年前改革开放初期的那种魄力,探索具有广东特色的自由贸易体系、发展方式以及以此为核心的现代化经济体系。

在这样的大提前下,围绕广东如何发展自由贸易这一核心问题,衍生出大量的新课题、新问题,除了前面各章涉及的问题外,还如:如何打造自由贸易时代的国际贸易产业链、价值链与供应链?如何将自由贸易方式嵌入广东现代经济体系中去?如何引导广东企业参与到全球贸易体系和全球贸易枢纽构建中去?如何从从早期的加工贸易体系跳出来,推动广东企业走出去,构建具有广东特色的全球代工体系,输出具有广东特色的加工贸易,在全球范围内配置贸易资源?

此外,有关新时期具有中国特色的自由贸易,也有大量的理论问题值得探讨,如:广东将走什么样的自由贸易发展道路,选择什么样的发展模式?广东发展自由贸易的优势和弱势到底有哪些?对自由贸易出现的背景和产生的条件如何判断?在广东现有贸易体系中,自由贸易与非自由贸易如何兼容?如何提升自由贸易的能力和水平?自由贸易与自由贸易区是什么样的关系?自由贸易区的系统构成和组成元素有哪些?等等。这一系列深层次问题,既缺少前期研究,也缺少理论基础,因此,就迫切需要广东学术界和政策研究部门创新性地研究这些问题。

总之,关于自由贸易以及自由贸易区,无论是在政策的制定还是实践的推行方面,都存在着大量的认识误区和理论盲区,这在一定程度上必然会影响到自由贸易试验区建设的功能定位以及建设质量。最让人担心的是,就怕自由贸易区的建设仅仅只是一个"热点",人们只是将其当成了城市新区开发的助推器和政绩形成的新来源。人们如果忽视背后的"理论指导缺位",则有可能使某些政策的制定和出台走样,影响到具体政策的实施效果,降低试验效应。

二、建设 21 世纪海上丝绸之路重要枢纽：设立广东自由贸易试验区的主要目标使命

广东自由贸易试验区①的设立，从表面上看，这是在国家发展自由贸易区大形势下的一种战略选择，是外在推动力产生的结果，但如前所述，实际上，广东自身的工业化进程与经济发展模式所带来的瓶颈，在新的形势下迫切需要自身进行变革和突破。

进一步说，广东自由贸易试验区的成立与发展，源于一种内在的需求和经济发展的必然逻辑，必须有一种系统性的力量来改变传统经济发展模式带来的桎梏，培育新的动能和模式。因此，广东自由贸易试验区的建立是新的历史条件下的一种变革力量，除了一般自由贸易区所应具有的效应和作用外，还具有诸多助力广东经济发展模式创新的使命，尤其是建设 21 世纪海上丝绸之路重要枢纽的主要抓手和目标使命。

（一）广东贸易发展方式和贸易体系深化发展的内在需求

广东自 1978 年改革开放伊始，先是用 20 多年时间建立了基于加工贸易的贸易体系、产业体系和经济体系；2008 年后，又用了近 10 年的时间建立起了基于一般贸易的贸易体系、产业体系和经济体系。相对来说，第一代贸易体系已经老化，第二代贸易体系已经成熟，现在必须探索一种新的贸易方式和贸易体系，引领整个产业体系和经济体系的升级发展，尤其是要对新时期"广东制造"向"广东智造"转型提供贸易体系的支撑。从逻辑上看，广东最有必然去探讨如何自由贸易，因此，设立这个试验区是适逢其时。

---

① 本书中，广东自由贸易试验区、广东自由贸易区与自由贸易实验区，三者为同一定义。但考虑到通用性，在大多数情况下采用"广东自由贸易试验区"这一概念。

（二）设立广东自由贸易试验区是推进粤港澳深度合作的内在需求

从近代古海上丝绸之路的演变中可以看出，香港、澳门与广东的贸易联系，具有"同生共死"的关系。因此，在改革开放的前40年中，以"前店后厂"为基本合作模式，粤港澳通过深化合作，使得广东经济发展在全国始终处于领先地位。然后，随着中国工业化进程以及在全球化过程中的地位变化，粤港澳合作的环境发生了巨大变化，面对的问题和困难越来越多，体制机制的改革和创新也步入"深水区"。那么，在新形势下如何构建新的贸易合作关系，这是整个粤港澳合作中最核心、最关键的话题，如果没有突破，那么，所谓的"深度合作"也是空话，因此，必须要探索经验，寻找突破口。显然，自由贸易试验区充当了这种试验田的作用。

（三）设立广东自由贸易试验区是广东参与21世纪海上丝绸之路建设的内在需求

从"一带一路"倡议提出以来，广东在如何推动"一带一路"建设，尤其是在21世纪海上丝绸之路建设中如何发挥桥头堡作用，一直没有特别有力的着力点。"一带一路"的核心就是国际贸易，而广东在"一带一路"大背景下如何重构贸易体系以及贸易格局，需要在现有的贸易体系找到"连接点"或者对接平台。无疑，广东自由贸易试验区正好及时化解了广东在推进21世纪海上丝绸之路过程中缺少突破点的问题。

（四）广东自由贸易试验区：广东新一轮深化改革的试验田

自由贸易试验区，对于广东新一轮改革来说，无论是从海上丝绸之路枢纽建设出发，还是从粤港澳大湾区建设以及进一步深化改革来看，都具有特殊的意义。

加工贸易的兴起成为广东改革开放的起点，不仅创造了"珠三角奇迹",而且成了广东率先改革开放的标志性成果,是具有广东特色的发展模式和发展道路的重要支撑。

2008年前后,广东进入工业化中期。在这一阶段,广东开始了全面推进加工贸易向一般贸易转型升级,重构广东的贸易发展方式和贸易体系。经过又一轮改革开放,终于在2015年基本实现了新的突破,一方面,一般贸易首次超过了加工贸易;另一方面,开始了自由贸易的发展探索和实践。这也就意味着,前一轮改革开放已经初见成效,现在开始要进行新一轮的深化改革。

从这个意义上看,广东自由贸易试验区建设不仅是广东贸易方式转型升级或新一轮贸易体系重构的开始,而且更是广东通过新一轮深化改革,探索新的发展道路、发展模式和现代化经济体系的开始。因此,它是广东新一轮改革开放的突破口和关键点。或者说,广东新一轮改革开放的最终成效如何,广东自由贸易试验区就如同改革开放初期的深圳经济特区和珠海经济特区一样,是试验田,更是检测仪。

三、广东自由贸易试验区:三大战略定位及相互关系

2015年4月8日发布的《国务院关于印发中国(广东)自由贸易试验区总体方案的通知》(国发〔2015〕18号)(以下简称为"《通知》")中专门提到,建立广东自由贸易试验区是党中央、国务院做出的重大决策,是在新形势下推进改革开放和促进内地与港澳深度合作的重要举措,对加快政府职能转变、积极探索管理模式创新、促进贸易和投资便利化,为全面深化改革和扩大开放探索新途径、积累新经验,具有重要意义。[1]

---

[1] 《通知》中并没有专门提及如何发展自由贸易,但这隐含在整个方案中。如何发展自由贸易,应该始终是试验的主要对象和内容。因此,无论是广东还是全国其他各个自由贸易试验区,在这方面都不能例外。至于各个自由贸易试验区主打什么样的特色,如广东南沙片区主打航运特色、深圳主打金融特色、珠海主打旅游特色,则是另一回事,因为这并不妨碍发展自由贸易仍然是各试验区最基本的使命。

(一) 广东自由贸易试验区的三大战略定位

自由贸易区的战略目标或使命的最深层次内容,还是在于自由贸易区能够得以真正建成并繁荣发展起来。如果"贸易"本身都没有发展起来,"贸易区"是一个概念或变成了科技区、工业区之类,那么所有其他的战略设想都是空谈。目前,全国已经设立了11个自由贸易试验区。从现状来看,每一个自由贸易试验区的战略目标和定位是不完全一致的,具有明显的区域差异。

上述《通知》还对广东自由贸易试验区提出了明确的目标要求,即广东自由贸易试验区要当好改革开放排头兵、创新发展先行者,以制度创新为核心,贯彻"一带一路"建设等国家战略,在构建开放型经济新体制、探索粤港澳经济合作新模式、建设法治化营商环境等方面,率先挖掘改革潜力,破解改革难题。要积极探索外商投资准入前国民待遇加负面清单管理模式,深化行政管理体制改革,提高行政管理效能,提升事中、事后监管能力和水平。

广东自由贸易试验区的总体战略定位,显然是基于广东在全国及全球贸易体系中的地位、影响力以及现有的基础条件、发展水平、整体格局等因素来考虑的。根据当前国家和广东在新时期的发展战略,广东自由贸易试验区建设的战略使命必然要与粤港澳合作、"一带一路"尤其是21世纪海上丝绸之路建设以及新一轮改革开放结合起来,因此,在2015年4月8日发布的《中国(广东)自由贸易试验区总体方案》(以下简称为"《总体方案》")中,广东自由贸易试验区被赋予三大战略定位,即"依托港澳、服务内地、面向世界,将自由贸易试验区建设成为粤港澳深度合作示范区、21世纪海上丝绸之路重要枢纽和全国新一轮改革开放先行地"。

(二) 三大战略定位的相互关系

在《总体方案》的三大战略定位中特别强调了三点内容,即一是要

"当好改革开放排头兵、创新发展先行者";二是要贯彻"一带一路"建设等国家战略;三是自由贸易试验区要在新形势下推进改革开放和促进内地与港澳深度合作,探索粤港澳经济合作新模式。那么,它们之间是什么关系呢?

1. "粤港澳深度合作示范"是"自由贸易试验"的基础和落脚点

广东自由贸易试验区的特色以及能否取得成功,其检验的基本标准就是在推进粤港澳深度合作中能否取得突破。这关系着如何将广东自由贸易试验区的功能放大,如何整合区域内的贸易资源从而产生更大的效应,如何系统解决当前形势下粤港澳合作中的一系列深层次问题。粤港澳合作表面上涉及一系列复杂的各方面问题,但最核心的还是如何共同构建自由贸易体系以及围绕自由贸易展开的深度合作问题。可以说,如果涉及自由贸易试验区建设的粤港澳合作问题解决了,那么,粤港澳合作的大难题基本上就不存在了。

2. "21世纪海上丝绸之路重要枢纽"是核心功能和主要目标

以粤港澳三地共同构建的经济圈,是古代丝绸之路的发祥地,更是21世纪海上丝绸之路最主要的枢纽。如何才能发展枢纽的功能和作用?如何再现海上丝绸之路的海外贸易新辉煌?如何围绕21世纪海上丝绸之路打造自由贸易体系?显然,仅仅依靠广州、深圳、珠海这几个港口的条件及影响力是远远不够的,也支撑不起21世纪海上丝绸之路的重要枢纽地位。这必须建立在粤港澳大湾区深度合作的基础上,形成合力,才能担负起中国拉动海上丝绸之路建设的使命。

但是,在现行的"一国两制"等因素影响下,粤港澳还不能真正作为一个整体参与世界自由贸易体系建设,更没有形成一个巨大的合力,还存在诸多阻碍因素,因此,必须以广东自由贸易试验区为平台,找到粤港澳如何深度合作,以形成一个能在全球产生巨大影响力的自由贸易区,进而成为21世纪海上丝绸之路的重要枢纽的途径。粤港澳合作问题解决得如何,既是对深化改革开放成效的检验,也关系着国家"一带一路"建设的力度和水平。毕竟,粤港澳三地的贸易总量在全国所占份额最大,而且与全球的商贸关系最为复杂,在"一带一路"建设中具有举足轻重的作用。或许,这也就是后来"粤港澳大湾区"建设提出的大背景之一。

3. "全国新一轮改革开放先行地"是推进粤港澳深度合作以及发展自由贸易的动力和条件

40年前的改革开放,广东在工业化初期和市场经济初级阶段构建起了加工贸易体系。40年后的广东改革开放,广东必须率先在全国继续探索在工业化后期以及市场经济完善阶段如何发展自由贸易体系。而且,40年前探索的内容主要是如何"引进来",而40年后探索的内容是如何"走出去"。

在这样的背景下,广东"当好改革开放排头兵、创新发展先行者"是一种历史担当。因为广东经济发展进入一个新时期,面临许多新的问题和挑战,于是发展自由贸易以及围绕自由贸易试验区探索自由贸易体系建设,无疑是在新一轮改革开放、继续走在全国前列的历史选择。正因为如此,《总体方案》在提出广东自由贸易试验区建设的"指导思想"时,指出要紧紧围绕国家战略,进一步解放思想,先行先试,以开放促改革、促发展,以制度创新为核心,促进内地与港澳经济深度合作,为全面深化改革和扩大开放探索新途径、积累新经验,发挥示范带动、服务全国的积极作用。这一指导思想,正体现了上述含义。

(三) 三大战略定位:如何处理贸易地位问题

这三大战略定位,确实赋予了广东自由贸易试验区与全国其他自由贸易试验区的战略差异,也体现了它的使命和战略高度。但是,这三大定位能否实现或达成,则取决于终极的最高战略目标定位,即能否成为真正的自由贸易区或构建成自由贸易体系。《总体方案》指出:要"建成符合国际高标准的法制环境规范、投资贸易便利、辐射带动功能突出、监管安全高效的自由贸易园区"。因此,在三大战略定位之上还有一个更高层次的战略,就是探索"如何发展自由贸易"这一基本使命。

然而,目前不少专家和媒体在解读广东自由贸易试验区的"三大战略定位"时出现了明显的误区,就是忽略了"自由贸易"如何发展、其体系如何构建、自由贸易区本身应该包含哪些内在的组成因素、如何衡量自由贸易试验区的发展水平以及是否成功构建等问题,对这些问题缺少解释或研究,而只是片面地强调了这"三大战略定位"①。这是不利于自由贸易试验区的整体建设的,因为如前所述,脱离了"自由贸易区"建设的核心内容即自由贸易体系的构建以及自由贸易能力的提升等,这些战略定位就很难最终实现或达成。这也是当前自由贸易试验区理论研究和政策制定存在的一个重要问题。

从当前不同业界宣讲或解读《总体方案》的情形来看,这种将内容与形式、目标与条件、途径与措施等混同,或者将不同层次的问题混在一起解析的现象相当普遍,从而在大量的研究报告或政策建议中,谈得更多的是"非贸易"问题,或者将金融、科技、文化等各种产业的合作放在了重要位置,而将"贸易发展"边缘化了。② 可以说,世界上目前没有一个脱离了"商品贸易"这一核心主题而成功建成为世界一流的自由贸易园区的先例,过去没有,未来也不会有。

因此,如何科学地认识和解读广东自由贸易试验区的战略定位,是能否科学地领会中央决策并有效地制定相关政策及实施的关键。进一步说,广东自由贸易试验区建设的最高战略始终不能脱离"贸易发展"以及"自由贸易园区"本身,至于其他方面,则都是围绕着这一核心来展开的。如果现行出台的各地相关实施方案或行动计划偏离了这一点,则都应

---

① 在这份战略性文件中,隐含着一个假定前提,就是已经将"可能建成的自由贸易试验区"设想为"一定可以建成",从而对"自由贸易区"如何发展贸易以及能否发展得起来并未详细叙述。

② 笔者在研究目前出台的关于广东自由贸易试验区建设的各种文件过程中,发现了一个十分有趣的现象,就是将通常表述的"贸易与投资便利化"改换成了"投资贸易便利化",将投资放在了第一位。这在一定程度上,体现出政策或方案的制定者仍然以原有的招商引资思维来看待自由贸易区的建设。

该从战略上进行反思、调整、修正和完善。①

（四）以自由贸易试验区为切入点：广东率先构建高水平的自由贸易体系

广东的改革开放一直走在全国前列，从而具有发展自由贸易的先天优势，同时，它也具有一系列发展自由贸易的有利条件。因此，广东发展自由贸易，完全可以与21世纪海上丝绸之路建设、粤港澳大湾区建设等有机结合起来，从而在自由贸易试验区建设以及构建与新时代全球贸易格局相适应的高水平自由贸易体系方面，走在全国的前列。

目前，对于广东来说，同时存在着三代不同的贸易体系，与之相对应，交错地存在着三种不同的政策体系、服务体系、法律体系和体制机制体系。比如，广东珠三角周边地区还适应于第一代贸易体系，而佛山三水、高明等珠三角部分地区适应于第二代贸易体系，而广州、深圳、珠海则正在探索第三代贸易体系。

这三代贸易体系存在着巨大的反差，对贸易格局和贸易能力的要求差异非常大，而且在贸易实践、贸易政策与贸易理论之间也存在着严重的脱节。一方面，在长期的加工贸易扩张过程中，广东各地形成了"重生产制造，轻贸易流通"的总体格局，各级政府的招商引资的重点是引进各类生产型企业，如钢铁厂、汽车厂到各种其他工厂，还不太熟悉如何引进各类贸易公司、分销公司等。同时，广东在过去的40年中，有大量生产企业走出去，并购工业企业，扩大生产能力，实现产能转移，但很少有商贸企业走出去，扩张贸易渠道，在全球范围内收购各类贸易公司、品牌商、分销商等。当前，为什么广东的贸易大而不强？一个重要的原因就是，我们的贸易体系主要还是适应加工贸易时代的贸易需求的，其贸易体系的层次、能力、格局、结构都还没有调整和转换过来，新的贸易体系还

---

① 本书在后面将结合已经出台的相关实施方案或行动计划，对政策制定和实施过程中忽略"贸易发展"并部分偏离战略定位的情形进行进一步分析。

没有形成。另一方面,三种不同层次的政策同时存在,常常引起政策冲突或"打架",最后导致政策实施效果有限。一些政策的出台和实施,常常要左右兼顾、前后考虑,结果让执行者也很为难。广东内外贸一体化和融合发展进程缓慢,就是一个很好的例证。

广东这三代贸易体系是广东经济发展模式与经济体系演变的见证,更是广东经济诸多热点难点问题的主线。因此,以自由贸易试验区为切入点,率先探索如何构建高水平的自由贸易体系,将是继续引领中国未来经济发展的战略选择。

特别要说明一点的是,目前广东学术界对贸易的理论研究和政策研究远远滞后于实践需求。除了本身研究基础和研究力量的薄弱外,更主要的是研究思维的滞后及紊乱。对不同层次、不同条件、不同时期出现的研究对象和问题,研究者常常套用同样的理论去解释,而缺少自身的理论创新。可以说,当前的贸易理论、贸易概念、分析框架,大多是基于第一代和第二代贸易体系来构架的,是受当时的贸易环境和研究对象所决定的,更多的是从贸易分工、交易成本等角度来考虑,而很少从贸易流通尤其是商流、物流渠道以及全球贸易资源配置的角度来考虑。研究的出发点仍然是基于加工贸易时代的惯性思维,以扩大生产和出口为出发点,而不是以贸易渠道价值和贸易主导权为出发点。如此,所关注问题的重点不同,依据的背景和条件不一样,决定了分析逻辑和所得结论差异很大。

比如,目前许多学者在研究国际贸易规则时,一般都是从引进、接受和适应的角度来考虑的,缺少一定的前瞻性和引领性,尤其是没有从全球贸易产业链的打造以及贸易新方式、新业态和新模式的创新等角度去谋划,更少考虑中国及广东在新的形势下如何参与和引领新贸易体系以及新规则的制定,缺少顶层的理论创新和变革。当前,有不少政策提法是新的、概念是新的,但理论解释却是旧的,由此产生了不少的误区和不当之处,影响到新政策和新体系的推进。这一点,在自由贸易及自由贸易区的政策和理论研究方面相当明显,甚至某些理论研究把自由贸易区孤立于现实的贸易体系和贸易格局外,去生搬硬套一些国外的经验和模式。

第二节 21世纪海上丝绸之路出发地与广东自由贸易试验区的区位布局

既然自由贸易的发展是广东工业化进程以及市场和贸易发展到一定阶段的产物,那么,广东自由贸易试验区的设立既是国家对广东在新一轮改革开放方面继续走在全国前列的期待,更是广东贸易发展的内在需求。这种试验和探索,既为广东建立自由贸易体系提供经验,又为全国其他省区发展自由贸易提供示范,进而发挥出广东在自由贸易发展的领先作用。只有这样认识,我们才能全面理解广东自由贸易试验区建设的必然性及意义。① 那么,广东自由贸易试验区的战略定位是什么,如何布局?"试验"的主要对象和内容有哪些?目前又明确了哪些重点任务呢?诸如此类的问题,需要我们进一步的研究。

一、广东自由贸易试验区的实施范围

全国正在建设的自由贸易试验区中,广东自由贸易试验区的面积最大,实施范围最大。从《总体方案》公布的实施范围看,广东自由贸易试验区的面积为116.20平方公里,涵盖三个片区:广州南沙新区片区60平方公里(含广州南沙保税港区7.06平方公里),深圳前海蛇口片区28.20平方公里(含深圳前海湾保税港区3.71平方公里),珠海横琴新区

---

① 从逻辑上讲,自由贸易的探索也涉及国内贸易领域。实际上,全国各地都存在市场保护的倾向,阻碍着全国统一大市场的形成,因此,国内的自由贸易更有必要性。早期的英国在讨论发展自由贸易时,就是针对国内市场而言的,即要求政府放松管制,允许个人自由地从事贸易活动。不过,考虑到目前的研究共识,本书所谈的自由贸易也主要是针对国际贸易领域的自由贸易。

片区28平方公里。参见表4-2。

表4-2 广东自由贸易试验区的基本概况

指标	广州南沙新区片区	深圳前海蛇口片区	珠海横琴新区片区
挂牌时间	2015年4月21日	2015年4月27日	2015年4月23日
总面积	60平方公里（含广州南沙保税港区7.06平方公里）	28.20平方公里（前海区15平方公里和蛇口区13.2平方公里）	28平方公里
板块组成	国际航运发展合作区、金融商务发展试验区、粤港澳融合发展试验区、国际教育和医疗合作试验区、粤港澳科技创新合作区、境外投资综合服务区、加工贸易转型升级服务区	前海金融商务区、海湾保税港区、蛇口商务区	临澳区、休闲旅游区、文创区、科技研发区、高新技术区
园区产业	航运物流、特色金融、国际商贸、高端制造等产业	现代物流、航运服务、供应链管理、创新金融等服务业	发展旅游休闲健康、商务金融服务、文化科教和高新技术等产业
发展定位	粤港澳全面合作示范区、21世纪海上丝绸之路重要枢纽和全国新一轮改革开放先行地	打造亚太地区重要生产性服务业中心、世界服务贸易重要基地和国际性枢纽港	打造粤港澳深度合作示范区和粤港澳大湾区核心区

数据来源：宋浩根据中国（广东）自由贸易试验区官网相关资料整理。

（一）广州南沙新区片区

广州南沙新区由海港区块、明珠湾起步区区块、南沙枢纽区块、庆盛枢纽区块、南沙湾区块、蕉门河中心区区块、万顷沙保税港加工制造业区块组成，重点发展航运物流、特色金融、国际商贸、高端制造等产业，建设以生产性服务业为主导的现代产业新高地和具有世界先进水平的综合服务枢纽。

（二）深圳前海蛇口片区

深圳前海蛇口片区由前海区块和蛇口区块组成，划分为前海金融商务区、深圳西部港区、蛇口商务区三个功能区，重点发展金融、现代物流、信息服务、科技服务等战略性新兴服务业，建设我国金融业对外开放试验示范窗口、世界服务贸易重要基地和国际性枢纽港。

（三）珠海横琴新区片区

珠海横琴新区片区由临澳区块、休闲旅游区块、文创区块、科技研发区块、高新技术区块组成，重点发展旅游休闲健康、商务金融服务、文化科教和高新技术等产业，建设文化教育开放先导区和国际商务服务休闲旅游基地，打造促进澳门经济适度多元发展新载体。

（四）三大片区的特色定位

广东自由贸易试验区的三个片区，根据其所处地理优势，可以依靠港澳台、服务内地，同时又能面向世界，可以把该地区作为粤港澳全面合作示范区、21世纪海上丝绸之路等重要枢纽以及全国新一轮改革开放先行地。其改革建设目标，是让该自由贸易区经营氛围更加国际化、市场化、法治化，构建出开放型新经济体制，把广东、香港、澳门之间的合作进一步深化，增强贸易区内企业的国际竞争力。在新的改革之下，把自由贸易区建设成为符合国际高标准法制环境规范、投资贸易方便、辐射带动作用强、监管高效的园区。

1. 南沙新区片区的定位

它位于珠江三角洲的地理几何中心，距香港、澳门的海上航程分别为

38 和 41 海里①，定位为以生产性服务业为主导的现代产业新高地和具有世界先进水平的综合服务枢纽。目前，此地已建立起以航运物流、高端商务和商贸、科技智慧、高端装备等为主导的现代产业体系。

2. 深圳前海蛇口片区的特色定位

它与香港隔海相望，紧邻香港国际机场和深圳机场两大空港，定位为我国金融业对外开放试验示范窗口、世界服务贸易重要基地和国际性枢纽港。

3. 珠海横琴新区片区的特色定位

珠海横琴新区片区经莲花大桥与澳门相连，已实行创新的环岛电子监控分线监管模式，定位为文化教育开放先导区和国际商务服务休闲旅游基地，打造促进澳门经济适度多元发展新载体。

（五）广东自由贸易试验区的扩容问题

可以说，《总体方案》设定的范围、区块和面积，只是现阶段的试验和安排，不排除未来还会发生动态的变化。毕竟，"自由贸易"是市场经济发展的大趋势，因此，自由贸易园区的试验范围，很可能随着试验的成熟还会进一步推广和扩大。何况，区块和面积的确定并不具有唯一性。当初，广州在申报过程中曾将白云国际机场保税区纳入自由贸易区范围，但在最终的方案中取消了。实际上，新加坡和中国香港的机场都是自由贸易的重要节点。因此，广东自由贸易试验区未来仍然可能向干线机场延伸扩容。现实中，珠海横琴新区片区在 2017 年已经开始了扩容计划。

或许，随着时间的推移，待条件成熟后，一方面，广东自由贸易试验区有可能扩大试验区域，在粤东、粤西等地选点试验，在空间布局上延伸和扩大自由贸易区的范围；另一方面，也有可能将现在的三个片区从点、线、面的角度加以整合提升，形成一个更大的广东自由贸易试验区经济带，甚至有可能在不远的将来，启动"粤港澳自由贸易区"建设，真正

---

① 1 海里 = 1.852 千米。

地把粤港澳合作引向一个新的高度。

二、如何构建自由贸易体系：广东自由贸易试验区的功能划分

由于广东自由贸易试验区的设计方案中，最初是想直接提出建设"粤港澳自由贸易区"，实际上，这也是这一自由贸易区的理想形态。但后来考虑到操作和实施的可行性和简易性，还是选择直接由广东建设自由贸易试验区，但特点是对接香港、澳门，并深化与港澳的合作尤其是贸易合作。

正因为这一背景和使命的特殊性，广东自由贸易试验区由广州、深圳、珠海三个城市的三个片区组成。三个不同的片区根据《总体方案》的安排，实行了差异化分工。

（一）按区域布局划分

广州南沙新区片区重点发展航运物流、特色金融、国际商贸、高端制造等产业，建设以生产性服务业为主导的现代产业新高地和具有世界先进水平的综合服务枢纽；深圳前海蛇口片区重点发展金融、现代物流、信息服务、科技服务等战略性新兴服务业，建设我国金融业对外开放试验示范窗口、世界服务贸易重要基地和国际性枢纽港；珠海横琴新区片区重点发展旅游休闲健康、商务金融服务、文化科教和高新技术等产业，建设文化教育开放先导区和国际商务服务休闲旅游基地，打造促进澳门经济适度多元发展新载体。

（二）按海关监管方式划分

广州南沙新区片区和深圳前海蛇口片区内的非海关特殊监管区域，重点探索体制机制创新，积极发展现代服务业和高端制造业；广州南沙保税港区和深圳前海湾保税港区等海关特殊监管区域，试点以货物贸易便利化

为主要内容的制度创新,主要开展国际贸易和保税服务等业务;珠海横琴新区片区试点有关货物贸易便利化和现代服务业发展的制度创新。

总体来看,三个片区在发展"贸易"这一基本内容的基础上,各有侧重。广州南沙新区片区主要是国际贸易(包括与贸易有关的物流和特色金融如租赁等);深圳前海蛇口片区主要针对香港,重点发展金融(围绕贸易而产生物流、资金流、信息流);珠海横琴新区片区针对澳门,重点发展服务业。广东自由贸易试验区的实质还是在于广东与港澳如何进一步深化贸易合作、整合贸易资源、形成良性高效的贸易体系,从而最终形成具有全球影响力的全球最大自由贸易区。

三、广东自由贸易试验区与其他三大自由贸易试验区的比较

自由贸易试验区的设立,是党中央、国务院根据现阶段的国际环境、我国改革开放背景做出的重大战略决策。它不仅有利于在全国范围内探索新时期如何发展自由贸易的模式和路径,而且有利于增进内陆地区与香港、澳门之间的贸易合作,有利于政府职能的转换,创新我国的贸易发展方式和管理模式;同时,还有利于贸易、投资向便捷化发展,这对于促进改革深入发展、探索改革新道路有着重要影响。

目前,全国已经有了 11 个自由贸易试验区,但总体来看,还是以第一批的 4 个自由贸易试验区最具代表性。中国第一批自由贸易试验区主要集中在广东、天津、福建、上海,它们分别是中国(广东)自由贸易试验区、中国(天津)自由贸易试验区、中国(福建)自由贸易试验区、中国(上海)自由贸易试验区。它们各自在全国的自由贸易试验区布局中,充当着不同的角色,其中:

广东自由贸易试验区:面向港澳,侧重服务贸易自由化。

天津自由贸易试验区:面向东北亚,促进京津冀制造业升级。

福建自由贸易试验区:面向台湾,侧重两岸经贸合作。

上海自由贸易试验区:面向全球,侧重金融中心。

国内第一批四大自由贸易试验区的基本情况及特点，参见表4-3。

表4-3 广东与其他三个自贸区的比较分析

指标	广东自贸区	上海自贸区	天津自贸区	福建自贸区
占地面积	116.20平方公里	28平方公里	119.90平方公里	118.04平方公里
区域位置	深圳前海蛇口片区、珠海横琴新区片区、广州南沙新区片区	上海外高桥保税区、外高桥保税物流园区、洋山港保税区、空港综合保税区	天津港片区、天津机场片区、滨海新区	平潭片区、厦门片区、福州片区
经济腹地	珠三角经济群	长三角保税区	京津冀区域	海西经济区
定位	粤港澳经济一体化示范区	国际金融中心	京津冀合作区域发展	两岸经贸合作示范区
核心趋势	港澳合作优势，国内首个经济特区之一，改革开放的先行地	对外样本，金融基础良好，国内首例自贸区的先发优势	京津冀制造业体系	两岸经贸合作

资料来源：林江、范芹：《广东自贸区：建设背景与运行基础》，载《广东社会科学》2015年第3期。

第三节 21世纪海上丝绸之路枢纽建设与广东自由贸易试验区建设的主要任务

如何将自由贸易试验区建设落到实地，从中央到地方，从总体方案到行动计划，形成了一个立体的实施体系。其中，国务院批准的《总体方案》直接明确了广东自由贸易试验区近期重点试验的五大任务。

一、广东自由贸易试验区建设的主要任务及主要内容

根据国务院批准和发布的《总体方案》,围绕战略定位和目标,将具体的工作分解为五大任务、十四项具体内容。

(一)建设国际化、市场化、法治化营商环境

主要包括:在扩大开放的制度建设上大胆探索、先行先试,加快形成高标准投资贸易规则体系;创新行政管理体制;建立宽进严管的市场准入和监管制度①;实施自由贸易试验区外商投资负面清单制度,减少和取消对外商投资准入限制,重点扩大服务业和制造业对外开放,提高开放度和透明度等。

(二)深入推进粤港澳服务贸易自由化

涉及内容主要有:进一步扩大对港澳服务业开放,包括:在《内地与香港关于建立更紧密经贸关系的安排》《内地与澳门关于建立更紧密经贸关系的安排》及其补充协议(以下统称为《安排》)框架下探索对港澳更深度的开放,进一步取消或放宽对港澳投资者的资质要求、股比限制、经营范围等准入限制,重点在金融服务、交通航运服务、商贸服务、专业服务、科技服务等领域取得突破;优化自由贸易试验区区域布局,规划特定区域,建设港澳现代服务业集聚发展区;促进服务要素便捷流动,推进粤港澳服务行业管理标准和规则相衔接;创新粤港澳口岸通关模式,推进

---

① 本来从逻辑顺序上看,建设国际化、市场化、法治化营商环境是应该从促进贸易发展角度来展开的,因为传统的贸易发展受阻,现代化的商贸流通体系之所以难以建立起来,显然是受到了诸多环境因素制约,这是需要改革和优化的。但本方案中的"营商环境"则大多偏向投资角度,虽然这也是必须解决的问题,但在一定程度上偏离了如何发展贸易这个重心。这在一定程度上也反映了最初设计者的初衷,仍然沿袭了"重投资"的思维,这也给后来的实施方案制定产生了导向效应。

建设统一高效、与港澳联动的口岸监管机制,加快推进粤港、粤澳之间信息互换、监管互认、执法互助;等等。

(三) 强化国际贸易功能集成

一是推进贸易发展方式转变,包括:粤港澳共同加强与21世纪海上丝绸之路沿线国家和地区的贸易往来,开拓国际市场;鼓励企业在自由贸易试验区设立总部,建立整合物流、贸易、结算等功能的营运中心;探索自由贸易试验区与港澳联动发展离岸贸易;创新粤港澳电子商务互动发展模式,按照公平竞争原则,积极发展跨境电子商务,完善相应的海关监管、检验检疫、退税、跨境支付、物流等支撑系统,加快推进跨境贸易电子商务配套平台建设;拓展服务贸易新领域,搭建服务贸易公共服务平台。二是增强国际航运服务功能,包括:建立自由贸易试验区与粤港澳海空港联动机制,建设21世纪海上丝绸之路物流枢纽,探索具有国际竞争力的航运发展制度和协同运作模式,等等。

(四) 深化金融领域开放创新

包括推动跨境人民币业务创新发展、推动适应粤港澳服务贸易自由化的金融创新、推动投融资便利化、建立健全自由贸易试验区金融风险防控体系四方面的具体内容。

(五) 增强自由贸易试验区辐射带动功能

一方面,引领珠三角地区加工贸易转型升级。包括:发挥自由贸易试验区高端要素集聚优势,搭建服务于加工贸易转型升级的技术研发、工业设计、知识产权等公共服务平台;支持在自由贸易试验区发展加工贸易结算业务、建设结算中心;支持设立符合内销规定的加工贸易产品内销平台,建设加工贸易产品内销后续服务基地;支持企业依托自由贸易试验区开展自主营销,拓展境内外营销网络;等等。

另一方面,打造泛珠三角区域发展综合服务区。包括:推动自由贸试验区与泛珠三角区域开展广泛的经贸合作,依托自由贸易试验区深化与港澳合作,更好地发挥辐射和带动作用;鼓励自由贸易试验区内企业统筹开展国际国内贸易,形成内外贸相互促进机制;强化对泛珠三角区域的市场集聚和辐射功能,开展大宗商品现货交易和国际贸易,探索构建国际商品交易集散中心、信息中心和价格形成中心。

此外,建设内地企业和个人"走出去"的重要窗口。依托港澳在金融服务、信息资讯、国际贸易网络、风险管理等方面的优势,将自由贸易试验区建设成为内地企业和个人"走出去"的窗口和综合服务平台,支持国内企业和个人参与21世纪海上丝绸之路建设。

二、广东自由贸易试验区《总体方案》主要任务的逻辑关系

以上五个方面的主要任务,总体来看,主要是围绕如何发展和建设自由贸易区来展开,内在地包含了与自由贸易有关的各主要构成因素,尤其是与自由贸易有关的体制机制以及贸易新业态、新模式的培育等①。从逻辑上看,它们是一个有机整体的关系。"建设国际化、市场化、法治化营商环境"是前提条件,"深入推进粤港澳服务贸易自由化"和"强化国际贸易功能集成"是贸易园区的基本内容(服务贸易与货物贸易的两个侧面),"深化金融领域开放创新"是优化和完善贸易服务产业链,"增强自由贸易试验区辐射带动功能"是放大贸易园区的功能和效应。它们是条件、内容、手段与影响的关系。

尽管从这些任务的具体内容看,它们所处的层次不完全一致,发展的紧迫性、重要性和贡献也不一样,甚至还可能存在着不少的遗漏或重点不够突出,但总体看,这些任务的设置和选择是符合自由贸易区的发展要求的。

---

① 不过,与自由贸易相关的国内外渠道体系连通、在国内市场条件下如何发展自由贸易等内容在此体现得不够充分。尤其是缺少针对国内其他区域市场阻碍自由贸易的创新试验内容,这是接下来有待进一步完善的方面。

第五章

21世纪海上丝绸之路枢纽与广东自由贸易试验区建设的实践探索

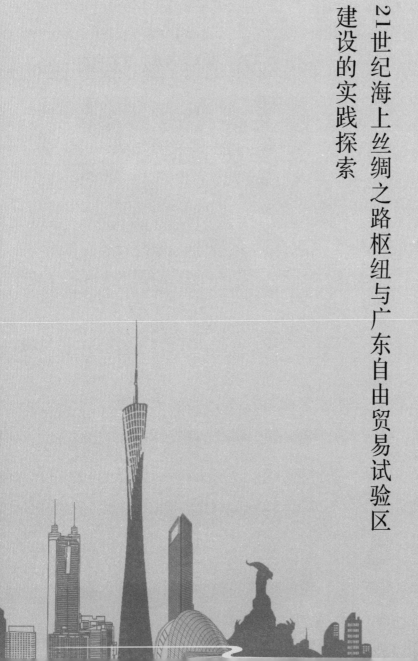

不同于国内其他地方的自由贸易试验区，国家给广东自由贸易试验区的三大战略定位是"粤港澳深度合作示范区、21世纪海上丝绸之路重要枢纽和全国新一轮改革开放先行地"，无论从哪一个方面看，这三大战略定位都是对广东自由贸易试验区的深切期望和极高的目标要求。那么，目前广东及三大片区是如何推进这三大战略的实施的呢？相关的具体措施和行动方案是否与战略定位相匹配？政策和实践部门是否充分理解了这三大战略定位？它们之间是一种什么样的关系？广东自由贸易体系的构建与这三大战略定位能否达到有机统一的效果？对这些问题，我们均应深入研究。

第一节 以自由贸易为中心：推进新一轮改革开放

自由贸易与传统的加工贸易和一般贸易是不同层次的贸易方式，因此，需要对传统的体制机制进一步改革，创新体制机制，加快转变政府职能，深化行政审批制度改革，推动政府管理从事前审批向事中事后监管转变，建立以社会信用体系为核心的市场监管体系，建设法治政府和服务型政府。我们要充分运用信息化、数字化、网络化技术，建设覆盖全区、联通各领域的数据收集、分析、运用信息共享平台，着力打造智慧广东自由贸易试验区。

为贯彻落实《国务院关于印发中国（广东）自由贸易试验区总体方案的通知》，加快推进广东自由贸易试验区建设，广东省人民政府专门制定了配套实施方案，即《中国（广东）自由贸易试验区建设实施方案》（粤府〔2015〕68号）。该实施方案明确了实施思路，即以制度创新为核心，以探索建立面向国际的高标准规则体系为重点，按照先行先试、协同推进、法治引领的原则，大力推广中国（上海）自由贸易试验区可复制的改革试点经验，在加快政府职能转变、构建开放型经济新体制、探索粤港澳经济合作新模式和建设国际化、市场化、法治化营商环境等方面，率先挖掘改革潜力，破解改革难题，并发挥示范带动、服务全国的积极作用，切实当好改革开放排头兵、创新发展先行者，将广东自贸试验区建设成为粤港澳深度合作示范区、21世纪海上丝绸之路重要枢纽和全国新一轮改革开放先行地，为全面深化改革和扩大开放探索新途径、积累新经验。该实施方案从与自由贸易相关的营商环境等方面，明确了"试验"的对象和主要任务。[①]

[①] 本章以及后文所列举的各种试验内容、任务和对象，基本上是对广东省以及广州、深圳、珠海三地政府出台的现有方案、规划和行动计划的介绍，并没有结合实际的案例进行分析及评判。这项工作有待下一步专门展开。

一、高水平自由贸易体系的培育：出发点与营商环境

加快构建与国际高标准对接的投资贸易规则体系，是广东自由贸易试验区排在第一位的试验任务，即在现行的国际贸易体系及规则下，如何主动适应和对接全球贸易体系，提升贸易的便利化和自由度。这也是整个试验区建设的出发点。

（一）营造高水平的自由贸易发展环境

自 2015 年以来，广东自由贸易试验区以构建高水平的自由贸易体系为出发点，围绕投资贸易便利化，主动对接国际高标准规则体系，在市场准入、贸易规则、知识产权、跨境电子商务、法律服务等领域先行先试，率先构建符合国际惯例、适应高水平对外开放的规则体系和制度框架，为全国提供可复制、可推广经验。

1. 实施内外资负面清单管理模式

对外商投资实行准入前国民待遇加负面清单管理模式，对负面清单之外的外商投资项目实行备案制（国务院规定对国内投资项目保留核准的除外），同步实施内资投资项目负面清单。对负面清单之外的领域，按照内外资一致原则实施管理，发布实施指南，做好相关引导工作。

2. 抑制外资垄断贸易及投资

开展外商投资国家安全审查和经营者集中反垄断审查。贯彻落实《自由贸易试验区外商投资国家安全审查试行办法》（国办发〔2015〕24号），配合国家有关部门实施安全和经营者集中反垄断审查，实施外商投资全周期监管。明确外资安全审查的发现识别机制和工作流程。以"严格申报范围、便利审查过程、强化后续监督"为基本原则，制定相关制度安排和规定，建立反垄断审查协调工作机制。

3. 建设国际贸易"单一窗口"

建立涵盖海关、检验检疫、外汇、边检、海事等管理部门的综合管理

服务平台。加快电子口岸平台建设,推进便利化通关模式与"单一窗口"的衔接、融合。争取国家相关部门支持,在国际贸易"单一窗口"中使用统一的数据、技术和接口标准。借鉴国际知名自由贸易园区管理运营经验,开展口岸综合监管方案研究,探索以"单一平台"实现国际贸易"单一窗口"。

4. 创新原产地签证与管理模式

构建灵活便利的市场采购出口货物原产地签证模式,实现备案签证一步到位。培育非官方签证机构,开展非优惠和转口证书的签证试点,拓展原产地签证渠道。对于经广东自由贸易试验区中转出境的货物,优化中转货物签证服务。实行"原产地预确定"等报关预审核制度。

5. 探索跨境电子商务监管标准

积极研究建立适应跨境电子商务发展的口岸监管机制,争取在优化跨境电子商务一体化通关管理模式、建立跨境电子商务企业信用管理体系和零售进出口贸易统计等方面先行先试。完善跨境电子商务检验检疫监管制度和业务管理系统,推行新型检验检疫监管模式。研究跨境电子商务进口第三方检测结果采信及保税备货商品便利化进境检验流程。改革跨境电子商务税收征管方式,推进广东自由贸易试验区跨境电子商务出口退税网上预申报系统建设。开展支付机构跨境外汇支付业务试点。

6. 优化知识产权保护和贸易服务

探索建立统一的知识产权管理和执法体制,加强行政执法与刑事司法的有效衔接,建立跨部门、跨区域的知识产权案件移送、信息通报、配合调查等机制。建立商标、专利等知识产权纠纷仲裁、调解多元化争端解决机制,推进国内外商标、专利等知识产权仲裁机构开展合作。探索建立商标知识产权维权援助平台。推动设立广东自由贸易试验区重点产业知识产权快速维权中心。争取国家支持开展知识产权运营公共服务试点。创新知识产权金融服务。

7. 建设国际人才港,营造更好的人才聚集环境

依托全国人才管理改革试验区(粤港澳人才合作示范区),促进跨境

跨国人才交流合作，积极打造群英荟萃、文化多元、和谐包容、政策开放的国际人才港，率先建立具有国际竞争力的人才制度。研究制定广东自由贸易试验区港澳及外籍高层次人才认定办法及相关配套政策，为港澳及外籍人才提供签证、停居留便利。争取国家授权广东自由贸易试验区试点实施技术移民制度。允许广东自由贸易试验区港澳及外籍高层次人才申报省科技计划项目和科学技术奖。设立高层次人才"一站式"服务专区。探索港澳及外籍高层次、高技能人才在广东自由贸易试验区直接从业（执业）。建立健全以创新业绩和实际贡献为导向的人才奖励制度。

8. 发展国际商事仲裁和商事调解机制

依托中国自由贸易试验区仲裁合作联盟，建立跨区域合作机制。创新仲裁服务模式，针对广东自由贸易试验区产业发展需要，筹建广东自由贸易试验区金融仲裁、航运仲裁、高科技和知识产权仲裁等专业化平台，整合专业资源，提高服务水平。成立粤港澳商事联合调解中心，并在广东自由贸易试验区各片区设立商事调解工作机构。

此外，广东自由贸易试验区还在有关自由贸易的企业权益保护、强化立法保障、国际高标准投资贸易规则制定等方面进行积极的探索和实践。一方面，开展针对《跨太平洋伙伴关系协议》（TPP）、《跨大西洋贸易与投资伙伴协议》（TTIP）、《中美双边投资协定》（BIT）、《国际服务贸易协定》（TISA）及其他自由贸易区投资贸易规则研究；另一方面，探索建立既符合国际惯例和通行规则又能引领我国未来发展要求的新型国际投资贸易规则体系。

（二）深化改革：创建自由贸易发展的公平竞争市场机制

1. 建立行政权责清单制度

按照权责一致的原则，在广东自由贸易试验区各片区推行权责清单制度，明确政府职能边界，编制权力运行流程图，并向社会公开。

2. 深化行政审批制度改革

进一步简政放权，向广东自由贸易试验区各片区下放或委托实施部分省级管理权限。最大限度减少行政审批事项，建立行政审批事项目录，做到"目录之外无审批"。推进行政审批管理标准化，实行集中审批、并联审批。推行一体化行政审批廉政监督机制，实行行政审批过错责任追究制度，建立与省市联网的行政审批监察系统。

3. 深化商事登记制度改革

在广东自由贸易试验区企业注册登记实施"一证三号"的基础上，全面推行"一照一码"登记模式。推行电子营业执照，并与相关业务系统对接，探索逐步实现企业登记全流程电子化登记管理。探索在全国率先推行"商事主体电子证照卡"，实现商事主体办事"一卡通"。

4. 探索"互联网+"行政服务新模式

全面推行电子政务，完善广东自由贸易试验区网上办事系统，实现与广东省网上办事大厅对接，全面推行行政审批事项网上在线申报，争取实现行政审批无纸化办理。充分利用移动互联网技术，探索建设移动网上办事大厅。为进入广东自由贸易试验区的企业配置专属网页，主动提供"一网揽尽"全方位的服务。建立广东自由贸易试验区电子办税平台，打造全流程的"电子税务局"，为纳税人提供全方位网上涉税服务。

5. 建设智慧自由贸易试验区

利用互联网和大数据技术，打破政府各部门"信息孤岛"，集中串联各政务信息平台，加快构建集政务信息公开、投资项目审批、社会事项办理、政府效能监察等功能于一体的广东自由贸易试验区大数据应用平台。不断扩展平台覆盖面，整合经济建设、社会发展、资源环境、民生服务等各方面信息数据资源，重点推动公共信息数据资源综合利用，并向社会开放。

6. 建立统一的社会信用体系

开展社会信用体系建设创新示范，建立与省市信用平台对接的广东自由贸易试验区企业信用信息数据库及信用公示平台。以市场监管部门企业数据库和人民银行征信中心数据库为基础，逐步向公安、税务、社保、水电气、通信、口岸监管等相关数据库拓展，通过大数据平台实现广东自由贸易试验区内企业信用信息公示及查询服务，为事中、事后监管提供支撑。实施企业年度报告、经营异常名录、企业信息抽查等制度，并将其纳入企业信用信息数据库及信用公示平台，建立和实施"一处违法，处处受限"的失信惩戒和约束联动机制。探索支持市场主体参与公共征信体系建设，发展市场化大数据征信产业。

7. 建立全流程市场监管体系

支持广东自由贸易试验区各片区开展重点领域市场监管体制改革试点。利用物联网技术，探索对重点商品流通、企业运营等实行物联网溯源管理制度。以商务诚信为核心，在追溯、监管、执法、处罚、先行赔付等方面强化全流程监管。

8. 开展综合执法改革试点

支持广东自由贸易试验区探索建立集中统一的综合执法体系，相对集中执法事权，试行"一支队伍管执法"。建设广东自由贸易试验区综合执法信息平台，集执法信息公示、网上执法办案、联勤联动指挥、综合执法监察等功能于一体，实现综合行政执法信息化管理。实行行政执法公示制度，建立行政执法案卷评查制度。

9. 建立市场监管公众参与机制

健全行业协会管理体制，支持广东自由贸易试验区培育发展和规范社会组织，发挥社会组织行业自律和管理服务的作用，制定政府向社会组织购买服务和资金扶持等相关制度和标准，编制具备承接政府职能转移和购买服务的社会组织名录。建立行政咨询体系，支持广东自由贸易试验区各片区成立专业咨询委员会，制定行政咨询委员会制度规范。

（三）以贸易便利化为出发点，完善市场监管体系及税收环境

创新口岸监管模式，建立口岸管理信息互换、监管互认、执法互助"三互"合作机制。积极争取与广东开放型经济发展关系密切的相关税收政策，为广东自由贸易试验区建设提供有力保障。

1. 开展海关监管制度创新

比照中国（上海）自由贸易试验区内海关特殊监管区域的有关监管模式，在广东自由贸易试验区内海关特殊监管区域实行"一线放开""二线安全高效管住"的通关监管服务模式。创新监管查验机制，增强查验针对性和有效性。试行企业"主动披露"制度。支持横琴继续探索创新"一线放宽、二线管住、人货分离、分类管理"的管理模式。实行"原产地预确定""预归类""预审价"的报关预审核制度。实施国际多式联运，建立广东自由贸易试验区与区外陆路口岸跨境快速通关模式，实现保税港区与一线口岸无缝对接。

2. 推进检验检疫监管制度创新

研究制定广东自由贸易试验区分线管理模式，优化检验检疫业务流程，合理划分一线二线职能。实施"智检通"口岸通关模式。研究制定进出口货物预检验制度，在特殊监管区域全面推行进口货物预检验制度。制定广东地区检验检疫区域一体化实施方案。深化市场采购出口商品检管区建设，探索集中查验监管措施。推行广东自由贸易试验区内流转货物免予检验和免予强制性产品认证制度。实施第三方检测结果采信制度，拓展采信第三方检测机构结果的试点范围，推动检验检测计量第三方检测结果互认。

3. 完善自由贸易试验区海事管理模式

研究分析广东自由贸易试验区水域船舶航行安全与防污染规律，调整相关监管力量，实现水域网格化管理，开发"广东自由贸易试验区海事智能监控系统"，实现信息化管理。创新海运危险货物管理方法，推行海运危险货物集装箱查验信息化管理模式，实现危险货物申报"零时等待"。研究制定广东自由贸易试验区水域水上突发事件应急规划和应急管理制度，完善水上突发事件应急协调体系。

4. 优化自由贸易试验区税收政策

抓紧落实现有相关税收政策，推动中国（上海）自由贸易试验区有关税收政策在广东自由贸易试验区的复制推广，积极争取启运港退税试点。推动落实境外旅客购物离境退税政策，积极研究完善适应境外股权投资和离岸业务发展的税收政策。制定并落实广东自由贸易试验区"办税一网通 10 + 10"等创新税收服务措施。

二、构建高水平的自由贸易体系：基本框架与重点领域

根据广东省制定的《中国（广东）自由贸易试验区建设实施方案》，广东省自由贸易实验区将主要依托珠三角地区庞大的贸易体量、世界级的海空港物流枢纽和连接全球的贸易网络，积极发展新型贸易业态和商业模式，在建立适应新型贸易业态发展的管理体制方面先行先试，培育若干千亿级产业集群，推动全省经济转型升级，为我国贸易发展方式转变探索新路径，积累新经验。

（一）探索发展贸易新业态新模式

1. 建设大宗商品交易平台

统筹规划广东自由贸易试验区大宗商品交易场所布局，明确发展定位和方向。研究制定广东自由贸易试验区大宗商品现货交易办法。推动建设贵金属、粮食、石油、农产品等大宗商品交易平台，创新资本、外汇、实物交割等监管模式，建设集大宗商品交易、结算、金融服务等功能于一体的交易平台，努力构建国际商品交易集散中心、信息中心和价格形成中心。允许境内期货交易所在广东自由贸易试验区海关特殊监管区域内设立期货保税交割仓库，支持港澳资企业参与商品期货交易。

2. 建设跨境电子商务产业集聚区

积极向国家申请设立跨境电子商务综合试验区。推进跨境电子商务公共服务平台建设。新建一批仓储物流设施，加快建成集保税展示、物流、交易、服务于一体的跨境电子商务产业园区。引进"超级中国干线"，打造和香港机场联网的跨境商品大通道。研究设立国际邮/快件监管中心。支持跨境电子商务离岸数据中心及国际服务基地等项目建设。

3. 支持新型贸易业态发展

积极推动保税展示交易、供应链管理、商业保理、整车保税中转、大宗商品延迟交付等新型贸易业态和商业模式在广东自由贸易试验区集聚发展，完善适应其发展需求的海关监管、检验检疫、外汇管理、金融监管等政策措施。积极推动广东自由贸易试验区各片区建设进口消费品集散中心（跨境商品直购店），建立与海关监管系统对接的保税展示交易信息系统，研究建立支持消费品进口的质量安全监管机制，提高检验监管效率。

4. 推动融资租赁产业集群发展

打造融资租赁资产交易平台，探索设立融资租赁产业发展基金，支持设立融资租赁产业联盟，组建融资租赁行业协会。推动广东自由贸易试验区内融资租赁企业及相关要素交易平台探索开展跨境租赁资产证券化业务，搭建境内资产和境外资本的对接互通平台。制定内外资融资租赁行业统一管理体制改革试点方案，统一内外资融资租赁公司的审批及监管部门、最低注册资本金、租赁物范围、监管标准等。

5. 建设平行进口综合商贸平台

落实广东自由贸易试验区汽车平行进口试点政策，建立平行进口汽车交易与服务的跨境电子商务平台，形成以高端汽车为特色的汽车平行进口贸易中心。推动建立完善汽车平行进口"质量三包"和售后服务体系。有效整合国内外汽车生产、流通环节资源，引入电子商务、第三方评估认证机构参与管理，加强企业资信评估，研究探索将平行进口贸易方式拓展至其他高端商品领域，打造交易、服务、检测、保障、管理一体化的平行进口综合商贸服务基地。

6. 建设珠三角地区加工贸易综合服务中心

发挥广东自由贸易试验区高端要素集聚优势，搭建服务于加工贸易转型升级的技术研发、工业设计、知识产权等公共服务平台。争取国家出台外汇管理、税收和投融资便利化综合扶持措施，吸引跨国公司入区设立加工贸易结算平台，推动加工贸易结算中心建设。引导珠三角加工贸易企业以跨境电子商务方式开展自主品牌小订单出口，促进加工贸易企业内销便利化。建设加工贸易产品内销后续服务基地。推进企业依托海关特殊监管区域开展面向国内外市场的高技术、高附加值的检测维修等保税服务业务。

（二）强化贸易功能：加快进口消费品集散中心建设

为了使自由贸易试验区真正具有贸易功能，并探索发展自由贸易体系，广东省特别提出在中国（广东）自由贸易试验区内建设进口消费品集散中心（以下简称为"集散中心"）①，以有利于充分发挥国际贸易功能集成优势，积极培育贸易新型业态和功能，优化进口环节管理，降低进口环节交易成本，创建贸易便利化、功能多元化、服务专业化的进口贸易平台。所谓集散中心，就是通过应用互联网技术，创新国际贸易功能集成而建立的进口消费品展示、体验消费和交易的场所。

依据《中国（广东）自由贸易试验区总体方案》的精神，分别在广东自贸试验区广州南沙新区片区、深圳前海蛇口片区和珠海横琴新区片区建设集散中心，经过2—3年时间，不断丰富进口消费品种类，积极创新展示方式，推行"以展促贸"，大力发展线上和线下相结合的交易模式，加快推进进口贸易便利化，力争将集散中心建设成为广东省进口消费品最大的展示平台、辐射带动力强的区域平台、跨境电子商务发展的创新平台以及进口贸易便利的示范平台，努力在广东自贸试验区内形成特色鲜明、品种齐全、结构合理、模式多样的进口消费品专业市场。

1. 扩大消费品进口

鼓励企业增加与人民群众生活密切相关的生活用品、食品等消费品的进口，进口商品以中高端为主。鼓励企业充分利用我国与相关国家和地区签订的自贸区关税减让协定，扩大21世纪海上丝绸之路沿线国家和地区

---

① 《广东省自贸办关于印发推进中国（广东）自由贸易试验区进口消费品集散中心建设实施意见的通知》，见中国（广东）自由贸易试验区网站：http://58.248.168.44：9000/pub/gdzmsyq_new/zwgk/tzgg/201604/t20160415_1886.html#zhuyao，2015年7月7日。

进口消费品。鼓励企业经营代理国外品牌，发展自营销售平台。鼓励企业在海外建立采购网点和渠道，扩大符合消费需求的特色商品进口，丰富进口消费品种类。

2. 推动贸易转型升级

着力引进一批体量大、辐射带动能力强的进口企业总部或区域性运营中心，引进一批品种丰富、渠道通畅的国家馆和综合馆项目，增强总部集聚能力。加大对入驻企业的培育，推动出口龙头企业向进出口并重转型，支持具备条件的流通企业整合进口和国内流通业务，促进进口企业和国内流通相衔接，促使其做大做强，形成集聚效应。

3. 优化展示方式

按照行业为主、集约布展、高端大气原则，组织进口消费品展示。积极拓宽国内销售渠道。充分利用互联网信息手段，举办集散中心商品网上展会，拓展网络营销渠道。加强与港澳会展业合作，进一步提高展会市场化、国际化、专业化水平。

4. 促进贸易便利化

制定进口便利化管理办法，加大服务企业力度，简化进口环节手续，统一标准，减少限制，推行一系列差别化、更积极的进口便利化举措，增强企业竞争力。完善多种进口贸易方式，推动监管服务模式创新。加快推进国际贸易"单一窗口"建设，提高口岸通关效率。引导和鼓励外贸综合服务企业入驻广东自由贸易试验区，在报关报检、资金融通等方面提供更便捷的服务。清理进口环节各项收费，进一步减轻企业负担。

5. 推动跨境电子商务发展

充分发挥广东自由贸易试验区制度创新的优势，建设跨境电子商务发展平台和跨境电子商务产业园。积极引进国内外专业跨境电子商务服务和电子商务支撑服务企业入驻广东自由贸易试验区，鼓励开展跨境电子商务创业创新，不断完善跨境电子商务产业链。支持跨境电子商务企业优先开展进口试点业务，推动跨境电子商务模式创新，逐步形成一套适应跨境电子商务发展的支持政策、监管机制和规则体系。

6. 强化服务功能

建立中介咨询、检测认证、法律服务、展会服务等服务体系，满足企业需求。鼓励金融机构创新，针对进口业务的产品和服务，支持商业银行开展进口信贷，鼓励保险公司对进口商品的国内销售提供保险服务。推进跨境数字证书在政务服务领域及电子商务领域的应用，促进网上服务事项的全流程办理，保障跨境电子交易的安全性和商品来源的可靠性。建设进口中心信息数据库，为企业提供采购、销售等信息服务。推进诚信体系建设，建立健全信用档案，推行风险管理和分类管理，实施诚信奖励和失信惩戒制度。引进第三方物流配送，为商品交易提供一条龙的专业化物流服务。

三、探索互联网背景下的自由贸易：以跨境电商监管为例

如何对跨境电商进行监管，广东自由贸易试验区经过近几年的探索，在这方面已经走在全国前列，主要做法包括：简化口岸环节，加强事中、事后监管，构建质量追溯体系，对跨境电商企业及商品实行事前评估、入区备案、第三方检测、事后追溯等闭环监督管理。这些措施有效地促进了片区跨境电商产业的发展。

（一）体系设计与发展策略

由广东自由贸易试验区境内的海关、检验检疫部门牵头，会同商务、发展改革等部门，积极构建事前备案、事中采信、事后追溯的跨境电商管理新模式。对跨境电商企业和商品实行备案管理。

（二）对电商商品出入境实施全申报管理

区内电商企业开展跨境电商业务须先分别在海关、检验检疫部门申请备案，备案采取网上备案形式，并实施"一点备案，全关通用"，在广州、深圳海关关区内任一业务现场完成确认的企业，即可在关区内其他业

务现场开展相关业务,无须再次办理备案手续。电商企业经营的商品首次销售前,须向检验检疫部门提供商品备案信息。一般风险商品备案时,只需提交商品名称、品牌、HS 编码(即海关编码)、规格型号、原产国别、供应商名称等信息即可;出境商品备案时只需提交商品名称、HS 编码、原产国别等信息即可。同一企业已备案的商品再次出入境时无须再次备案。

(三)对进口保税货物实施"先放后征"的快速通关模式

跨境电商进口试点企业在开展试点业务前,以银行保函形式向海关提交税款总担保。进口的保税货物以"跨境贸易电子商务"监管方式申报进口,保税货物进入跨境电子商务仓前,企业向跨境通关系统发送进仓清单数据,进仓清单审结后,企业凭载货单到码头办理提货手续,对货物施封后入仓。保税物品出仓运至境内转为正式进口的,企业向跨境通关系统发送电子清单数据。企业收到进境电子清单数据放行的反馈信息后,通过跨境通关系统发送装载单放行的申请。装载单放行后可开展物品实际物流配送。海关对跨境电子商务实施分类管理,探索"先放后征"模式,即海关凭担保提前放行商品,电商、物流企业定期集中代缴税款,对大部分低风险商品实施快速放行,提高通关效率。同时,制定跨境电商商品"7×24 小时"放行出区操作办法,实现跨境电商商品"7×24 小时"放行出区。

(四)建立跨境电商质量追溯体系

广东检验检疫局依托"智检口岸"公共服务平台,在全国建立首个跨境电商商品质量溯源平台,所有经广东自由贸易试验区南沙片区进出口的跨境电商商品质量信息都可登录智检口岸公共服务平台进行快捷查询。消费者只需输入订单号、快递单号或身份证号任意一项,即可快速查询商品名称、数量、货号、申报原产国、生产企业、入境口岸等 18 项信息,实现"源头可溯、去向可查"。

（五）推动跨境电商第三方采信制度

检验检疫部门将第三方采信与质量追溯体系有机结合，使产品溯源链条延伸至国外。若经中国合格评定国家认可委员会（China National Accreditation Service for Conformity Assessment，CNAS）认证的境外第三方检验机构对商品出具质量溯源证书，则检验检疫部门给予该进口商品绿色通道，将采信的产品质量信息、数据和物流信息全面导入"智检口岸"，掌握进口产品"出生证"，逐步建立全球产品质量大数据库，支持消费者在线查询。

（六）实践效果：推动华南跨境电商快速发展

（1）目前，企业在任何有互联网的地方均可实现业务网上申报、查询和备案，不需要下载任何客户端，实现24小时无纸化网上办公和"零纸张、零距离、零障碍、零门槛、零费用、零时限"的"六零申报"。

（2）检验检疫效率大幅提升，商品检验检疫办结率由以往的平均2～3天缩短为16分钟，产品合格率提升24个百分点，查验率降低90%。商品风险低、企业信誉高的货物实施现场免查验，绝大多数货柜可在1分钟内办结所有手续。

（3）实现商品"源头可溯、去向可查"。通过建立商品溯源平台，极大地方便了消费者掌握商品来源、检验检疫流程节点，了解商品质量信息，有效解决了跨境电商商品追溯难、维权难的问题，为消费者建立了一条公开、透明、便捷的跨境电商商品溯源和维权通道。

（4）推动跨境电商产业发展效果明显。广东自由贸易试验区已成为国内大型电商布局跨境电商业务的重点区域，天猫国际、京东、亚马逊、苏宁云商、1号店、唯品会、当当网、聚美优品等国内知名电商平台相继落户。

四、探索自由贸易新规则：现行做法与主要成效

广东自由贸易试验区已经把着力点放在国际经贸规则创新上，在实行准入前国民待遇加负面清单管理制度、口岸通关监管模式创新、国际贸易功能集成上加大力度，同时积极探索人民币资本项目可兑换、跨境人民币业务、融资租赁等，努力营造法治化、国际化、便利化营商环境。

为此，广东自由贸易试验区已经交出了一份不小的"成绩单"：正式挂牌半年后，广东自由贸易试验区公布首批60条创新经验，其中包括31项"投资贸易便利化"经验、12项"粤港澳深度合作"经验、13项"业务创新"经验和4项"事中事后监管"经验。① 2016年8月，广东自由贸易试验区又公布了第二批可复制、可推广的改革创新成果共39项，其中投资便利化领域10项、贸易便利化领域23项、金融创新领域2项。②

这些经验效果显著。例如，由于三大自由贸易片区获得60项省级管理权限下放，在投资便利化方面，审批时限压缩了50%；"三证合一""一照一码"的商事登记制度改革在三大片区全面铺开，企业从申请到拿到营业执照的时间由1个月变成3天；在通关模式上，由于实施国际转运自助通关新模式，货物转驳时间由2天缩短为3小时。

（一）深圳前海蛇口片区：创新监管服务模式，提升贸易便利化水平

深圳前海蛇口片区正以国际领先的自由贸易园区为标杆，依托海关特殊监管区"一线放开、二线安全高效管住、区内自由"为核心理念，以市场和企业实际需求为原动力，始终坚持问题导向，不断创新口岸监管和

---

① 刘其劲、陈熊海：《广东自贸区首批60条创新经验获商务部肯定》，载《南方都市报》2015年12月1日。
② 《广东省人民政府关于复制推广中国（广东）自由贸易试验区第二批改革创新经验的通知》（粤府〔2016〕83号），2016年8月22日。

通关模式，建立优质通关服务品牌，逐步实现监管模式、运行机制与国际接轨，营造具有国际竞争力的自由贸易试验区通关环境，形成一批可复制、可推广的制度与经验。主要做法包括以下3点。

1. 以"三互"统筹开展国际贸易"单一窗口"试点

将前海蛇口片区纳入深圳市国际贸易"单一窗口"试点范围，启动信息系统建设，制定管理规范和操作流程，实现企业一次提交相关数据即可满足相关监管部门的监管要求。在"关检三个一"试点的基础上，进一步实现口岸部门之间、前海蛇口片区与内陆口岸之间的"信息互换、监管互认和执法互助"。借鉴国际知名自由贸易园区管理运营经验，开展口岸综合监管局方案研究，探索以"单一体制"模式实现国际贸易"单一窗口"。

2. 以通关便利化为目标开展监管模式改革

一是实现西部港区通关一体化。试行自由贸易试验区已放行的出口货物发送"改船报文"等手续作业后置，实现已放行出口货物可24小时改船作业。深化保税港区与西部港区一体化运作，借助GPS、电子关锁等实现以调拨取代转关。推进蛇口与前海两个关区同类业务集约化管理，实现通关、查验、船管、转关等同类业务归并。

二是实现片区"陆、江、海"联运一体化。建立自由贸易试验区与皇岗口岸、深圳湾口岸等陆路口岸跨境快速通关模式，实现保税港区与一线口岸无缝对接，解决公路舱单系统不支持备案制清单报关单等问题；加强与珠西地区港口协作，完善华南驳船干线体系，创新江海联运、公水联运模式。

三是实现深港通关便利化。实施港口国际中转货物监管新模式，以智能化卡口等物流监控设施为基础，探索推动海关开展来往港澳小型船舶装载出口货物流程改革、各类船舶装载进口货物的通关流程改革；创新检验检疫监管模式，推进深港检测结果互认，发展前海湾保税港区"前店后仓"和一体化通关业务模式。

3. 探索前海蛇口片区与"一带一路"沿线国家、地区、自贸区的通关通检合作

争取海关总署、国家质检总局支持,将前海蛇口片区特别是西部港区作为我国与"一带一路"沿线国家地区在海关、检验检疫、认证认可、标准计量、统计信息等方面多边、双边合作的试点,率先探索我国与沿线国家地区互联互通监管合作新模式。加强"一带一路"沿线技术性贸易措施交流合作,发起举办相关国际论坛。加强与"一带一路"沿线的新加坡、迪拜杰贝阿里自由区等著名自由贸易园区的交流与合作,探索开展双边监管互信和通关合作,共同构筑贯通"一带一路"的国际物流大通道。

(二)广州南沙新区片区:打造贸易与物流中心的主要做法

广州南沙新区片区按照《总体方案》要求,推动自由贸易试验区建设与国家新区开发建设相结合,对接国家"一带一路"倡议,以制度创新为核心,面向全球高水平开放,突出强化区域功能,促进经济转型升级。其基本设想是:力争经过3~5年的改革试验,构建与国际投资贸易通行规则相衔接的制度框架,建立起高水平开放型经济新体制,逐步建成符合国际高标准的法制环境规范、投资贸易便利、辐射带动功能突出、监管安全高效的自由贸易试验区,为全面推动珠江三角洲转型发展、构建我国开放型经济新格局发挥更大作用。

1. 以"智慧口岸"为重点促进贸易便利化

一是国际贸易"单一窗口"2.0版上线运行。将业务功能模块拓展至16个,实现企业报关"一个平台、一次递交、一个标准"和口岸多部门业务"一点接入、一次申报、一次办结",货物申报使用率超90%,国际航行船舶申报使用率达100%。

二是"互联网+易通关"改革成效显著。建立"互联网+自助报关""互联网+提前归类审价""互联网+互动查验"等一站式综合通关服务,实现24小时全天候自助通关。实施快速验放机制等改革,物流运转时效

提升 50% 以上，进出口查验效率远高于全国平均水平。

三是"智检口岸"平台建设走在前列。运用"互联网+检验检疫"，全面覆盖进出口贸易方式和业务类型，推进国际多国互认制度，开展第三方检验结果采信试点，实现检验检疫全流程无纸化和 24 小时"六零通检"。依托"智检口岸"首创全球质量溯源体系，实现商品质量溯源和口岸快速通检，自贸区溯源制度向国际通行规则转变。

四是"智慧海事"改革进展顺利。优化保税货物核销机制，落实港建费免征政策。取消船舶进出港签证审批，实施船舶进出港报告制度，海事服务水平明显提高。

2. 完善大通关体系，构建与国际航运中心相匹配的贸易促进体系

进一步拓展国际贸易"单一窗口"功能，深化"三互"大通关机制改革，实现全面通关一体化。深化口岸业务创新，在国际贸易、国际中转、检测维修、船舶登记管理、航运贸易、航运保险、跨境支付结算等方面形成一批可推广复制的新经验。完善政府购买查验服务，完善推广"互联网+易通关""智检口岸""智慧海事"等新模式，进一步提升通关效率。加快建设自贸区进出口商品质量监管国际化规则示范区，打造"一码通检"监管体系。

3. 加快构建自由贸易发展的基础平台

一是推进跨境电子商务试点。加快建成集保税展示、物流、交易、服务于一体的电商港，新建一批仓储物流设施，打造跨境电子商务试点园区；建设在线通关、结汇、退税申报等应用系统，完善跨境电子商务快速通关、退税及结汇等便利化措施。

二是建设国际大宗商品交易中心。依托塑料电子交易平台、有色金属交易中心、粮油产品交易中心的建设，打造临港国际大宗商品交易中心。

三是建设国际采购配送中心。充分利用保税港区出口退税的优势，吸引跨国公司在区内设立国际采购配送中心。

四是建设国际中转中心。开展国际延迟中转业务（DIT），建设国际物流中转中心，拓展整车进口口岸功能，发展面向港澳及东南亚地区的汽车"保税中转"业务。

五是建设进口消费品集散中心。利用南沙保税港区政策,做大跨境电商保税展示体验中心,大力发展 B2B2C 进口、B2B 出口、B2C 直购进口等业务模式。引进"超级中国干线",打造和香港机场联网的跨境商品大通道。

4. 已经取得的主要成效

南沙自由贸易试验区自成立以来,贸易发展速度迅速。跨境电商、整车进口、保税展示等新兴贸易业态集聚发展。2016 年,南沙外贸达到 1694.3 亿元,增长 10.7%;进出口货运量达到 2841.8 万吨,增长 6.7%。2016 年,南沙港区实现货物吞吐量 3.04 亿吨,集装箱吞吐量 1262 万标箱,助力广州港货物和集装箱吞吐量分别位居全球第六位、第七位。

南沙片区的跨境电子商务发展成效尤其突出。近几年来,南沙探索跨境电商业务发展,创立了以直购体验为特色的跨境电商"南沙模式"。跨境电商仓库面积从 2014 年的 0.5 万平方米扩至 2017 年的 13 万平方米,吸引京东、聚美优品、苏宁、唯品会、当当网、天猫等大型电商企业相继落户。融资租赁企业数量从 2015 年年初的 30 余家增加到 2017 年 7 月底的 308 家,而且数量还在继续增长。

第二节 粤港澳深度合作与高水平自由贸易体系构建

香港是全球重要的国际贸易中心和自由贸易港,在发展自由贸易方面有着悠久的历史,因此,如何借助港澳在发展自由贸易方面的经验,共同打造粤港澳自由贸易港或自由贸易区,对中国探索自由贸易发展道路具有巨大的示范作用。广东自由贸易试验区在《内地与香港、澳门关于建立更紧密经贸关系的安排》及其补充协议(以下称"CEPA")框架下,在广度上拓宽粤港澳合作领域,进一步取消和放宽港澳投资者准入限制;在深度上创新粤港澳合作机制,在规则标准对接、项目资金互通、要素便捷流动等方面先行先试,打造粤港澳联手参与国际竞争的合作新载体。

一、粤港澳如何共建高水平的自由贸易体系:基本出发点

(一)制定港澳投资准入特别管理措施

在落实《总体方案》对港澳扩大开放措施的基础上,推动在金融服务、交通航运服务、商贸服务、专业服务、科技服务等领域取得突破。在现有对全球投资者负面清单的基础上,梳理对港澳服务提供者更开放的措施,在 CEPA 框架下制定港澳投资负面清单。

(二)规划建设港澳现代服务业集聚区

优化广东自由贸易试验区区域布局,在南沙新区片区探索引入港澳规划设计,粤港澳联合开发建设现代服务业集聚区;前海蛇口片区实施深港合作"万千百十"工程,建设香港优势产业十大聚集基地;横琴新区片区建设粤澳中医药产业园,建设特色产业聚集区。

(三)先行先试推进服务行业管理标准和规则衔接

借鉴港澳服务行业协会管理机制,探索与港澳的行业管理标准和规范相衔接,强化行业自律。探索与港澳在货运代理和货物运输等方面的规范和标准对接,推动港澳国际航运高端产业向内地延伸和拓展。针对与港澳市场监管执法标准差异问题,研究制订与港澳市场经营行为差异化责任豁免目录。推动跨境数字证书在政务、商务领域的应用。

(四)建设粤港澳创新型产业发展基地

加强与港澳科技合作,在广东自由贸易试验区积极承接和孵化港澳科技项目,推动粤港澳合作共建科技成果转化和国际技术转让平台,引进技

术评估、产权交易、成果转化等科技服务机构,建设战略性新兴产业研发基地。支持粤港澳企业、高校、科研院所在广东自由贸易试验区联合组建人才创新创业基地、开展联合技术攻关、协同创新和科研成果转化。

（五）支持港澳专业服务业拓展内地市场

支持港澳检验检测计量、会计、律师、建筑设计、医疗、教育培训、育幼等专业服务机构在广东自由贸易试验区集聚发展。推动粤港澳检验检测计量三方互认,逐步扩大粤港澳三方计量服务互认范畴,探索推行"一次认证、一次检测、三地通行",并适度放开港澳认证机构进入广东自由贸易试验区开展认证检测业务。允许港澳服务提供者发展高端医疗服务,率先开展粤港澳医疗机构转诊合作试点。设立港澳独资外籍人员子女学校,将其招生范围扩大至在广东自由贸易试验区工作的海外华侨和归国留学人才子女。允许港澳服务提供者在广东自由贸易试验区设立自费出国留学中介服务机构。支持在广东自由贸易试验区内设立的港澳资旅行社经营内地居民出国（境）（不包括中国台湾地区）团队旅游业务。

（六）促进粤港澳专业人才集聚

争取国家授权允许港澳律师、会计师、建筑师率先直接在广东自由贸易试验区内从事涉外、涉港澳业务,并逐步扩展职业资格认可范围。探索通过特殊机制安排,推进粤港澳服务业人员职业资格互认,研究制定支持港澳专业人才便利执业的专项支持措施。探索在广东自由贸易试验区工作、居住的港澳人士社会保障与港澳有效衔接。争取广东自由贸易试验区内地人才赴港澳"一签多行"。建设粤港澳（国际）青年创新工场、前海深港青年梦工场、横琴澳门青年创业谷等创业基地,为港澳专业人才创新创业提供孵化器服务。

（七）促进粤港澳服务要素便捷流动

推动粤港澳投融资汇兑便利化,促进粤港澳三地跨境支付服务,实现粤港澳资金更加便捷流动。支持建设广东自由贸易试验区至我国国际通信业务出入口局的直达国际数据专用通道，降低广东自由贸易试验区与港澳的通信资费水平，建设与港澳互联互通的信息环境。加快研究制定便利澳门机动车进出横琴的工作方案，积极争取实施相关便利进出政策。探索建立广东自由贸易试验区游艇出入境便利化监管模式。指导推动粤港澳游艇"自由行"试点工作。

（八）推进建设统一高效、与港澳联动的口岸监管机制

创新粤港澳口岸通关模式，加快推进粤港、粤澳通关监管合作。建立粤港、粤澳通关合作机制，加快电子平台建设，推进三地信息互换和执法互助，进一步提高粤港、粤澳通关便利化水平。创新粤港澳快速通关模式，支持粤港澳创新多式联运监管体系。支持深港物流跨境快速通关，开展珠澳两地小商品快速通关模式试点。

二、深圳前海片区：深港服务贸易自由化与贸易体系新领域

几年来，深圳前海蛇口片区围绕自由贸易试验区建设，依托深港两地庞大的国际贸易物流体量、世界级海空港物流基础设施和网络资源，通过自由贸易试验区的糅合与催化，围绕总部经济、平台经济、新兴服务经济，集聚高能级产业形态，提升国际贸易集成功能，发展新型贸易方式，打造千亿级产业集群，深港合作共建全球首屈一指的供应链管理中心。

为此，深圳前海片区发挥自身优势，在强调自由贸易试验区面向全球开放的同时，进一步扩大对港澳台服务业的开放力度，促进深港两地服务要素高效便捷流动、服务市场互联互通，不断提升深港之间服务贸易自由化程度，构建结构科学合理、国际化程度高、辐射能力强的现代服务业体系，将前海蛇口片区打造为服务型经济的活力引擎、世界服务贸易基地的重要枢纽。

（一）落实对港澳服务业扩大开放措施

落实并持续创新自由贸易试验区在金融服务、交通航运、商贸服务、专业服务、科技文化、工程建筑等领域扩大对港澳地区的开放措施。实施深港合作"万千百十"工程，即到2020年，实现由港资开发的建筑面积超过900万平方米，为香港居民提供超过10万个中高端就业岗位，吸引1万家香港企业落户；港资服务业规模超过1000亿元人民币，成功孵化培育港资创新创业领军企业超过100家，建成香港优势产业十大聚集基地。

（二）加强深港专业服务合作

将前海蛇口片区纳入经国家批准的广东省专业资格互认先行试点范围。探索允许取得香港执业资格的专业人士经相关主管部门备案后，直接为前海蛇口片区企业和居民提供专业服务。积极推进深港科技人才资质互认，推动建立深港调解员联合培训和资格互认机制。研究制定支持香港专业人才便利执业的专项支持措施，为香港法律、建筑、会计审计、广告、信用评级、旅行社、人才中介等专业服务机构参与片区开发建设提供便利。

（三）支持香港医疗、教育、旅游业拓展内地市场

允许港澳服务提供者发展高端医疗服务，率先开展粤港澳医疗机构转诊合作试点。吸引港资医疗、教育等重点项目在片区内落地，促进优质医疗资源、教育培训资源进驻前海蛇口片区集聚发展。

（四）加强深港检测及认证业合作

在自由贸易试验区内试行粤港澳认证及相关检测业务互认制度，探索推行"一次认证、一次检测、三地通行"，适度放开港澳认证机构进入自由贸易试验区开展认证检测业务，比照内地认证机构、检查机构和实验

室，给予港澳服务提供者在内地设立的合资与独资认证机构、检查机构和实验室同等待遇。研究制定支持深港检验检测机构率先在跨境电商、进口生鲜品等领域开展跨境检验检测服务合作的实施细则，推动境内外第三方检验检测机构在前海蛇口片区设立机构，拓展采信香港第三方检测机构结果的试点范围，推动深港检验检测结果互认试点突破。

（五）促进深港服务要素便捷流动

在"前海e站通"设立商务签证服务窗口，为区内人员办理赴港商务签注提供便利；降低自由贸易试验区企业人员赴港商务签注门槛。为符合条件的人员申办APEC商务旅行卡，享受出入境通关便利服务。争取放宽香港小汽车入出前海蛇口片区审批条件，开通广东省公安厅前海蛇口片区"直通港澳车辆审批登记""港澳台地区临时入境机动车登记"绿色通道。

（六）建设大宗商品贸易平台

推动建设贵金属、粮食、石油、农产品等大宗商品交易平台，创新资本、外汇、实物交割等监管模式，建设集大宗商品交易、结算、金融服务等功能于一体的交易中心。允许境内期货交易所在自由贸易试验区内海关特殊监管区域内设立期货保税交割仓库，支持港澳资企业参与商品期货交易。研究支持香港金银业贸易场等在前海蛇口片区设立贵金属保税交割仓和产业发展基地，探索建立境内交割仓与境外大宗商品交易平台联动发展机制，提升深港两地在国际市场商品体系中的话语权和定价权。

（七）建设新型保税展示交易平台

依托前海跨境电商试点，以"港人港资港管理""O2O"等创新商业模式建立前海全球商品保税展示交易中心，在此基础上进一步探索以国别馆模式建设全球商品B2B2C网购中心。以前海进口生鲜品交易中心、进口消费品直销中心项目为重点，实现保税港区"区内仓库"和前海"区外店铺"联动,形成"前店后库"进口消费品集散中心。依托前海国际葡萄酒投资交易中心项目、前海深港国际酒类检验实验室等载体,集聚境内外优秀葡萄酒进出口企业,打造立足前海、辐射深港,兼具国际贸易、物流、金融等功能的投资级葡萄酒交易展示体验中心。

(八)建立国际文化金融与文化贸易发展平台

争取将前海纳入国家文化金融合作试验区,鼓励金融机构在前海开展版权质押信贷业务,支持创新文化金融组织服务形式,构建前海蛇口片区文化产业投融资体系和文化金融公共服务体系。依托海关特殊监管区域,引进国际知名的财富管理公司、文化艺术品拍卖企业,在自贸试验区内建设文化艺术品保税物流综合服务平台、全球定制化交易分拨中心、单证金融中心、信息平台中心与联运枢纽中心。引进境内外文化企业集团,积极推进国家对外文化贸易基地建设、改革开放博物馆、蛇口创意岛、潮人码头、价值工厂等重点文化项目建设。

(九)打造深港联动的融资租赁产业生态圈

制定出台深圳市促进融资租赁业发展的若干意见及配套措施,突破首单深港跨境租赁资产证券化、海洋工程设备保税租赁业务,解决保税租赁模式中飞机不能实际入区的瓶颈问题,形成前海海洋工程与飞机跨境租赁"双轮驱动"的发展态势。牵头组建前海融资租赁事业部、深圳市融资租赁行业协会,集融资租赁相关管理部门合力设立前海蛇口片区融资租赁一站式服务平台,引导市场主体建立租赁资产跨境交易中心,以前海蛇口片区为核心,打造一个打通境内外、本外币、在离岸的资源配置市场,实现珠三角地区制造业与融资租赁新业态融合、境内存量资产与境外巨量资本充分对接的深港融资租赁产业生态圈。

(十)建设国家级的深港跨境电商产业生态圈

统筹发展前海跨境电商进口与出口试点、线上与线下业务,形成完善的跨境电商产业链和千亿级产业集群。支持招商局集团南油跨境电商离岸服务区及蛇口网谷电商产业园、深圳国际跨境电商产业园等国家跨境电商示范基地建设。向国务院申请设立中国（前海）跨境电商综合实验区，深港澳合作共建前海国际电商综合服务平台，构造一个以前海蛇口片区为核心，以 30 公里为半径，以深圳机场、香港机场、香港港、大铲湾港、西部港区、深圳邮政监管处理中心等重要的电商基础设施为支撑，以全球海外仓为网络支撑的"一带多点、联动发展"的深港澳跨境电商生态圈，以跨境合作方式共建网络化丝绸之路和虚拟型自由贸易区，为我国在互联网时代创新实施"一带一路"战略、成为国际贸易规则的制定者与引领者提供支撑。

三、广州南沙新区片区：以深化粤港澳合作为中心，全面提升对外开放水平

无论是从发展自由贸易角度，还是从粤港澳大湾区建设角度，"粤港澳深度合作"是广东自由贸易试验区建设最主要的战略使命。推进粤港深度合作区建设，促进内地经济社会管理与港澳规则对接。加强港澳在重点产业领域的合作，建设港澳科技成果产业化平台，吸引一流的现代服务业企业在南沙集聚。落实 CEPA 及补充协议，进一步扩大服务领域对港澳开放。全面建设粤港澳人才合作示范区，打造粤港澳人才高地。创新粤港澳通关模式，促进人员、信息、资本等要素双向自由流动。扩大与世界重要城市和重点区域自由贸易园区的交流合作。创新粤港澳合作模式，构建合作载体，推动服务要素双向便捷流动，促进全面、广泛、深入合作，推动粤港澳合作形成新格局。

（一）规划建设粤港澳现代服务业集聚区

优化区域布局，探索引入港澳规划设计，粤港澳联合开发建设现代服务业集聚区，促进港澳服务业集聚发展。搭建粤港澳青年学生创新创业平

台。建设港澳青年学生实习就业基地和粤港澳（国际）青年创新工场，搭建链接粤港澳三地创业创新青年的交流与合作平台。打造粤港澳科技创新转化平台。积极与港澳合作发展资讯科技、航运物流、研发制造等粤港优势产业，重点推动粤港澳科技创新及专业服务融合发展，打造粤港澳科技成果产业化的合作平台、生产性服务业融合发展的新高地。

（二）建设南沙检验检测高技术服务集聚区

鼓励港澳及国内外权威认证认可、检验检测机构在南沙检验检测高技术服务集聚区设立分支机构并开展业务。加强粤港澳产品检验检测技术和标准研究合作，推进第三方检验检测平台建设，逐步推进第三方结果采信。试行粤港澳、"一带一路"沿线国家认证及相关检测业务的互认制度，实行"一次认证、一次检测、三地通行"，逐步扩大粤港澳三方计量服务互认的范畴。适度放开港澳认证机构进入自由贸易试验区开展认证检测业务，比照内地认证机构、检查机构和实验室，给予港澳服务提供者在内地设立的合资与独资认证机构、检查机构和实验室同等待遇。推进国际多国互认制度。

（三）建设国际人才港

推进全国人才管理改革试验区（粤港澳人才合作示范区）建设，促进跨境跨国人才交流合作，积极打造国际人才港。研究制定南沙新区片区港澳及外籍高层次人才认定办法，为高层次人才入出境、在华停居留提供便利，在项目申报、创新创业、评价激励、服务保障等方面给予特殊政策。

（四）设立港澳独资外籍人员子女学校

探索允许港澳服务提供者在区内设立独资外籍人员子女学校，将其招生范围扩大至在南沙新区工作的取得国外长期居留权的海外华侨和归国留学人才的子女。

（五）推进粤港澳职业技能"一试三证"制度创新试点

推进粤港澳服务业人员执业资格互认，争取开展职业技能"一试三证"试点，通过一次鉴定考核同时获得国家职业资格证书、香港（澳门）官方资格证书及国际权威认证资格证书。

（六）打造穗港数据传输专用通道

建设区内至我国国际通信业务出入口局的直达国际数据专用通道。利用国家超算中心南沙分中心和已有的香港科技大学与霍英东研究院（点对点）专线通道，实现粤港跨境数据互联互通和超算业务的重点突破。

四、珠海横琴新区片区：深化粤港澳合作的主要做法

（一）进一步扩大对港澳服务业开放

1. 驻珠联检单位共出台53条支持措施

拱北海关已出台支持措施18条，优化海关监管与服务；珠海检验检疫局出台支持措施20条，支持创建横琴自由贸易试验区进口商品直销体验中心及葡语国家产品展示中心的工作；珠海边检总站出台支持措施15条，稳步推进"合作查验、一次放行"新型通关模式研究。

2. 横琴澳门青年创业谷正式启用

横琴澳门青年创业谷通过采取政府推动、市场运作的方式，按照"苗圃—孵化器—加速器"的创业孵化链条运作，形成从项目初选、产业化发展、资本运作的全链条一体化创业孵化服务体系，计划经过1年基础期、2～3年发展期、4年走向成熟期，最终打造珠三角最具"互联网+"思维的创业新高地。此外，着力推动澳门各界与创业谷深度合作，在帮助澳门青年在横琴降低创业成本、化解创业风险、实现创业梦想的同时，搭建两地青年交流学习的窗口和平台，通过5～10年的努力，为澳门青年

在横琴铺设实现梦想的"星光大道"。

3. 横琴口岸率先启动"一机一台"通关新模式

横琴口岸率先启动旅检现场"一机一台、联合查验、分别处置"的关检合作查验通关模式。该模式在全国各自由贸易试验区属于首创,海关和检验检疫部门工作人员使用同一X光机、同一屏幕对进境旅客行李物品进行机检、审像,并站在同一检查台前实施协同查验;如查验发现异常,海关、国检①将依据自身职责分别在后台进行处理。此举整合优化了监管资源、实现了信息共享、减少了重复监管,出入境旅客只需接受海关、检验检疫1次联合检查即可通关。据测算,该模式下旅客通关效率可提高30%,人力投入可节省50%。

(二) 对港澳的支持措施更加精准

制定强化横琴与澳门深度融合的多项措施,加快推进澳门投资项目建设。成立横琴新区加快推进澳门投资项目建设专项小组,以珠澳双方每月一次例会等形式协调解决澳门项目推进过程中的困难和问题。设立加快推进澳门投资项目建设服务窗口,集中受理报建审批材料,提供相关咨询与服务。借鉴港澳地区项目管理经验,探索试行"港资港模式,澳资澳模式",优化建设项目流程管理,加强质量安全监管。进一步发挥横琴粤澳发展基金的产业引导扶持作用,优先支持澳门投资项目建设。

(三) 对港澳产业合作更加多元

粤港澳产业合作进一步深化,至2017年年底,横琴注册企业突破4万家。港澳企业达1976家,是5年前的近10倍;香港丽新、香港信德、英皇集团以及德国城、法拉帝等巨头纷纷入驻,总投资25亿元的"中拉

---

① "国检"是出入境检验检疫机构简称,对出入境的货物、人员、交通工具、集装箱、行李邮包携带物等进行检验检疫,以保障人员、动植物安全卫生和商品的质量。

经贸合作园"已开园,首批15个合作项目签约。① 粤澳合作产业园一批重大项目动工和签约,佳景美食广场、横琴国际生科城、横琴天汇星影视综合城、未来梦幻世界、澳门拱廊广场、横琴大昌行物流中心、金源国际广场、彩虹生活广场、应来科创广场、港澳智慧城、金汇国际广场和钜星汇商业广场12个项目动工建设,中葡商贸中心、横琴万象世界、南光总部综合大楼和东西汇4个项目获得用地。开工和签订合同的16个项目,总投资额为610.50亿元人民币,涉及国际商务服务大厦、休闲旅游酒店设施、文化创意产业项目、国际生科健康项目、电子商务及仓储物流等产业领域,加速两地经济进一步深度融合发展②。

（四）进一步深化粤港澳金融合作

横琴与港澳的金融合作在银行业务、基金产品、保险服务市场互联互通进一步加强。跨境人民币结算业务快速增长,用于支持区内重大跨境基础设施和粤澳合作重点项目建设。一是区内港澳资企业已达82家,同比增长210%;二是广发基金管理有限公司成为首批获准在港澳销售基金的内地公募基金之一;三是设立澳门青年创业投资基金,通过参股基金、跟进投资和直接投资等方式运作,解决澳门青年创业资金难题;四是横琴新区港澳居民跨境住房按揭业务获得全面发展。2017年,珠海横琴新区的新注册港澳投资企业849家,同比增长72%。首期规模200亿元的粤澳合作发展基金也已落户横琴。③

---

① 黄钰:《珠海横琴八年 蝶变开放新城灿烂崛起》,载《羊城晚报》2017年12月16日。

② 钱瑜:《珠海横琴深化 粤港澳合作成绩单》,载《羊城晚报》2017年3月1日。

③ 魏蒙:《珠海横琴深化与港澳合作取得新进展》,见新华网：http://www.gd.xinhuanet.com/newscenter/2018-01/27/c_1122325950.htm,2018年1月27日。

第五章　21世纪海上丝绸之路枢纽与广东自由贸易试验区建设的实践探索

第三节　全球化贸易体系与21世纪海上丝绸之路枢纽建设

广东既是古代海上丝绸之路的最主要发祥地，更是21世纪海上丝绸之路建设的桥头堡，因此，发挥21世纪海上丝绸之路枢纽作用，是广东自由贸易试验区的最主要战略使命之一。为此，发挥广东地处我国与东盟、南亚合作版图中心地带的独特地缘优势，依托广东与"丝绸之路经济带"和"21世纪海上丝绸之路"（以下称"一带一路"）沿线国家和地区经贸往来密切的良好基础，创新与"一带一路"沿线国家和地区合作机制，打造"一带一路"重要的国际贸易门户、对外投资窗口、现代物流枢纽和金融服务中心，发挥广东自由贸易试验区在"一带一路"尤其是21世纪海上丝绸之路建设中的重要枢纽节点作用。

一、建设与"一带一路"沿线国家和地区的高水平合作平台

（一）建设与"一带一路"沿线国家和地区的贸易门户

发挥香港连接全球市场网络和澳门辐射葡语国家市场的优势，加强与沿线国家和地区的贸易往来。强化广东自由贸易试验区国际商品中转集散功能，建立21世纪海上丝绸之路沿线国家和地区商品展示、销售、采购中心。鼓励企业建设面向沿线国家的跨境电子商务海外仓储配送基地，支持企业利用第三方电子商务平台开拓市场。

（二）探索与"一带一路"沿线国家和地区关检合作

争取国家支持，在海关、检验检疫、认证认可、标准计量、统计信息

等方面与"一带一路"沿线国家和地区开展合作试点,探索建立与沿线国家口岸部门查验结果互认机制,探索我国与沿线国家和地区互联互通监管合作新模式,提高贸易便利化水平。

(三)打造与"一带一路"沿线国家和地区的国际交往平台

探索建立沿线港口城市间的联络机制和会商机制。在广东自由贸易试验区建设葡语系/西语系国家经贸合作平台。与"一带一路"沿线国家合作,探索建立海洋资源交易所、海洋新能源合作基金、海洋生物产业基地、科技研发中心等产业合作平台。

(四)建设"一带一路"物流枢纽

发挥广东自由贸易试验区与"一带一路"沿线国家海空港的联动作用,着力推进水陆空铁多式联运。加强与国内外各航运中心港口的协作,增开国际班轮航线。探索与"一带一路"沿线国家在货运代理和货物运输等方面的规范和标准相对接,探索具有国际竞争力的航运发展制度和运作模式。

(五)建设"海上丝绸之路国际海员中心"

推动成立"海上丝绸之路国际海员中心",并开发集海员培训、考试、注册、就业和国际交流合于一体的综合服务信息平台。将国际先进的船舶管理经验与内地海员人才优势相结合,建设21世纪海上丝绸之路国际海员外派基地,打造"中国海员"高端服务品牌,拓展国际海员市场。

(六)强化对"一带一路"建设的跨境金融服务

扩大人民币跨境业务创新,推动人民币作为与沿线国家和地区投资、跨境大额贸易计价和结算的主要货币,加快人民币国际化进程。支持粤港澳三地机构共同设立人民币海外投贷基金,为我国企业"走出去"投资、并购提供人民币投融资服务。探索将境外产业投资与港澳资本市场有机结合，鼓励在广东自由贸易试验区设立专业从事境外股权投资的项目公司，支持有条件的投资者设立境外投资股权投资母基金。开展与 21 世纪海上丝绸之路沿线国家的跨境金融资产交易。

（七）联手港澳打造内地企业"走出去"的重要窗口

依托港澳在金融服务、信息资讯、国际贸易网络、风险管理等方面的优势，在项目对接、投资拓展、信息交流、人才培训等方面加强与港澳的交流合作，为广东自由贸易试验区内地企业"走出去"提供国际化、高标准服务，支持国内企业等参与"一带一路"建设。

二、构建适应全球化自由贸易发展的国际航运服务体系

进一步夯实航运基础设施，完善集疏运体系，扩大航运业对外开放，促进航运服务高端要素聚集，推动邮轮母港建设和配套产业集群发展，建设国际性枢纽港，打造 21 世纪海上丝绸之路的物流枢纽和亚太地区航运综合服务平台。

（一）完善港航基础设施建设

抓紧推进广州港南沙港区三期、四期码头建设，建成投产一批 10 万吨级及以上集装箱泊位。推进南沙港铁路、沙仔岛近洋码头、龙穴南江海联运码头建设，拓宽南沙港区至珠江口段出海航道。建立与世界级航运机构的战略合作关系，从 2015 年开始，南沙港陆续新开辟 10 条外贸航线。推进前海湾保税港区二期规划建设，推动深圳西部港区资源整合。启动铜鼓航道拓宽升级工程，提升西部港区、大铲湾港区作业能力，建设高标准、自动化、智能化、绿色低碳的现代化示范集装箱码头。

在广州打造国际航运中心的规划中，广州港南沙港区是核心内容。这源于南沙港区位于珠江出海口的西岸，地处珠江三角洲的几何中心，具有优越的岸线资源，是珠江西岸大型的深水港区，也是珠三角集装箱货源集

散中心。目前，南沙港三期码头已建成投产。四期码头位于南沙港区南沙作业区中部挖入式港池内，拟建设 2 个 10 万吨级和 2 个 5 万吨级集装箱泊位（码头结构按靠泊 10 万吨级集装箱船设计）及配套集装箱驳船泊位，工程设计年吞吐量 480 万标准箱，计划建设年限为 2018—2021 年，总投资估算 55.88 亿元。① 2016 年，国际航运枢纽基础设施建设一号工程——广州港深水航道拓宽工程开工建设，计划 2019 年竣工。总投资预算约为 27.43 亿元，为历史之最。在 2017 年，南沙港区实现集装箱吞吐量 1406 万标箱，比上一年度增长 10.5%，助力广州港进入全球 2000 万标箱俱乐部，在全球名列前茅。"江海联运"驳船航线超过 150 条，覆盖整个"珠江—西江流域"，拓展了广州港的货源腹地。与此同时，广州港今年新增 3 个国际友好港，友好港数量增至 41 个；2017 年，新增外贸班轮航线 12 条、内贸线 19 条，迄今广州港集装箱航线达 197 条。

（二）扩大航运服务业对外开放

支持开展中转集拼业务，允许中资公司拥有或控股拥有的"非五星旗船"，试点开展外贸集装箱在国内沿海港口和广东自由贸易试验区内港口之间的沿海捎带业务。降低外资航运企业准入门槛，允许设立独资国际船舶管理企业，放宽设立中外合资、中外合作国际船舶企业的外资股比限制，允许外商以合资、合作形式从事公共国际船舶代理业务，外方持股比例放宽至 51%。扩大"方便旗"邮轮业务范围，制定在广东自由贸易试验区内注册的内地资本邮轮企业所属"方便旗"邮轮从事海峡两岸暨香港、澳门的邮轮运输和其他国内运输业务办事指南。

（三）试点国际船舶登记制度改革

制定广东自由贸易试验区国际船舶登记制度试点方案，简化国际船舶

---

① 任先博、马强：《广州打造国际航运中心，开启巨轮双向通航时代》，载《南方都市报》2017 年 10 月 15 日。

运输经营许可程序，优化船舶营运、检验与登记业务流程，形成高效率的船舶登记制度。推动航运企业、船舶经纪、航运保险、海事仲裁等航运要素汇集，提升航运综合服务水平。充分利用现有中资"方便旗"船税收优惠政策，促进符合条件的船舶在广东自由贸易试验区落户登记。

（四）拓展高端航运服务功能

促进航运与金融互动发展，发展航运保险，积极争取国家支持在广东自由贸易试验区建立首家航运保险公司。发展航运电子商务，探索航运运价指数场外衍生品开发与交易业务。支持广州航运交易所取得交易、融资租赁、保险经纪、担保、商业保理等特许经营资质。支持广州市组建航运基金管理公司，在南沙片区设立航运产业投资基金。发挥前海航空航运要素平台的功能作用，探索深港共建航运交易信息平台。

（五）建设自由贸易试验区邮轮母港

推动蛇口邮轮母港码头、邮轮中心工程建设。加快制定南沙邮轮母港建设方案。积极争取在邮轮母港开设口岸免税店。探索发展围绕国际邮轮母港的新型文化娱乐休闲产业，将广东自由贸易试验区建设成为亚太地区重要的邮轮母港基地。

（六）建立便捷高效的海事服务体系

推进"海事诚信管理"制度。优化船舶进出口岸许可流程，实现船舶出口岸"零时等待"，许可证"即到即取"，提供"材料一次提交，多船一次办结"等优质海事服务。研究制定广东自由贸易试验区海事管理负面清单、权力清单。

三、对接"一带一路",广东自由贸易试验区在路上

(一)广州南沙新区片区做法:强化广州在建设21世纪海上丝绸之路桥头堡作用

1. 推进海上丝绸之路沿线港口城市联盟建设

对接"一带一路"国家战略,探索建立联盟城市间的联络机制和会商机制,推动信息、通关、质检等制度标准的对接,探索建立沿线国家口岸部门查验结果互认机制,促进与联盟城市的双向投资。

2. 建设葡语系/西语系国家经贸园

与澳门商会、中葡青年企业家协会和西班牙中西百货协会合作建设葡语系/西语系国家经贸园,打造国内首个葡语系/西语系国家商品展示销售综合平台,共同发展商贸服务、产品展示、进出口贸易等。

(二)深圳前海片区:构建21世纪海上丝绸之路港口链枢纽

在自由贸易试验区框架下,深圳前海片区正充分发挥招商局集团布局全球15个国家、28个港口的网络资源优势,以"枢纽港、智慧港、低碳港"为目标,对深圳西部相关港区进行资源整合和产业升级,支持西部港区以资本、资产、业务为纽带做大做强,全面提升国际中转、高端航运服务及国际供应链管理等综合服务能力,以前海蛇口片区为战略支点,推进深港两地海空港基础设施协同运营,促进深港超级港口群、机场群发展为世界一流的国际性枢纽港群,以"深港组合港"形式共建21世纪海上丝绸之路的核心枢纽和重要门户,形成自由贸易试验区与国家"一带一路"战略协同发展新格局。

1. 推动国际中转集拼业务

推进近洋航线国际中转集拼业务。允许中资航运公司的全资或控股拥有的"非五星旗船"国际航线集装箱班轮船舶,从事国内对外开放港口

与自由贸易试验区港口之间的外贸集装箱内支线运输业务。

2. 打造国际海洋工程金融总部基地

支持招商局集团、中集集团整合海洋工程产业资源,建设前海海洋工程金融产业单元和全球研发中心;支持招商局集团以前海蛇口片区为中心投资布局海外海洋工程基地网络。在自由贸易试验区和海关特殊监管区内创新发展以海洋工程金融租赁、海洋工程设备保险为主的金融业务,设立海洋工程创新基金,促进产融互动,将前海蛇口片区打造为全球最大的海洋工程装备总部基地,力争5年内形成千亿级产业规模。

3. 建立区域联动发展机制

加强前海蛇口片区空间产业发展规划,进行土地利用优化调整,创新政企合作模式,在产业发展、功能布局、土地开发等方面形成前海区块与蛇口区块一体化联动、差异化发展的格局。加强自由贸易试验区与南山、宝安等其他城区在金融、物流、贸易、科技服务等领域的合作,发挥自由贸易试验区溢出效应。积极推动深港两地在自由贸易试验区框架下创新合作模式,探索通过加强两地机场与港口业务或股权合作,继续推动深港西部快速轨道等跨境基础设施建设,共建区域交通及口岸设施协调管理中心等方式,逐步推动两地机场、港口、口岸、轨道交通一体化运营,将前海蛇口片区打造为深港国际物流走廊核心枢纽、粤港澳大湾区主功能区,强化其对"一带一路"沿线国家和地区的辐射、带动作用。

4. 建设珠三角地区加工贸易综合服务中心

发挥前海蛇口片区高端要素集聚优势,搭建服务于珠三角地区加工贸易产业转型升级的技术研发、工业设计、知识产权等公共服务平台。启动自由贸易试验区加工贸易结算中心业务试点,制定外汇管理和投融资便利化专项扶持措施,吸引跨国公司入区设立加工贸易结算平台。依托前海"跨境易"电商服务平台开设加工贸易出口专区和加工贸易内销专区,实现平台与深圳加工贸易综合管理信息平台对接,引导珠三角地区加工贸易企业以跨境电商方式开展自主品牌小订单出口、直接内销和出口转内销业务。支持企业依托海关特殊监管区域开展全球检测及售后维修服务,解决跨国企业全球生产、集中维修的需求，带动珠三角高端装备制造业等战略性新兴产业发展。

5. 打通泛珠三角区域经贸合作通道

扶持培育外贸综合服务企业，为泛珠三角区域众多中小外贸企业提供通关、融资、退税、国际结算等上下游服务。建设国际物流和供应链管理企业集聚发展基地，以前海蛇口片区为圆心，构建辐射泛珠三角区域及"中国—东盟自贸区"的国际供应链网络。依托泛珠三角区域合作机制，探索与大型金融机构及内地龙头企业共同发起设立区域发展合作基金，开展区域战略性项目的联合投资，形成与泛珠三角区域城市发展合作新模式，促进地方产业结构优化和经济结构转型。

6. 建设内地企业和个人"走出去"窗口和"一带一路"投资并购桥头堡

支持有条件的企业在"一带一路"沿线国家开展绿地投资、并购投资、证券投资和联合投资，探索设立各类产业投资基金，依托"丝路板"① 开展投资并购。鼓励中资企业以前海蛇口片区为跳板"抱团出海"，探索在"一带一路"沿线的印度尼西亚、泰国、柬埔寨、坦桑尼亚、白俄罗斯等国家和地区投资开发海外综合性产业园、港口、交易所等项目，形成以"飞地经济＋双港联通＋跨境金融"为特征的粤港经济外溢发展新模式。大力发展海外保险、出口信用保险、海外租赁保险业务，为企业海外投资、产品技术输出、承接国家"一带一路"重大工程建设提供综合保险服务。

7. 推进"一带一路"沿线要素便利流动

支持搭建中国—东盟市场化投资促进平台，支持"一带一路"国家重点产业的领军企业在前海设立总部和金融、商贸、专业服务等多边合作

---

① 《中国（广东）自由贸易试验区深圳前海蛇口片区建设实施方案》提出，力争经过3～5年的改革试验，建设离岸证券交易中心，也即"丝路板"（前海蛇口国际板）。

组织。加强与南太平洋地区的经贸合作，探索建立海洋资源交易所、海洋新能源合作基金、海洋生物产业基地、科技研发中心等产业合作平台，促进"一带一路"沿线海洋资源要素优化配置。完善深圳到海上丝绸之路沿线港口的国际航运网络，增强近远洋航线密度，提升深圳港的辐射力。支持通过大数据集成，在"一带一路"沿线国家重要地区发展外贸综合服务平台，建设网络"丝路驿站"。

（三）珠海横琴新区片区：力争成为粤港澳大湾区最具特色地区

珠海横琴紧邻澳门，未来港珠澳大桥建成后，横琴还将是唯一与港澳同时陆桥相连的自由贸易试验区，这是横琴最大的优势和特色。因此，广东自由贸易试验区横琴新区片区以促进粤港澳深度融合、促进粤港澳服务贸易自由化、促进澳门经济适度多元发展为主要使命，尤其是要更多地突出澳门元素。

横琴新区片区特别重视与澳门的合作，正共同打造更具竞争力的国际休闲旅游中心，共同建设葡语系国家经贸合作平台，共同推动两地发展要素的跨境便利流动，让自由贸易试验区成为促进澳门经济适度多元化发展的重要载体，更好地实现两地发展的深度融合。未来，横琴将充分发挥紧邻港澳的区位优势，以政策沟通、设施联通、贸易畅通、资金融通、民心相通为主要内容，在深度合作中实现互利共赢，在互利共赢中深化合作，使横琴自由贸易试验区与澳门、香港成为利益共同体。

围绕自由贸易试验区建设，珠海力图构建具有自身特色的自由贸易体系。主要内容包括：通过与葡萄牙建立自由贸易平台，打通与欧洲的自由贸易通道；通过与巴西建立自由贸易平台，打通与拉丁美洲的自由贸易通道，主营农产品和大宗商品贸易；通过与安哥拉建立自由贸易平台，打通与非洲的自由贸易通道，主营大宗商品。以这三个核心自由贸易平台，将打通与欧洲、拉美、非洲的自由贸易通道。

为建立与葡语系国家贸易合作机制，横琴将充分利用澳门的窗口作用，以葡语系国家为突破口，协同澳门共同探索如何在货物通关、商品检验检疫、质量标准、电子商务等领域与葡语系国家建立合作机制，提高贸易便利化水平，推动内地与葡语系国家和地区的贸易往来。

横琴将通过搭建与葡语系国家的贸易平台，充分发挥自由贸易试验区国际商品中转集散功能，建立葡语系国家和地区商品展示、销售、采购中心，扩大人民币跨境业务创新，推动人民币作为与跨境大额贸易计价、结算的主要货币，加快人民币国际化进程。横琴还要搭建内地企业"走出去"的桥梁。据悉，横琴将建设成为内地企业对外投资的窗口和综合服务平台，引导内地企业和个人到葡语系国家开展投资活动。

第六章

21世纪海上丝绸之路与广东自由贸易试验区建设的问题和对策

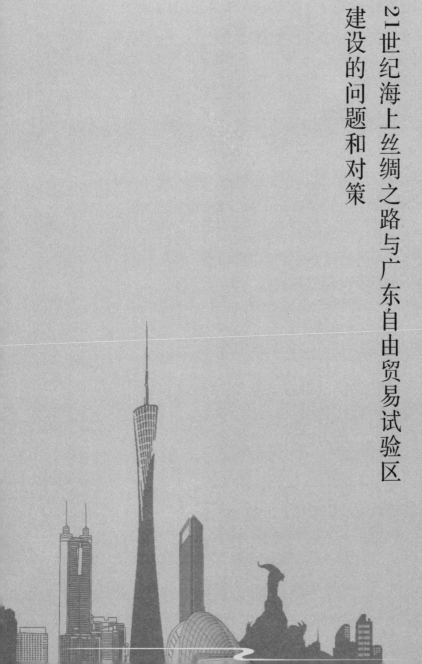

广东自由贸易试验区建设已经跨入第 4 个年头，广东各级政府围绕自由贸易试验区建设出台了若干规划、文件、方案以及行动计划，形成了一整套对策体系。在 4 年的建设实践中，三个片区结合自身的定位和实际情况，在探索新模式、新业态、新体系的同时，不断改革，创新发展，取得了一系列显著成效。但从 4 年来的建设历程看，仍然存在着许多问题，尤其是在如何推动自由贸易体系建设以及如何提升自由贸易能力、创新自由贸易发展模式等方面，仍然缺少强有力的战略推进，在如何发展自由贸易的"试验"方面，战略高度、深度和广度都还有所欠缺，因此，未来任重道远。

第六章 21世纪海上丝绸之路与广东自由贸易试验区建设的问题和对策

第一节 21世纪海上丝绸之路与广东自由贸易试验区建设中存在的问题

随着时间的推移和建设的推进,当前自由贸易试验区的"热度"有些下降,有些问题尚待突破和解决,原方案中的目标定位在落地过程中不同程度地存在偏差现象,有些制约因素也逐渐显现,对该区进一步发展形成障碍,需要及早采取应对之策。

一、领先型的改革创新举措不足

发展自由贸易,需要对现行的体制机制问题进行系统性的创新和改革,这也是自由贸易试验区"试验"的主要任务和重要意义所在。目前,广东自由贸易试验区的建设主要借鉴和复制了上海自由贸易试验区的一些创新的制度或举措,但是在全国范围内具有领先意义的改革创新举措明显不足,特别是已经推出的部分改革创新举措还未显现出良好的成效。

深化穗港澳合作和对接"一带一路"倡议虽有成效,但具有全国首创性的重大发展平台建设尚未有实质进展。其他各项改革创新如金融改革、航运资源整合、专业技能人才吸引等也尚未实现明显的创新性突破。其原因在于改革发展理念相对求稳保守,激励措施和容错机制明显不足,先行先试的胆识和策略比较欠缺,"不求有功,但求无过"的心态普遍存在。受部门利益、信息沟通不足等诸多因素的掣肘,改革整体协调不足,相关部门的单项改革突破往往与制度环境整体要求不匹配。

另外,由于企业对相关政策的获得感不足,示范效应尚未很好地呈现,企业参与的积极性也没能充分调动起来。因此,如何调动改革创新的积极性,通过制度创新持续呈现和放大改革效应,是广东自由贸易试验区建设需要解决的一个重要问题。①

二、区域产业和人才结构与自由贸易试验区发展匹配度不高

按照国务院批复的《中国（广东）自由贸易试验区总体方案》，自由贸易试验区应该围绕自由贸易发展问题进行全方位探索，重点探索体制机制创新，积极发展现代服务业，尤其是要试点以货物贸易便利化为主要内容的制度创新，开展与国际贸易相关的业务。然而，三个片区目前缺少贸易基础。以广州南沙为例，从南沙产业发展状况看，南沙三次产业结构体系中，第二产业占据主导地位，商贸、信息等现代服务业发展还相对落后，产业主体不多，产业规模也相对较小。第二产业内部又有大量化工、火电、造船、装备制造等产业，其中部分企业为央企，占地面积大，资源能源消耗大，产业链相对封闭，发展自成一体，难以和地方协调、融合、互促发展。显然，当前南沙的产业结构与自由贸易试验区以发展第三产业为主的规划要求尚有较大差距。自由贸易试验区"负面清单"及其他政策创新的受益对象主要为服务业，服务业发展严重不足也会反过来制约"负面清单"的正向效应。

与产业结构不匹配相似，自由贸易试验区人才不匹配问题也已显现。广东这些年在加工贸易体系下形成的人才结构，远远不能满足自由贸易体系下的人才需求，贸易人才方面的培育严重滞后。各自由贸易试验区在科技、金融等方面的人才相对较充足，然而，熟悉贸易实践尤其是了解国际贸易前沿趋势的人才严重短缺。三个片区内几乎没有一家真正的龙头贸易企业，从而也严重制约了贸易体系的构建。

---

① 石义寿：《中国（广东）自由贸易试验区问题思考》，载《现代商贸工业》2015年第20期。

三、自由贸易试验区发展空间受限问题

尽管从中央到地方,都高度重视自由贸易实验区的建设,但在具体的操作执行中,政府和企业可能被现实条件和短期利益所左右,或者还没有真正认识到发展自由贸易以及建立自由贸易试验区的意义,而仅仅将它当作发展经济和促进经济增长的一个新策略。

在这样的一种思维导向下,自由贸易试验区自身的生存和发展就面临着巨大压力。目前,我国已经批准成立 11 个自由贸易试验区,其开发建设主要着眼于基础设施和土地,以基建带动高端服务业、新兴产业和高端制造业等产业发展,开发模式和产业选择存在雷同的现象。

在信息时代背景下,分散化生产、个性化生产有可能成为主流的分工模式,与工业化时代的集聚化生产并行出现,这将表现为生产服务环节在空间区域上的非集中分布,从而使得各个自由贸易试验区产业发展重点的划分只是一种理想状态,最后必然会出现"你中有我、我中有你"的发展格局,人才、制度和政策竞争不可避免。可以说,目前全国经济都已经发展到较高水平,全国各地都已经拥有相对独立的贸易体系和贸易力量,它们也都在以各种路径和模式促进贸易创新和发展。在这样的背景下,自由贸易试验区的实力和条件如果有限的话,那么它能起到的带动和示范作用也将十分有限。

这和当年改革开放初期深圳经济特区设立时所面临的宏观环境完全不可同日而语,不同区域之间的合理竞争越来越成为新常态。例如,随着自由贸易试验区虹吸效应的显现,广州传统中心商务区或者经济集聚区为避免产业、人才和要素流失到南沙已开始出台各种政策,如天河区已经明确表示将复制自由贸易试验区经验,争取把珠江新城等区域纳入自由贸易试验区政策范围。对于南沙拥有的"金融 15 条",天河区也正在依托国际金融城的建设试图推出更具吸引力的政策。这样,自由贸易试验区政策优势并不明显,而且在创新力度方面也不一定就能够占到优势。

此外，还存在其他一系列问题，如发展目标与具体项目脱节问题、自贸区管理的体制机制问题、自由贸易试验区政策与其他地区政策的协同性问题等。

四、21世纪海上丝绸之路与广东自由贸易试验区的战略协同效应还不够明显

虽然广东自由贸易试验区三大片区都针对如何参与"一带一路"建设提出了各自的对策措施，而且也用实际行动参与到与沿线国家的商贸合作中，但从现状来看，自由贸易试验区如何打造成21世纪海上丝绸之路重要枢纽这一战略定位，目前还只是局限于一些具体的项目合作方面，真正的枢纽作用还不明显。一方面，广东与港澳在对外贸易的协同性方面还没有形成合力，还不是以一个整体对外发力；另一方面，现在的三大片区海外贸易额都很小，还没有发挥出应有的自由贸易功能，相关的贸易业务还处于起步阶段。这两个方面都制约了广东自由贸易试验区在21世纪海上丝绸之路建设的功能发挥。

第二节　跳出加工贸易惯性思维：广东贸易体系与经济体系重构

如果说加工贸易只是一个国家或地区工业化初期比较适应的贸易方式，那么，随着工业化进程进入中期，资本原始积累基本完成，工业体系初步建立，招商引资的使命基本结束，发展一般贸易和自由贸易就成为必然趋势。因此，广东必须从战略高度重视自由贸易体系建设，进而引领现代化经济体系建设和经济发展方式转型升级。

一、从加工贸易到自由贸易：一场基于贸易主导权的贸易变革

一个国家或地区贸易方式的演进，基本分为三个层次，即加工贸易、一般贸易、自由贸易。自由贸易是高级形态。从全球近300年贸易发展史的经验来看，从加工贸易过渡到一般贸易，正常情况下都需要40年左右的时间。

一般贸易从中级到高级的递进过程，就是从保护贸易到自由贸易演化的过程。对应于加工贸易、一般贸易到自由贸易这三种基本贸易方式，就有三种不同时代和层次的贸易体系。不同层次的贸易体系，在贸易格局、贸易能力、贸易模式、贸易业态、贸易功能、贸易结构、贸易对象、贸易范围、贸易规则、贸易权力配合、贸易利益来源等方面，其构成是不一致的。

严格地说，自由贸易是一般贸易发展的高级形态，只是因为它在现实的贸易体系中地位特殊，因此被单独看作一种贸易方式和体系。

自由贸易与一般贸易有较大差异，它是更高层次的贸易形态。目前，加工贸易、一般贸易、自由贸易三种层次的贸易形态在广东同时并存。加工贸易处于衰退之中，一般贸易处于成长之中，自由贸易处于试验之中，它们共同构成当前广东层次丰富、形态多样、业态多元的贸易体系。据介绍，新设立的广东自由贸易试验区规定不再发展加工贸易，但必须为加工贸易提供转型升级方面的服务。广东自由贸易试验区要集聚加工贸易价值链条两端的服务要素在这里形成若干个服务平台，把各类服务要素集中起来，来对加工贸易的转型升级提供支撑。[①] 这表明，广东决策层已经充分意识到不同贸易形态并存的情况，并试图妥善安排它们的关系。可以说，

---

① 吴璇、裘萍：《自贸区不搞加工贸易，但要带动加贸转型》，载《南方都市报》2015年4月22日。

在未来相当长时期内,这三种贸易形态存在着此消彼长的关系,因此,要客观科学地处理好它们的关系,并有序地推进着它们的变革和发展。

自由贸易的核心是贸易主导权。自由贸易是建立在足够强大的贸易主导权、充分的贸易规则制定权以及完善的一般贸易体系基础上的。进一步说,要实现"自由贸易",必须具有保障贸易"自由"的资格、能力和条件。显然,它是与后工业时代即服务业主导时代相对应的,也就是当一个国家或地区服务业在 GDP 中所占的比重超过 60%,则进入自由贸易发展阶段,如当前的欧美、日本、新加坡、中国香港等。显然,受多种因素影响,广东目前还没有达到这个阶段,但已经离这个阶段越来越近,因此,为了迎接这一时代的来临,广东应及早做准备,先建设小范围的"自由贸易试验区"或更小范围内的"自由贸易港",和早期的深圳经济特区一样,先"试验",待条件成熟后再扩大和推广。

从一般贸易向自由贸易的跨越,是一场深刻的贸易革命。从量变到质变,它必然推动贸易体系重构,因为不同的贸易形态所对应的生存条件和发展环境是不一致的。从规律看,在工业化中后期,即第三产业占 GDP 比重在 45%～60% 时,是一般贸易主导发展阶段,也就是加工贸易这一贸易形态逐步"让位"给一般贸易形态来主导。于是,在这一时期,一个国家或地区就要尽快构建与工业化中后期相匹配的贸易体系。这相当于日本在 20 世纪 60 年代中后期至 70 年代发动的"流通革命",我们也可以称之为"贸易革命"。[①]

二、基于加工贸易的广东贸易体系与工业化进程的不适应性

任何事物的兴衰都无法摆脱相关条件的约束。加工贸易的兴起与产业兴衰、市场兴衰与区域经济的兴衰都具有极强的相关性,随着历史条件、

---

① 欧洲工业化道路与亚洲不同,它们是先有商贸革命,然后才有工业革命。从贸易革命角度看,中国与欧洲不具备可比性,反而可以更多地参照日本模式与经验。

环境和动能的变化,加工贸易在广东正以各种庄严的方式逐步"谢幕"。那么,当加工贸易逐步"退场"、一般贸易趁势兴起时,与一般贸易相适应的贸易体系格局是怎样的?它的未来前景如何,发展趋势如何?在当前的现实中又处于什么样的状态?一般贸易时代与加工贸易时代的贸易体系又有什么不同?这些都是新时期的新问题。其中,许多问题我们都还处于初步研究中,既没有成熟完善的理论体系,更没有系统完整的对策建议,因此,还需要我们多些深层次的思考。

工业化进程与加工贸易发展不同阶段的贸易体系相对应,加工贸易的兴衰贯穿整个工业化进程。只不过,市场供求关系等差异导致工业化进程的不同阶段对贸易能力和贸易体系的要求也不一致,从而使得贸易体系的构成及其发挥的功能作用也不一样。参见表6-1。

表6-1 工业化进程与加工贸易不同阶段的贸易特点

特点	工业化初期	工业化中期	工业化后期
加工贸易阶段(生产周期)	初级阶段:引入和起步阶段	中级阶段:成长扩张阶段	高级阶段:成熟衰退阶段
市场供求关系	供不应求	供求相对均衡	供过于求
加工与贸易重要性	以生产为导向	加工与贸易兼顾	以贸易为导向
内外销关系	出口为主	内销与外销兼顾	侧重内销
贸易体系	零碎随机式	点状式简单联通的贸易体系	网络基本完善的贸易体系
贸易方式	加工贸易主导	加工贸易与一般贸易均势	一般贸易主导[①]

注:本表由作者根据自身研究成果制作。

在加工贸易发展的不同阶段,其贸易体系的形成与演变,与加工贸易的贸易方式和贸易格局所要求的"前店后厂"密不可分。在初级阶段,

---

① 在后工业时代,即服务业主导时代,加工贸易已经基本终结,一般贸易也从初级向高级转化,开始自由贸易时代。

本来产品就供不应求，而且基本上都是"前店"解决了销售问题，因此，这一时期只有简单的贸易订单处理、仓储物流等简单初级的贸易体系，属于低层次的。

而在加工贸易的中高级阶段，也即从扩张到成熟阶段，随着贸易重要性的不断提升，"前店"不由自身控制的弊端就开始显现，贸易体系不健全以及市场体系落后导致的渠道缺失以及贸易主导权带来的问题就会越来越多，进而直接影响到企业的生存和利益，于是贸易体系是否完善及贸易权力是否足够等一系列问题，就成为新时期的重点难点问题。

过去近40年中，广东加工贸易从引入开始，经过初期、中期到后期，基本已经走过了一个完整的生命周期。在这个过程中，它对广东经济社会发展的贡献是任何其他单一产业力量和要素都不可比拟的。同时，广东省各级政府及社会各界，为了加工贸易的发展，从招商引资到政务服务，从平台搭建到转型升级，从政策制定到规划指引，一直站在全国的前列，引领着加工贸易的成长、扩张和持续转型升级。可以说，这也是广东经济能持续保持强劲实力，并能获得稳健发展的关键法宝。

有一种误区，即无论是在政府部门还是企业，很多人都以为广东人天生就是做生意的，因此不需要重视贸易。但实际上，我们过去认识或适应的是小农经济时代或工业化初中期的贸易形态和贸易格局，而对于工业化中后期以及现代国际市场背景下的贸易流通，我们是十分陌生或不了解的。或许，这就是我们在设计加工贸易转型升级的对策体系时，极少关注"贸易"问题本身的原因。但这种现象对当前广东的经济发展已经造成了相当大的不利影响，即普遍不重视贸易主导权、渠道控制权及商品定价权，贸易发展水平与制造业发展水平严重不匹配，政府在出台相关政策时常常"身不由己"地从生产制造业角度去考虑。

三、摒弃以生产为中心理念：如何跳出加工贸易的惯性思维

随着2015年前后广东工业化进程进入后期，现有的贸易体系与加工

贸易发展所处的阶段已经严重不匹配，商贸流通能力严重滞后于加工生产能力的提升，形成巨大的"能力落差"，因此，尽快推进贸易方式的转型升级，推动贸易业态和贸易模式的创新发展，构建适应新时期、新特点的新型贸易体系，就成为现今广东经济发展过程中最主要的任务。

（一）贸易流通体系发展滞后：广东经济发展方式转型升级及经济体系重构的主要瓶颈

在加工贸易初级阶段，尽管贸易渠道缺失、贸易体系不健全、贸易方式落后、贸易业态也十分单一，但在"两头在外，前店后厂"格局下，贸易问题并不是什么重点难点问题，即使有问题，也不重要。例如，在整个20世纪80年代至90年代，有一个广交会，再加上类似于"中大布匹市场""华南城"等不同类型的原辅材料、半成品专业市场，以及盐田港等物流园区，就基本上满足了珠三角地区加工贸易对贸易体系的需求。至于这些商贸物流基础设施和网络是否构成体系、效率如何、海陆空是否实现联运、各贸易业态是否齐全，对于当时的加工贸易水平和规模来说是无须考虑的。

进一步说，有了香港自由贸易港这一强大的"前店"，在相当长时期内，直接弱化了珠三角地区乃至广东省创建完整的贸易体系的努力。珠三角地区只安心搞好"加工"就好了，因为这"省钱省事又省力"，从而在不知不觉间形成了对香港发达成熟的贸易体系的依赖，对贸易主导权的"外置"与旁落，处于听之任之状态。

这种情形在加工贸易发展初期是没有问题的。然而，随着广东加工贸易进入中后期，强大的加工能力与弱小的贸易能力形成巨大的反差，残缺不齐的贸易网点、相对落后的贸易基础设施、相对低效而成本偏高的贸易流程、简易且层次偏低的贸易业态等，不仅影响到加工贸易的转型升级，而且影响到整个经济发展方式的转变以及经济体系的进步。可以说，现今的广东贸易体系基本上是适应加工贸易初级阶段时代的商贸流通发展需要的，层次偏低，业态和方式相对落后，流通能力偏弱，存在着一系列的

"短板"、瓶颈和问题，无法满足新时代广东经济发展方式和现代经济体系的要求。

（二）延伸思考：加工贸易到底是一种生产方式还是一种贸易方式

严格地说，两者都是。加工贸易既是一种生产方式，也是一种贸易方式。但在广东的现行政策体系中，它一般被归纳为"生产方式"。例如，在一些文件或规划中，经常出现"力争到2015年，企业'委托设计+自主品牌'混合生产方式加工贸易出口占加工贸易出口总额的比重提升至70%以上""在延伸和提升产业链上下功夫，加快转变加工贸易生产方式"① 等表述。而且，广东学术界和政策研究部门也基本上都把"加工贸易"归结为一种生产方式，较少理解为是一种"贸易方式"。

为何这样？除了现实中的广东加工贸易确实侧重于"加工生产"这一客观事实外，更主要的还是因为某种思维定式或思维惯性，即由于加工贸易在广东工业化初中期经济起飞时期创造了奇迹并带来了巨大成就及影响力，从而各界在相当长时期内都难以走出其"光环"的照耀，进而更习惯于从"加工生产"视角去观察和认识加工贸易。

（三）如何跳出加工贸易思维：从"以生产为中心"到"以贸易为中心"

近20年来，笔者研究了成千上万与加工贸易有关的企业，亲自见证一些专业镇和加工贸易企业的转型过程，甚至还参与了广州、深圳、佛山、东莞等多个市或镇街的产业转型升级规划及方案的制定，也一直跟踪整个珠三角地区经济的变革和发展，最深刻的体会就是，在过去的近40年中，加工贸易的思维方式深深地铭刻在广东省各级政府、学界、商会、企业和各个方面，甚至在教育、科研、规划、法律等方面都深深

---

① 马汉青等：《广东加工贸易 破难题开新局》，载《羊城晚报》2012年8月31日。

地打上了加工贸易的烙印。这种烙印的最大特征就是,无论出台什么样的政策或制定什么样的规划,一般都是从"加工生产"角度出发,而不是从"贸易流通"角度出发,"前店后厂"的模式固化在我们的各个方面,以至于各级政府在招商引资或产业规划中都习惯于考虑多少产值、多少产能、什么样的技术、产品层次如何等,而很少考虑我们在这个产品或产业的市场上控制能力如何、如何通过市场网络布局获得对该类产品的商品定价权、如何通过贸易体系的构建和相关规则的制定而获得主导权等问题。

在过去的近20年中,广东出台了数十个与加工贸易转型升级相关的决议或配套文件,有力地推动了加工贸易的转型升级和创新发展。但同样不可否认的是,尽管在以往的转型升级政策实践中,无论是政府还是企业,虽然都不同程度地看到了加工贸易带来的问题及原因,也试图从"微笑曲线"、价值链等理论中找到转型升级的路径,但总体而言,大多是基于"生产加工"或"生产方式"视角来谋划转型升级的。这样的话,难免忽视在加工贸易不同发展阶段中"加工"与"贸易"权力动态转换的问题,强调了"生产加工",忽视了"贸易流通",从而在战略上给工业化后期、加工贸易成熟衰退阶段如何构建相适应的贸易体系留下了某种"瑕疵"和盲点,而这也是加工贸易转型升级和创新发展政策实践中的一个缺陷和漏洞。

从另一个侧面看,广东各界都在为"珠三角奇迹""世界工厂""广东制造"而自豪的同时,基本上都忽略了一个非常明显却极为深刻的问题,即广东在服装、家具、家电等领域,无论是在出口市场还是国内市场,这些产品的市场份额占比都非常高,经常有"全球家具看中国,中国家具看广东"的口号和提法,广东玩具、建材、皮鞋等许多产业也是如此,但很少有人去考虑或者研究过,这些出口或内销的商品中,有多少是广东的商贸流通企业通过自主可控的渠道体系销售的?又有多少家商贸企业能代表"广东商贸"在全球布局?

进一步说,广东在拥有强大的"加工制造能力"的同时,是否具有了强大的"贸易流通能力"？二者是否匹配？显然，这个答案是否定的。那么，又是什么原因导致的呢？在笔者看来，这就是"加工贸易后遗症"带来的影响。从上述已经被政府和企业普遍采取以及了解的转型升级路径中可以发现，尽管考虑到向产业链两端延伸，注意到了加工贸易一般处于"微笑曲线"低端带来的价值链偏低的问题，甚至还考虑到了如何拓展内销和外销市场，然而，我们在制定政策和相关方案时，很少跳出"加工贸易"中"重加工，轻贸易"的思维定式，将大量的资源和能力放在生产、技术、产品等方面，而很少从贸易方式升级、贸易能力提升、贸易体系构建、贸易业态和模式创新角度去进行顶层设计与战略布局。

第三节　21世纪海上丝绸之路与广东自由贸易试验区建设的对策建议

近两年来，在自由贸易试验区建设正在快速推进的时候，中央提出了"粤港澳大湾区"战略，随后在党的十九大报告中，又提出要发展"自由贸易港"，在这一系列新战略连续出台的背景下，不少专家、政策研究人员、政府决策人员以及媒体、企业界，都纷纷忙于"追热"，不断追逐新概念，而较少静下心来考虑它们之间有着怎样的关联？为什么这一系列新提法会出现？其实，从中央的战略意图不难看出，这其中的核心点还是在于"自由贸易试验区"。为了广东自由贸易实验区能够真正深入地走下去，能够建设出成效，各级政府从而又推出一系列相关战略举措来保驾护航。它们的基本关系应该是：粤港澳大湾区是广东自由贸易试验区的发展依托和支撑，而自由贸易港则是自由贸易实验区更具体、更局部的试验。它们一个是从宏观的角度出发，一个是从微观的角度出发。而自由贸易试

第六章　21世纪海上丝绸之路与广东自由贸易试验区建设的问题和对策

验区则处于中坚地位,是内核。①

因此,从对策体系看,广东自由贸易试验区应该结合总体战略定位和已经确立的目标与方案,根据当前实践中取得的成效和存在的问题,围绕"自由贸易"这一中心问题寻找新的突破点,以使自由贸易试验区的"试验"能深入走下去,最终能为中国建立自由贸易体系做出自己的贡献。

一、以粤港澳大湾区建设为21世纪海上丝绸之路与自由贸易试验区建设的主要突破口

相比全国其他自由贸易实验区而言,广东自由贸易实验区最大的优势之一,就是紧邻香港这一全球重要的自由贸易港,可以更直接地与这一成熟的自由贸易体系进行对接,这更有利于高水平自由贸易体系的探索与创新。显然,粤港澳大湾区的建设,为这种"试验"提供了更优质的土壤和基因。

更主要的是,中国正不断扩大与其他国家签订自由贸易协议,推动全球化自由贸易发展,甚至参与了中国—东盟自由贸易区建设。然而,中国内地与港澳,尤其是广东与香港之间以及粤港澳之间,却还未能成立自由贸易区。虽然这里面存在多重复杂的原因,但无论如何,它都阻碍了粤港澳大湾区的贸易资源整合、贸易产业链的形成,从而降低了大湾区在全球贸易中的竞争力。

珠三角地区之所以能够成为我国改革开放的"领头羊"、"中国制造"的代名词、转型和创新集中地,在于20世纪80年代以来,通过港澳这个面向国际市场的大前方,利用"前店后厂"的分工协作,成为外向依赖型、以加工制造为主的地区生产体系,成为世界制造业基地。

---

① 从现状来看,相关的政策研究已经远远滞后于国家发展战略需要。对于广东自由贸易试验区与粤港澳大湾区建设的关系,相关的决策咨询专家由于自身对"自由贸易试验区"还没有真正理解到位,进而对"大湾区"的建设也未能真正理解其战略意义。

2008年以后,外需回落,以深圳为代表的珠三角地区开始"腾笼换鸟",将传统制造业向珠三角腹地转移,向科技和现代服务业转型。目前,粤港澳大湾区已出现了大湾区的雏形,比如全国领先的空港体系、贸易港口体系。港珠澳大桥即将建成,将形成连接深港、广佛和珠澳三大经济带的闭合快速路网。"十三五"末,大湾区"1~2小时交通圈"的密集路网将成形,这被认为是建设国际一流湾区的重要举措,以形成湾区城市间竞争与合作、连接国内外市场的重要枢纽架构,有利于粤港澳大湾区内商流、人流、物流变得更加畅通。

粤港澳大湾区的地理范围,在历史上就是全球最大的贸易枢纽,现在也具有全国最丰富的贸易资源,是全国最有条件构建自由贸易体系的地区。因此,以粤港澳大湾区来统筹广东自由贸易试验区建设,更能突出重心,更有利于形成覆盖全球的贸易产业链、价值链和供应链。借助港澳国际窗口和金融等现代服务业优势,作为创新发展和文化中心的广州及深圳,若能与珠三角地区的其他城市形成协同效应,则可形成从研发、募资、制造、产业化到贸易运输的创新链和产业链,打造出一个层次更立体、覆盖链条更全面的经济、科技大湾区形态。同时,凭借港澳国际认同的市场地位,以及经济转型和现代服务业需要的现代金融、物流、法律、管理等"软环境",建设大湾区还能让粤港澳大湾区成为21世纪海上丝绸之路的领头羊,助力中国经济转型。

2014年,粤、港、澳三地的GDP总和达1.3万亿美元,为旧金山湾区的2倍,接近纽约湾区的水平;进出口贸易额达1.5万亿美元,为东京湾区的3倍。未来,粤港澳大湾区能否真正繁荣发展起来,最关键的仍然是借助贸易优势,将进出口贸易额进一步提升。可以说,当它的进出口额超过了纽约,也就意味着它在实际上成为全球第一大湾区,从而也就真正体现了21世纪海上丝绸之路领头羊和桥头堡的作用,成为全球贸易中心。

二、连通自由贸易试验区三大片区，打造广珠自由贸易走廊

在当前条件下，珠江两岸的产业结构差异越来越明显。珠三角地区的贸易资源主要集中在广州、珠海之间，而广州、深圳之间，则更多的是以科技创新和金融创新为主要特色。尤其是港珠澳大桥将香港与珠海、中山、澳门直接连通，相对容易形成珠江口三角形的内部贸易圈。因此，将广州这一国际贸易中心与港珠澳贸易圈连通，正好也是几百年来传统的国际贸易走廊。因此，结合港珠澳大桥开通带来的新机遇，以南沙、横琴两个自由贸易试验片区为承载点，共同构建自由贸易体系，打造广珠自由贸易走廊，有利于深化自由贸易试验区建设。

（一）范围界定

以珠江为界，以广州市海珠区为起点，经番禺、南沙、佛山、中山、珠海，一条珠江西岸的经济走廊自然成形。在这个走廊中，不仅有广交会、大学城、广汽生产基地、珠江西岸先进装备制造产业带，还有南沙、横琴自由贸易试验区和纵横交错的水运航道、公路、铁路，以及广州、佛山、珠海三大机场。"广汽"、格力、美的等龙头企业和为数众多的产业集群，对内陆腹地有很强的辐射带动能力。

（二）以申报自由贸易港为切入点

党的十九大报告提出，"赋予自由贸易试验区更大改革自主权，探索建设自由贸易港"。在珠江东岸已有香港自由港的背景下，近年来，香港、深圳等地的外贸集装箱向广州南沙等港口转移趋势明显。广州南沙、珠海高栏与已有的广东自由贸易试验区南沙新区片区、横琴新区片区的地理距离很近，建设自由贸易港不仅是现实需要，也有较好的物理条件和发展潜力。

（三）大力推进粤港澳大湾区互联互通和口岸通关便利化

充分利用香港、澳门机场的自由贸易条件，加强内地与港澳机场的连接通道建设。深港口岸日均流量超过 50 万人次，珠澳口岸日均流量 20 多万人次，相关部门只能通过加大信息化投资力度，用技术手段解决口岸通关业务增长与海关等联检单位编制缺乏、人手紧缺的矛盾。

（四）加大政府协调力度，延伸享受港澳地区的部分政策

整合提升现有"泛珠办""珠西办"等机构的职责范围，统筹推进大湾区建设、粤港澳合作和泛珠区域合作。探索将经港澳过境 144 小时免签、离岸金融等政策逐步延伸至广珠自由贸易走廊所包含的城市范围，促进金融自由、贸易自由和自然人流动自由。

总之，在广深以及深港之间的贸易扩张已经难有上升空间的大背景下，用扩大开放的办法打造广珠自由贸易走廊，探索构建高水平的自由贸易体系，对广东自由贸易试验区建设具有重要的意义。

三、借鉴世界主要自由贸易区及自由贸易港建设经验，不断探索新模式

近 70 年来，在以美国主导的新一轮全球化浪潮中，欧洲、美洲、亚洲都涌现了一批发展较好的国内自由贸易区，这些自由贸易区的模式和经验都值得我们参考和借鉴。其中，香港自由贸易港的建设经验尤其值得关注。

香港自由贸易港是目前中国自由贸易体系的枢纽和排头兵。虽然它与中国内地的贸易体系还存在着诸多不协调的地方，但整体而言，在"一国两制"条件下，它和澳门一起共同成为现代中国贸易体系不可分割的组成部分。

香港自由贸易港产生于 1841 年，发展至今已超过了 176 年 。中国香

第六章　21世纪海上丝绸之路与广东自由贸易试验区建设的问题和对策

港是目前世界上最自由、最开放、功能最健全的自由港,这是香港自由市场经济制度与经济政策中最具特色的组成部分之一。

香港的维多利亚港坐落于香港岛与九龙半岛之间,在珠江口的东边,握珠江口的进出门户,是世界三大天然良港之一。海港四周有群山环绕,东面的鲤鱼门入口狭窄,利于对波浪形成阻挡;西面的汲水门有大屿山和小岛,起到阻隔风浪的作用。如此,从形状上来看,形成了一个巨型的袋式避风港。①

香港具有发展自由贸易港的有利条件和政策环境。英国割占香港的最初目的,就是要把香港变成英国在东方的贸易大港,利用其优越的地理位置和港口条件促进英国与中国及整个东方的贸易发展,把英国及其附属国的产品便利地销往东方,而把亚洲廉价的工业原料和劳动力吸收到英属公司和企业中来。香港实施"积极不干预主义"政策,这样的经济政策使得香港能够充分利用当地的自然、人文环境,从而达到经济发展的目的。同时,中国政府对香港一贯支持的政策也不容忽视。②

在内地封闭和市场不开放的背景下,香港就成为东亚地区航运的最佳港口。而且从全球地理位置来看,香港处于太平洋沿岸各国的中心,是太平洋和印度洋上的航运要道,也是北美、欧洲和日本等国经济贸易活动进入南中国地区及广大腹地的重要门户。香港占据了亚洲航运和贸易的有利的中心地位,在世界范围内,由欧洲、非洲和南亚次大陆等地区来往于东亚之间的航运,都需要以香港作为中转站。③

香港实行海外贸易自由化,除甲醇、碳氢油类、酒类、烟草等四类商品外,其他物品进出港区均无须交纳关税,也没有服务税和增值税。除管

---

① 梁振英:《香港政府开发及批租土地的政策和经验》,载《中国地产市场》2004年第12期。

② 高成华:《香港经济制度变迁对经济发展影响研究》,武汉大学博士学位论文,2010年。

③ 范宏云、孙光永:《香港建设自由贸易港的经验》,载《特区实践与理论》2008年第3期。

制类商品（如毒品、炸药等影响公共健康和安全的物品）需要政府部门的批准外，一般货物没有进口证和进口配额的限制。香港境内的任何人和注册的任何公司都拥有经营货物进出口的权力，无须向特区政府申请和批准，但所有的经营活动都必须遵守以上管制类的规定。

从目前世界自由贸易区发展的经验看，各国在发展自由贸易区的背景和条件相差很大，因此，模式和机制也就不同，从而带来的成效和影响也不一致。参见表6-2。

表6-2 世界典型自由贸易区概览

名称	设立时间	功能定位	主要特点
新加坡自由贸易区	1969年	转口贸易为主	宽松、自由、开放的外汇管理和金融政策；免费仓储服务；注重信息化建设
中国香港自由贸易区	1841年	转口贸易为主	高度自由、高度开放；以中国内地作腹地
阿联酋迪拜杰贝·阿里自由贸易区	1979年	转口贸易为主	区港结合的运营模式；免税仓储；企业进入自由贸易区宽松政策
巴拿马科隆自由贸易区	1948年	转口集散为主	准确的功能定位；大程度免税政策；先立法后设区
德国汉堡港	1189年	转口贸易、转口集散为主	船只和货物的高自由度，在世界上所有自由港和自由贸易园区中都是少见的；自由贸易区内的船只无须海关手续，只需挂"关旗"

注：笔者根据文献资料整理。

但就发展方向、对贸易和投资便利化诉求的实现而言，自由贸易区的设立与发展，主要有以下一些方面的经验启示。[①]

---

① 沈家文、刘中伟：《自由贸易园区的国际经验与启示》，载《全球化》2014年第5期。

（一）提高贸易和投资便利程度

自由贸易区的核心思想可概括为"一线放开，二线管住，区内不干预"。比较欧美和亚太各类自由贸易区，准许外国商品自由免税进出口、实施便捷合理的有效监管是其基本功能。相关国家或地区赋予自由贸易区"境内关外"的特殊法律地位，海关的监管方式不同于其他海关管辖区域，对于进出货物的运输、储存、流动和买卖，尽可能简化手续、提高效率，给予最大程度的自由，海关仅在货物离开园区入境时进行严格监管。①

（二）创新园区管理模式

国外自由贸易区的管理模式不尽相同，分为国家级或地区级的宏观管理体系和园区内的微观组织体系。根据各国园区的发展经验，对于自由贸易区较多或港城融合型的国家（地区），在立法约束基础上，可建立国家级的专门机构进行协调，负责全国范围内的自由贸易区事宜；对于自由贸易区数量较少的国家（地区），可以赋予地方政府进行直接监管的职能。美国的海外贸易区作为"公共设施"进行运营，将政府政策干预限定在立法和契约保障上，允许企业自身涉足自由贸易区管理，充分调动企业的能动性和积极性，形成创新性的制度设计。

（三）扩大园区开放范围

各个国家在为自由贸易区立法时，普遍推出各类优惠政策和开放措施，吸引国内外投资者，扩大园区影响力，包括：税收优惠，即实施不同范围和程度的关税减免或豁免优惠；金融优惠，即允许资金自由流动，提供和放宽进出口贷款补贴等措施；开放国内市场租用土地加速资本折旧；

---

① 祁欣、孟文秀：《全球自由贸易园区发展模式及对比分析》，载《对外经贸实务》2010年第6期。

等等。

(四) 培育园区优势产业

在各国（地区）的自由贸易区实践中，传统上主要还是围绕海关监管和关税制度自由化，或以为生产经营活动和货物人员的往来提供便利为基本业务。但是，产业附加值的提高、产业结构的优化和竞争力提升，正成为自由贸易区示范效应和引领作用的新体现。根据国外各类园区的发展经验，凭借各类优越条件吸引国内资本或外资进入，引进高科技和新兴产业形成集聚，形成一国（地区）独特的产业特征和可持续发展动力，逐渐成为各国（地区）发展自由贸易区的普遍共识。

(五) 制定完善的自由贸易区法律保障其依法运行

国外自由贸易区的发展，几乎都遵循先制定专门的自由贸易区基本法，然后再依法设立和管理自由贸易区，并在发展过程中不断完善和修正基本法。基本法的设立可以保证自由贸易区及其政策的权威性、一致性、稳定性。基本法对自由贸易区的设立、开发、管理、监管、取消，以及各级行政管理机构（的职能、职权、职责）、运营机构、各种政策（海关、税收、外汇、投资等）、业务范围、货物和人员进出等方面都做了明确规定。①

四、充分发挥香港、澳门在 21 世纪海上丝绸之路建设及海外贸易中的特殊作用

香港、澳门本来是广东的两个小渔村，为什么它们却成为中国历史上被西方租借最久的两个地方？而且，二者对中国的对外开放及当今经济产

---

① 钟坚：《世界自由贸易区发展的现状及有关问题》，载《特区经济》2000 年第 7 期。

第六章 21世纪海上丝绸之路与广东自由贸易试验区建设的问题和对策

生了巨大的影响力？实际上，它们的兴起与变化，与古代海上丝绸之路的演变密切相关。

（一）古代海上丝绸之路与中世纪西方国家的东方贸易渠道拓展

15—18世纪，欧洲人相继进行全球性海上扩张与殖民活动，特别是地理大发现，开启了大航海时代和全球化贸易时代。

随着葡萄牙等西欧国家绕过非洲好望角进入东方世界，并先后控制了阿拉伯半岛、印度次大陆和东南亚等地区的海上要道，改变了中国南海和印度洋的传统海外贸易格局，长期活跃在这些海域的亚洲海商，在"仗剑经商"的西方商人的竞逐下纷纷退出历史舞台，或者沦为次要的海商群体。

16世纪以后，葡、西、荷、英等西方国家凭借武力，相继抵达中国南海，南海成了西方诸国的角力场，南海商道的控制权随彼此势力的消长而易手。尽管以广州十三行为代表的中国商人在这些区域内从事国际贸易，并从规模和影响力看依旧占据重要地位，但却已很少以船队远航的方式"下西洋"，更是很少越过马六甲海峡，与印度、阿拉伯商人做生意。至此，以郑和下西洋时代构成的中国海外贸易主导权随之消失，而西欧市场经济国家逐步掌控全球海外贸易主导权，一直到20世纪第二次世界大战后由美国掌控才结束，长达600年历史。

当然，西欧国家对海外贸易主导权的掌控并不是持续稳定的，在不同的时期由不同的国家主导。即使是中国近海的海外贸易主导权，也不再由中国掌控，"中国海16世纪是葡萄牙人的，17世纪是荷兰人的，18世纪是英国人的"[1]。

---

[1] 徐素琴：《古海上丝绸之路促粤外向经济发展》，载《深圳特区报》2014年7月1日。

（二）古代海上丝绸之路与香港、澳门海外贸易的兴起

历史上的香港、澳门只是广东地区珠江口的小渔村，为什么它们能在中国乃至全球贸易格局中充当着特殊的角色、拥有特殊的地位？严格地说，它们是大航海时代中国"保守型"海外贸易与西方"攻击型"海外贸易"对接"的特殊产物，最初，它们担负着西方国家掠夺中国财富的使命和特征。

在明代中后期，由于政府主动放弃海外贸易主导权，试图以封闭的方式来处理中国与外国的贸易关系。然而，千年来逐步被中国商品吸引的西方商人，为了巨大的利益，肯定不会放弃中国市场，并主动从西方走向东方。既然中国不把商品运送到西方，甚至中断了长期延续的海外贸易渠道，那么这正好成了西欧商人的大机会，于是，他们纷纷寻找通向中国的新航路，并最终先后达到中国。

而此时，广州是中国与世界连通的唯一贸易口岸。西方为了实现对中国贸易渠道的长期控制，以获得持续稳定的扩张，必须在广州的出海口附近找到落脚地，于是，从16世纪起，葡萄牙和英国依靠武力，向清政府强行租借香港、澳门①，以殖民地化的方式，按照贸易港口模式来进行治理，这也就有了香港、澳门的兴起和繁荣。

（三）充分发挥香港在对外贸易中的特殊作用

香港作为中国特别是广东外贸中转港的地位，在20世纪以后越来越巩固，洋货可以通过香港大举输入广东内地，而广东土货的出口也主要通过香港中转。以蚕丝出口为例，从晚清到民国，粤丝出口都不是直接输出，而是通过洋行再通过香港转口。广州的丝庄商人只管蚕茧的收购、丝

---

① 1516年，葡萄牙人到达广州开始与中国人做起了生意。1537年，葡萄牙人在广州附近的上川岛、浪白澳、澳门定居。10多年后，贸易集中到了浪白澳。1560年，定居浪白澳的500多名葡萄牙人以进贡为名，以遭受风浪为借口强占澳门。

厂资金的周转以及丝厂的生产，生产出来的蚕丝由丝庄同广州的洋行交易，实际上，广东的蚕丝业被隔离在国际市场之外。如此，在相当长时期内，香港几乎成为整个中国海外贸易的窗口。

其实，从贸易产业链角度看，无论是香港还是澳门，都不具备自身独立发展的能力，它们必须以广州的商贸中心和珠三角地区的制造业基础为依托，以中国内地为商业腹地，这也是其存在和发展的基本条件。从历史上来看，不仅香港转口贸易港的形成和发展是建立在与内地进行大量转口贸易的基础上，而且它的港口的繁荣也与内地的贸易发展密切相关。[①] 这也是香港贸易代理商十分发达的原因，因为香港既不是产地，也不是销地，其基本角色就是全球供需双方的中间人。[②]

五、着力强化制度创新，为自由贸易政策提供更多的制度红利

借鉴上海自由贸易试验区"陆家嘴金融高峰论坛"等形式，建立自由贸易试验区制度创新的信息交流探讨机制，紧密关注国际国内自由贸易区或特别监管区的建设进展。诸如，可以常态化举办自由贸易区创新发展、合作交流类论坛会议，聚集政府、国内外企业、高校科研机构等社会各界群体，结合国际贸易、投资的新变化及新趋势，共同探讨自由贸易试验区建设的发展方向和施策重点。

（一）强化制度创新的信息交流和研究机制

大力推进自由贸易试验区各管理部门之间的信息共通、协同管理，不搞重复管理、分散管理；根据阶段性发展需要，促进部门机构改革，打破

---

① 王坤、王泽森：《香港公共房屋制度的成功经验及其启示》，载《城市发展研究》2006年第1期。

② 范宏云、孙光永：《香港建设自由贸易港的经验》，载《特区实践与理论》2008年第3期。

传统的部门利益固化的格局，打破那种有深度、缺协同的"蜂窝煤"式改革结构。推进海关、检验检疫等上级垂直管理部门，与金融部门、本地区域管理部门进行高效率的协同配合；加快国际贸易单一窗口建设，加快统一的信息共享平台建设；发挥自由贸易试验区在监管、通关、金融创新、投资准入等方面的改革和创新效应，激发各类市场主体活力，打造高标准的国际营商环境。

（二）开展具有首创性的制度创新

针对自由贸易试验区制度创新的不足，重点可以在以下方面实现原创性制度创新。例如，利用国家部署新设一批跨境电子商务综合试验区的机遇，创造条件，争取国家在自由贸易试验区内设立跨境电子商务综合试验区，在货物通关、跨境支付、国际物流配送、税务等方面进行更多的制度创新。

（三）强化以深化穗港澳深度合作为主题的制度创新

进一步强化以深化穗港澳深度合作为主题的制度创新，发挥广东自由贸易试验区的"港澳"特色。例如，建立与港澳海空港的联动机制，结合南沙、前海作为国际航运枢纽主要承载区的地位，共同建设"21世纪海上丝绸之路"物流枢纽，进一步推动生产要素的自由双向流动。尤其要加强与港澳的金融合作，推动跨境人民币业务创新，开展双向人民币融资，探索建立与港澳金融产品互认、资金互通、市场互联的机制；推动与港澳的投融资汇兑便利化，探索实行本外币账户管理新模式，设立面向港澳和国际的新型要素交易平台。

六、建立内外联动机制，放大自由贸易试验区溢出效应

自由贸易是中国未来发展的基本方向，现在的"试验"是为了明天在更广阔的范围内推广，因此，加强自由贸易试验区与其他区域的联动，

是符合试验区的发展要求的。

（一）强化自由贸易试验区与腹地的联动发展

着力与省内和泛珠三角地区政府建立合作伙伴关系，全面增强自由贸易试验区的辐射效应。在贸易领域，发挥自由贸易试验区货物贸易便利化优势，引导区域腹地企业把产品运输至自由贸易试验区进行调配、出口和转运。在金融领域，发挥自由贸易试验区金融市场化程度高、对外开放程度高、运营成本低的特点，研究自由贸易试验区金融向外有限渗透的制度创新空间，与区域腹地合作，推动境内资本的境外投资和境外融资，吸引更多企业进入自由贸易试验区开展融资。推动在自由贸易试验区注册的内外资PE（私募股权投资）和VC（风险投资）加强对腹地中小型创新型企业的关注，促进区域产业转型升级，不断拓展自由贸易试验区发展的制造业支撑体系。在外资领域，发挥自由贸易试验区作为总部选址的首选之地的优势，围绕进驻自由贸易试验区的国内外总部企业，引导和协助其在区域腹地建立制造业基地和分支机构等，在区域内形成合理的产业链分工体系。

（二）推动自由贸易试验区之间的合作发展

探索与上海自由贸易试验区、天津自由贸易试验区、福建自由贸易试验区以及其他自由贸易试验区信息互通、载体共享、协作发展的合作机制。加强与上海自由贸易试验区的合作，共享上海自由贸易试验区的发展载体平台。当前，上海自由贸易试验区正在着力建设铁矿石交易中心、有色金属交易中心、棉花交易中心、化工品交易中心、石油天然气交易中心、白银交易中心等大宗商品交易中心，可以结合广东大宗商品贸易优势，借鉴并复制上海的经验发展具有地方特色且与之错位的大宗商品交易中心，同时也可利用上海大宗商品交易结算平台配套发展相应的专业性交易所。

在省级协调管理机构的领导下，广东三个片区之间应该加强合作，优势互补，避免同质化发展。积极推动南沙、前海、横琴自由贸易试验片区建立统一的大数据平台，以信息化系统建设实现三区一体化、智能化的联动发展。

参 考 文 献

[1] 王寅娜. 海上丝绸之路的广东思考 [J]. 中国水运, 2014 (2).

[2] 李杰云, 范祚军, 侯晓. 出口产业生产贸易链构建的财政利益补偿机制研究 [J]. 东南亚纵横, 2012 (4).

[3] 周运源. 创新驱动, 推进中国 (广东) 自贸区建设发展 [J]. 广东经济, 2015 (3).

[4] [英] 亚当·斯密. 国民财富的性质和原因的研究 [M]. 郭大力, 王亚南, 译. 北京: 商务印书馆, 1974.

[5] 郑建荣. 高标准建设中国 (广东) 自由贸易试验区 [J]. 南方金融, 2015 (5).

[6] 李尧磊. 关于广东参与 21 世纪海上丝绸之路建设的研究 [J]. 区域经济, 2015 (7).

[7] 董小麟. 关于广东在建设 21 世纪海上丝绸之路中发挥更大作用的思考 [J]. 新经济, 2014 (11).

[8] 上海财经大学自由贸易区研究院, 上海发展研究院. 2014 中国 (上海) 自由贸易试验区发展研究报告 [M]. 上海: 上海财经大学出版社, 2014.

[9] 祈欣, 孟文秀. 全球自由贸易园区发展模式及对比分析 [J]. 对外经贸实务, 2010 (6).

[10] 沈家文, 刘中伟. 自由贸易园区的国际经济与启示 [J]. 全球化, 2014 (5).

[11] 周春霞. 广东：建设海上丝绸之路"桥头堡" [J]. 开放导报, 2014 (5).

[12] 晋保平. 广东参与共建 21 世纪海上丝绸之路的优势和作用 [J]. 新经济, 2014 (31).

[13] 成新轩. 重叠式自由贸易区理论和实证研究 [M]. 北京：人民出版社, 2011.

[14] 卢文刚, 黄小珍, 刘沛. 广东省参与"21 世纪海上丝绸之路"建设的战略选择 [J]. 经济纵横, 2015 (2).

[15] 杨伦庆, 刘强, 吴迎新, 等. 广东推进建设 21 世纪海上丝绸之路的若干思考 [J]. 海洋开发与管理, 2014 (4).

[16] 李琳. 自由贸易区的功能定位及区位分析：兼及国外自由贸易区与我国保税区之比较分析 [J]. 新疆社科论坛, 2004 (6).

[17] 吴东云. 广东与中国—东盟自由贸易区进程及发展策略 [J]. 特区经济, 2007 (10).

[18] 杨久炎, 林涛, 陈少华, 等. 广东在海上丝绸之路形成和发展中地位与作用 [J]. 广东造船, 2015 (3).

[19] 郭波, 吕守庆. 从比较优势到竞争优势：西方自由贸易理论的演变轨迹及其启示 [J]. 大连大学学报, 2006 (1).

[20] 葛立祥, 刘品安. 广东自贸区功能选择若干建议 [J]. 开放导报, 2015 (3).

[21] 张李源清. 广东自贸区：三区联动 融合港澳 [J]. 中国经济时报, 2015 (3).

[22] 李泊溪, 周飞跃, 孙兵. 中国自由贸易园区的构建 [M]. 北京：机械工业出版社, 2013.

[23] 何宝峰. 广东自由贸易试验区发展的若干思考 [J]. 广西社会科学, 2015 (6).

[24] 刘庆国. 国际经济规则多重视阈下建立广州自由贸易园区的构想 [J]. 法制论坛, 2012.

[27] 李凡. 历史地理视角下海上丝绸之路在岭南的区域效应 [J]. 热带地理, 2015, 35 (5).

[29] 梁锦松. 香港应与广东合建自由贸易区 [J]. 商, 2013 (22).

[30] 张勇. 略论21世纪海上丝绸之路的国家发展战略意义 [J]. 中国海洋大学学报, 2014 (5).

[31] 李友华. 境外自由贸易区与中国保税区比较研究 [M]. 长春：吉林大学出社, 2006.

[32] 李靖云. 郑永年：假设在整个广东推广自贸区 [J]. 同舟共进, 2013 (12).

[33] 周运源. 粤港澳自由贸易区还是中国（广东）自由贸易区 [J]. 南方经济, 2014 (11).

[34] 谷源洋, 魏燕慎, 王耀媛. 世界经济自由贸易区大观 [M]. 北京：世界知识出版社, 1993.

[35] 张海梅. 自由贸易理论在发展中国家贸易实践中的利弊及条件分析 [J]. 南方经济, 2003 (9).

[36] 祁欣, 孟文秀. 全球自由贸易园区发展模式及对比分析 [J]. 对外经贸实务, 2010 (6).

[37] 袁志刚. 中国（上海）自由贸易试验区新战略研究 [M]. 上海：上海人民出版社, 2014.

[38] 戴双城, 段思午. 争当21世纪海上丝绸之路建设排头兵 [N]. 南方日报, 2014 - 10 - 24.

[39] 李均. 广东加强与海上丝绸之路国家互联互通建设的探索与思考 [J]. 探求, 2014 (4).

[40] 武俊奎. 综合保税区向自由贸易园区转型战略研究 [J]. 现代经济信息, 2013 (6).

[41] 李伟. 中国上海、广东、天津、福建自由贸易试验区对比研究 [J]. 现代商业, 2015 (12).

[42] 郭楚. 重视发挥广东自由贸易区的独特优势 [N]. 南方日报, 2015 -

02-16.

[43] 黄启臣. 广东海上丝绸之路史 [M]. 广州：广东经济出版社，2003.

[44] 黄启臣. 广东是"海上丝绸之路"的东方发祥地 [J]. 广东蚕业，2002 (1).

[45] 龚缨晏，刘恒武. 中国"海上丝绸之路"研究百年回顾 [M]. 杭州：浙江大学出版社，2011.

[46] 周运源. 中国（广东）自贸区建设发展再思考 [J]. 广东经济，2015 (10).

[47] 廖倩. 自贸区下广东省利用外商直接投资现状探析 [J]. 经营管理者，2015 (6).

[48] 李皖南. CAFTA 建成后对广东与东盟经贸关系的影响 [J]. 国际经贸探索，2010 (10).

[49] 李俊. 产业内贸易理论、政策与实践 [M]. 广州：广东人民出版社，2002.

[50] 李庆新. 历史视野下的广东与海上丝绸之路 [J]. 新经济，2014 (6).

[51] 董岗. 美国自由贸易区的运行机制及政策研究 [J]. 国际商务，2013 (11).

[52] 李力. 世界自由贸易区研究 [M]. 北京：改革出版社，1996.

[53] 蔡春林. 广东自贸区建设的基本思路和建议 [J]. 国际贸易，2015 (1).

[54] 陈万灵，何传添. 海上丝绸之路的各方博弈及其经贸定位 [J]. 改革，2014 (3).

[55] 张世坤. 保税区向自由贸易区转型的模式研究 [D]. 大连：大连理工大学，2005.

[56] 王玉玲. 自由贸易理论的演进及对我国经济发展的双重影响 [J]. 经济研究，2006 (1).

后　　记

　　自由贸易，对于中国以及各省来说，既是一项陌生而充满憧憬的事业，更是一个具有远大发展前景的新生事物。但是，它到底要如何建设？它为什么会在今天的中国和广东突然出现？它的未来格局和终极形态是什么样子？经过几年的创新试验和探索，又有哪些重点难点问题需要我们深入思考？本书将广东自由贸易试验区建设与21世纪海上丝绸之路以及粤港澳大湾区的建设结合起来，探寻其背后的理论逻辑和相关理论问题。

一、自由贸易试验区到底要试验些什么

　　自2015年以来，广东自由贸易试验区建设进入第4个年头了。几年来，广东各界以极大的热情参与到自由贸易试验区建设中，广州南沙、深圳前海、珠海横琴三个片区，更是拿出早年深圳经济特区那种开拓创新的勇气和力度来，从投资规模到GDP增长，从体制机制到业态模式，相关领域都在创新试验，并取得了一系列的显著成效，先后有20多项成果和经验得以在省内外推广。然而，在这些成效的背后，有许多问题值得我们深入思考，比如，自由贸易试验区到底在试验些什么？为什么要试验？它的总体战略目标和未来何在？各个片区的改革试点和行动计划中，哪些属于急迫性的战略问题，哪些属于不那么紧急的问题？最关键的问题是，这些创新试验中的经验和措施，是否真正在围绕"自由贸易"这个核心而展开，是否真正体现出推进"自由贸易"发展的政策和实践需求？自由

贸易试验区与"自由贸易"是一种什么样的关系?围绕着"自由贸易"发展,广东与其他省区相比将呈现出哪些特色,从功能和定位上又有哪些不同?广东自由贸易试验区各个片区各自的发展现状和目标如何,到底设计了哪些模式或路径,最终希望达到什么样的效果?

关于自由贸易,广东省内外不同的理论研究者、政策研究者、实践操作者是如何理解的?它具有什么样的性质?实现自由贸易需要哪些条件?自由贸易从培育到成长将是一个什么样的过程?如何发展广东自由贸易?如何提升广东的自由贸易水平和能力?如何构建广东或粤港澳大湾区的区域自由贸易体系?历史上世界其他国家自由贸易的实践给了我们哪些经验和启示?广东自由贸易试验区与现行的非自由贸易体系和模式将如何融合发展?它与广东省现有的工业化进程、市场条件、产业基础以及经济体系是一种什么样的关系?它在广东新一轮改革开放中充当什么样的角色?它与广东21世纪海上丝绸之路建设将如何相互促进?这些问题,都是本书所关心和思考的课题。

在笔者看来,广东自由贸易试验区的建设,是广东在新时期、新阶段、新形势下推进新一轮改革开放的最主要切入点和突破口,是广东在工业化后期继工业革命基本完成之后而展开的一场流通革命,更是基于"一带一路"和粤港澳大湾区背景下广东构建全面开放以及经济新体系和新格局的战略着力点。因此,对自由贸易及自由贸易试验区建设的理论研究必须站在一个更高的高度和层次,以求能真正为广东自由贸易试验区建设的政策实践有所贡献和启示。

二、研究广东自由贸易试验区的主要视角

不同国家或地区发展自由贸易的历史条件和现实基础是不一致的,因此,它的发展目标、模式、路径、步骤必然出现较大的差异。更主要的问题是,它到底要如何走下去?未来将"长成什么模样"?未来的形态和趋势会如何?对于这些新问题、新现象,我们要从哪些视角去进行研究?

一是贸易流通视角。自由贸易区或自由贸易试验区建设，最终不能脱离"贸易"来进行。"贸易"始终是自由贸易试验区的根基和灵魂，所有的试验、创新和探索，最终是为了发展"自由贸易"，是为了构建高水平的自由贸易体系。因此，与自由贸易试验区建设有关的所有现实和政策问题，都必须放在"如何发展自由贸易"这一主线去进行逻辑梳理，并处理好它与其他各个层次、各个领域的相关问题。不可否认，在不同的历史时期，贸易的重点问题不一样，其研究对象和范围也不一致。在过去的几十年里，国内不少学者在研究贸易问题时，更多的是从生产视角来进行的，其研究目的和解释逻辑更多地是为了发展生产和扩大出口的目的，并侧重于研究贸易行为、贸易条件、贸易分工、交易费用等问题，而对于贸易流通过程中的商流、物流以及渠道体系等问题并不重视。显然，在新时期研究自由贸易问题时，必须回归"商业贸易"本身，即研究如何发展贸易流通，如何构建高水平、高层次的贸易体系，如何提升基于全球化贸易的商业贸易能力，等等。而这些问题必须从贸易流通的视角去研究，才能更好地完成理论研究的功能和使命。

二是经济体系视角。如同 17—19 世纪英国工业革命过程中贸易在整个经济体系的地位和作用一样，在广东工业化进程以及经济发展的不同阶段，贸易在经济体系中的地位也处于动态变化中。生产创新财富，贸易实现财富。贸易连接生产与消费两大领域，连通国内与国际两个市场，在经济体系中的功能和作用十分特殊，而且在不同的工业化水平下，其功能和地位存在很大差异。在工业化进程后期，如果没有足够强大的贸易能力，那么已经形成的生产制造能力将难以发挥其效能，整个经济体系的运行效率和效果将被"贸易能力"这一块"短板"所制约。因此，在这样的背景下，贸易问题已经不再是经济体系的边缘性问题，而是基础性、关键性的深层次问题。显然，自由贸易正是这一时期经济新体系构建的一个重要"引爆点"。基于这一视角，贸易体系就成为现代化经济体系中最具有"牵引力"的部分，它与整个产业体系、市场体系、金融体系以及相关的科技体系、服务体系、人才体系等各方面的关系必将重构。总之，研究自由贸易问题,必须站在经济发展和经济体系的更深层次去透视。

三是对外开放视角。自由贸易是相对于保护贸易、管制贸易而言的,它不同于常规的一般贸易以及更为初级的加工贸易形态,而是经济发展到一定高度后才会出现的高水平贸易方式、贸易形态、贸易格局。它与更全面的对外开放新格局相匹配,需要更完善、更广阔的国际市场体系去支撑,并且要有足够强大的政治、军事、经济实力去保障。更主要的是,相对于以前的加工贸易、一般贸易方式而言,自由贸易需要适应甚至要制定新的规则,并以新的姿态参与全球贸易体系,这对于整个中国来说,都是未知的领域。无论是"一带一路"建设,还是粤港澳大湾区建设,都牵涉到更全面的对外开放格局问题。无疑,对于改革开放一直走在全国前列的广东来说,自由贸易试验区要率先在全国进行这些领域的探索和创新,这也是新时代赋予广东的新任务和新使命。

四是体制机制视角。从计划经济到市场经济、从生产主导到贸易主导、从规模导向到质量导向,改革开放40年来,与贸易有关的市场、价格、税收、工商、法律、统计等一系列问题,无论是在宏观层面还是在微观领域,都牵涉到体制机制的改革创新问题。它甚至是"牵一发而动全身",直接关系到不同经济主体以及相关国家或组织的利益,是真正的改革"深水区"。从加工贸易到一般贸易,广东经过一轮又一轮的改革,已经基本建立起相适应的体制机制。然而,对于自由贸易的探索则还处于起步阶段,它需要什么样的体制机制,这对于广东来说,还基本上属于"未知的领域"或盲区。因此,在研究广东自由贸易试验区建设问题时,必须关注相关的体制机制改革和创新问题。

以上的每一个视角都值得系统地展开和深化,但本书尝试将它们融合在一起,以使相关的理论研究更具有原创性以及深度和广度。

三、研究广东自由贸易试验区的逻辑体系与创新点

任何一个地区的贸易体系和贸易格局的形成,都是以当地的地理区

位、自然条件、历史文化、商业氛围、贸易传统、产业水平、市场体系等为基础的。一个地区要发展自由贸易以及能否真正建成自由贸易体系，更是不能凭空打造，要充分考虑这些因素和条件的约束。因此，本书在研究广东自由贸易问题时，正是以此为出发点去构建理论框架和逻辑体系。

本书试图构建一个完整而全新的逻辑体系，基本逻辑框架是：以"一带一路"和粤港澳大湾区建设为大背景，以"古代海上丝绸之路时期广东海外贸易为何能长盛不衰"这一问题为逻辑出发点，以广东工业化进程的不同阶段贸易方式如何"从加工贸易到一般贸易再到自由贸易不断转型升级"为逻辑主线，以"如何构建高水平的自由贸易体系"为核心，从贸易流通、经济体系、对外开放以及体制机制等视角，探讨广东自由贸易试验区的成立、运作以及政策等问题。

本书的主要创新点在三个方面：一是根据新的视角和逻辑，将与自由贸易相关的主要概念进行重新定义和辨析，进一步明确它们的内涵和性质；二是围绕"自由贸易"这一核心问题，结合前期研究基础，对贸易能力、贸易水平、贸易方式以及自由贸易实现的条件、过程等进行了原创性研究；三是试图跳出纯粹围绕现行的自由贸易试验区进行政策解释或经验介绍的叙述逻辑，尝试构建一个具有广东特色的自由贸易分析框架和逻辑体系，将自由贸易试验区放到"自由贸易体系"这一大背景下来分析。尽管在研究过程中，问题点太多，分析面太宽，可能存在着诸多粗糙以及不成熟的问题，但考虑到研究的深度和广度，仍然沿着这一逻辑展开。

四、未来研究的着力点及设想

笔者从市场和产业角度来研究贸易问题近30年，从商品流通角度研究广东商贸流通问题近20年，但真正从广东内贸与外贸融合发展进行研究则是最近10年的事。起因有三：一是承担有关广州国际商贸中心建设的课题研究；二是参与商务部关于内外贸结合型市场建设的决策咨询研究；三是参与由中国流通三十人论坛（G30）发起的"贸易强国"问题研究。除了与广州商贸流通有关的部分研究成果外,已经出版的相关著作有两本,一本是《内外贸一体化与流通渠道建设》(社会科学文献出版社2012年版),一本是《渠道控制权》(中国人民大学出版社2014年版)。这些研究重点是从内外贸一体化、国际贸易主导权和渠道控制权角度来谈贸易问题。

这次从自由贸易角度研究贸易问题,首先,我要感谢中山大学出版社的金继伟先生,是他将"21世纪海上丝绸之路与广东自由贸易试验区"这一特别有研究意义的课题交给我,并不断鼓励和推动我围绕广东经济的热点难点问题,进一步深化对自由贸易区的研究,甚至还直接提供了不少文献资料供我参考。其次,我要感谢中国贸促会研究院赵萍研究员、中共广东省委党校陈鸿宇教授、广东省社会科学院向晓梅研究员、广东外语外贸大学张昱教授、广东财经大学屈韬教授以及中国人民大学、中山大学、暨南大学等高校和研究机构的专家们,他们在学术交流和课题合作中给了我许多建议及思想启迪。再次,我要感谢商务部政策研究室、广东省政策研究室、广东省商务厅、广州市商务委员会以及广东省社会科学界联合会、广州市社会科学界联合会、广州商业总会的领导们,他们在课题研究以及决策咨询等领域,给予我很多研究和学习的机会,并让我接触到大量的政策和实践信息,丰富和拓宽了视角。最后,我还要特别感谢我的同事和研究助理们,包括广东财经大学商贸流通研究院、广东省重点智库华南商业智库、广东决策咨询研究基地商贸物流与电子商务研究中心、广州现代物流与电子商务发展研究基地的同事和专家,他们从研究文献、资料整理等方面提供了大量帮助。

随着广东工业化进程越来越深入,围绕着贸易体系重构和市场体系重构而展开的广东流通革命,其必要性和紧急性越来越突出。无论是"一带一路"建设,还是粤港澳大湾区建设,贸易流通都是核心问题。"一带一路"的实质就是商贸流通之路,而粤港澳大湾区的兴起,贸易更是其基本动力点,因此,新时期的广东贸易体系重构必然是大势所趋。显然,无论是自由贸易还是自由贸易试验区,都将是未来贸易体系重构的基本着力点。对此，相关问题研究才刚刚开始，本书的内容也只是一个阶段性的成果。未来，我将围绕如何构建广东高水平的自由贸易体系、提升广东在全球配置资源的能力以及构建具有广东特色的国际贸易枢纽等课题展开持续深入的研究，希望得到各界的支持和指正。

王先庆

2018 年 3 月于广州